U0154528

立法院議事規則
逐條釋義

何弘光———著

五南圖書出版公司 印行

自序

　　立法院爲合議制機關，其職權之行使係以會議形式，作成決定或決議，有別於首長制機關，係由首長個人作出決定，而立法院會議進行之相關規範，主要以《立法院議事規則》爲準。目前有關《立法院議事規則》個別條文研究之專書少之又少，僅有蔡政順著有《立法院議事規則逐條研究》，於74年6月出版，惟該書迄今已將近39年未有再版或改版，亦未有其他相關專書之出版。

　　本人服務於立法院將近14年，先後任職法制局及議事處，深感法律條文與議事實務結合之重要性，乃不惴簡陋，將所學心得與經驗，先後於立法院《國會季刊》登載〈立法程序法制與實務之研析〉、〈立法院黨團協商制度之法制與實務〉及〈立法院審查行政命令之法制與實務〉，獲得不少回饋與建議。另由五南圖書分別於109年及112年出版拙著之《立法院實用法令及案例彙編》及《解讀立法院精選案例》，加上本人於111年及113年自版之《立法程序之法制與實務》及《立法院法規大全》等，累積一定的議事經驗及實務案例後，乃著手於本書之撰寫，希望能拋磚引玉，藉由本書之出版，除向前輩致敬外，並將立法院88年國會五法全面修正後之《立法院議事規則》，能以新的方式呈現全文逐條分析的開展。本書爲便於讀者閱讀及查閱，將《立法院議事規則》個別條文均置於頁首，然後依次爲該條文之沿革、立法理由、內容說明、案例、相關法規，以及問題討論等。希望能讓讀者對《立法院議事規則》的每一個條文獲得較多的認識與了解。

何弘光

113年6月

前言

　　立法院依《中華民國憲法》（以下簡稱憲法）第62條規定，為國家最高立法機關。立法院由立法委員組成，其職權之行使並非「首長制」，而係經由院會、委員會等會議方式之「合議制」行之，故議事程序對立法院而言，非但重要，更是核心事項。立法院為能有效發揮議事功能，應有一部全體立法委員能共同遵循之議事規範，以維持國會內部秩序、穩定且可預測之議事活動、減少衝突，以及權利保障。廣義之議事規則，包括散見於憲法、《中華民國憲法增修條文》（以下簡稱憲法增修條文）、《立法院組織法》、《立法院各委員會組織法》、《立法院職權行使法》、《立法委員行為法》、《立法院議事規則》、司法判例解釋裁判、國會慣例[1]等；狹義的議事規則，係專指立法院依據法律授權訂定之成文議事程序規定，[2]即《立法院議事規則》。

　　《立法院議事規則》係依《立法院組織法》第26條規定授權定之，自民國（以下同）37年5月20日立法院第1屆第1會期第2次會議通過後，37年11月19日至83年11月10日止，共計修正15次。俟88年立法院為推動國會改革，制定或全文修正通過國會五法，即《立法院組織法》、《立法院職權行使法》、《立法委員行為法》、《立法院各委員會組織法》及《立法院議事規則》。其中《立法院議事規則》改由《立法院職權行使法》第76條規定授權定之，經88年1月12日立法院第3屆第6會期第14次會議修正全文63條，共十章，包括第一章總則、第二章委員提案、第三章議事日程、第四章開會、第

1　立法院案例整理成冊者，有73年11月7日印發之立法院議案關係文書之《立法院議事程序裁決案例彙編稿》，82年2月立法院秘書處編印之《立法院議事先例集》，以及112年3月何弘光編著之《解讀立法院精選案例：了解立法院立法、修法的運作模式》。
2　羅傳賢，〈立法院議事規則之理論與實務〉，《法學叢刊》，第51卷，第4期，總期：204，95年10月，95頁。

五章討論、第六章表決、第七章復議、第八章秘密會議、第九章議事錄，以及第十章附則。嗣後，自89年5月12日至105年11月11日止，《立法院議事規則》又修正了7次。

本書定位爲《立法院議事規則》逐條釋義，自係以個別條文爲主軸，每一條文自成一個單元，其架構依内容分爲沿革、説明、案例、相關法規，以及問題討論等五個部分。其中沿革部分，《立法院議事規則》於88年1月12日全文修正後，因爲整體法規範架構已完全不同以往，故本書對各條文之沿革及立法理由，係以國會改革之88年版《立法院議事規則》爲基礎，向後編列修正之條文及理由。至於88年以前之沿革經過作者詳細蒐集彙整，以附錄方式呈現其全貌；説明部分，爲各條文之重要核心，即詳細分析各條文之内容；案例部分，列舉各條文有關之實務運作；相關法規部分，係指該條文所涉及之其他法律、法規命令與行政規則等，以及司法院（大法官）解釋；問題討論部分，則爲該條文於適用上之爭議或疑義，以及實務上之處理情形等。

英國有句格言指英國的議會，除了不能把女人變成男人，男人變成女人外，議會什麼事都可以作。但議會眞的就可以無所規範嗎？俗語説得好，沒有規矩不能成方圓，所以還是應符合司法院釋字第342號解釋，指出的議會自律原則，即立法院會議自律的規矩之一就是《立法院議事規則》，是立法院議事的主要程序依據，必須受到國會成員的共識與接納，才能發揮效果，[3]故立法者與議事工作者對於《立法院議事規則》，實有必要詳加研習與了解。[4]

3　林嘉誠，〈程序規範須重共識：立法院議事規則修正評議〉，《中國論壇》，第22卷，第8期，總期：260，75年7月，54頁。

4　周萬來，〈概述立法院議事規範‧下〉，《立法院院聞》，第29卷，第6期，總期：338，90年6月，108頁。

立法沿革

中華民國37年5月20日立法院第1屆第1會期第2次會議制定。[1]

中華民國37年11月19日立法院第1屆第2會期第21次會議修正第8條、第31條、第33條、第37條、第49條及第50條;並將第32條條文刪除,以後條文次序依次遞改。

中華民國42年1月19日立法院第1屆第10會期第30次會議修正全文87條(原案於42年1月13日修正通過,惟委員提出第47條、第48條及第54條等條文復議案,於同年月19日通過)。

中華民國44年11月29日立法院第1屆第16會期第19次會議修正第47條條文。

中華民國45年4月13日立法院第1屆第17會期第14次會議修正增訂第十一章暨第62條及第63條條文。

中華民國49年4月1日立法院第1屆第25會期12次會議修正第十二章第64條至第72條條文。

中華民國56年12月26日立法院第1屆第40會期第27次會議修正第15條條文。

中華民國57年8月6日立法院第1屆第41會期第37次會議修正第78條條文。

中華民國69年12月26日立法院第1屆第66會期第26次會議修正第10條、第15條、第23條、第33條、第67條、第68條、第87條條文。

中華民國75年7月8日立法院第1屆第77會期第41次會議修正第3條、第4條、第12條、第15條、第18條、第21條、第45條、第67條至第69條及第87條;並增訂第87條之1條文。

中華民國78年7月13日立法院第1屆第83會期第44次會議修正第10條及第11條條文。

中華民國80年3月13日立法院第1屆第87會期第7次會議修正第10條條文。

1　《立法院議事規則》制定時,尚無《中央法規標準法》,俟《中央法規標準法》(59年8月31日)制定後,依該法第7條規定:「各機關依其法定職權或基於法律授權訂定之命令,應視其性質分別下達或發布,並即送立法院。」嗣後,行政命令均用「訂定」。

中華民國80年6月14日立法院第1屆第87會期第36次會議修正第47條條文。

中華民國81年1月7日立法院第1屆第88會期第34次會議修正第24條條文。

中華民國82年1月15日立法院第1屆第90會期第23次會議修正第24條、第54條、第64條條文。

中華民國83年11月10日立法院第2屆第4次會期第18次會議修正第29條條文。

中華民國88年1月12日立法院第3屆第6會期第14次會議修正全文63條。

中華民國89年5月12日立法院第4屆第3會期第15次會議修正第59條條文。

中華民國91年1月15日立法院第4屆第6會期第13次會議修正第22條、第23條、第39條條文。

中華民國91年11月29日立法院第5屆第2會期第12次會議修正第22條條文。

中華民國96年6月14日立法院第6屆第5會期第17次會議修正第22條條文。

中華民國96年11月30日第6屆第6會期第13次會議修正第8條、第9條、第11條、第14條、第17條、第23條、第26條、第32條、第33條、第35條、第39條、第42條、第46條、第57條、第63條條文。

中華民國97年12月26日立法院第7屆第2會期第15次會議修正第57條條文。

中華民國105年11月11日立法院第9屆第2會期第10次會議修正第61條條文。

目　次

表　次

圖　次

第一章

總則

沿革

88年1月12日全文修正通過。

✍ 理由

■章名未修正。

說明

　　總則係指列於規章條例前端，可作為分則共同適用，以及有關係者的概括性條項。[1]

　　本章共有6個條文，摘要如下：

　　第1條規定，立法院議事規則（以下簡稱本規則）訂定之依據。

　　第2條規定，立法院會議適用法令之順序。

　　第3條規定，立法委員席次之安排。

　　第4條規定，立法委員不能出席會議之請假。

　　第5條規定，立法院秘書長或副秘書長應列席立法院會議。

　　第6條規定，出、列席立法院會議者，應親自簽名。

1　教育部國語辭典簡編本，https://dict.concised.moe.edu.tw/search.jsp?md=1，最後瀏覽日期：111年2月21日。

第一條（立法依據）

本規則依立法院職權行使法第七十六條規定訂定之。

沿革：

88年1月12日全文修正通過。

✍ 理由

■法源已有變更，配合加以修正。

說明：

　　本條規定本規則之法律依據。即本規則於37年5月20日制定時，係依《立法院組織法》第26條制定，42年1月19日全文修正本規則時，其授權依據改為《立法院組織法》第17條規定，詳附錄八。嗣後，88年1月12日本規則全文修正後，其訂定依據係配合國會改革通過國會五法修正為《立法院職權行使法》第76條規定，也就是《立法院職權行使法》係本規則之母法，而本規則則係《立法院職權行使法》第76條規定授權訂定之子法。

相關法規：

◎立法院職權行使法

第76條

立法院議事規則另定之。

問題討論：

一、立法院議事規則之修正程序

　　立法院議事規則，一般謂之立法院「內規」，[2]國會議事自律係要求議事規則應由國會自行以內規方式定之，故其訂定及修正等程序，亦屬議事自律範圍。準此，議事規則之訂定及修正等程序，類似立法之讀會程序，或單純內部決議方式，皆得由國會自行決定，係基於機關意思之決定。例如日本係規定由議院議決修正，英國眾議院須依據程序特別委員會之建議，以簡單多數決修正，美國參議院則須先經議院規則委員會審議，提報大會過半數之多數決。[3]

　　本條僅規定本規則訂定之授權依據，惟相關修正程序則未予以規範，以致實務上對此部分之做法並不一致。說明如下：

（一）提案人

1. 立法委員

　　本規則雖屬行政命令而非法律，但因係規範立法院會議程序相關事項，攸關立法委員職權之行使，所以實務上係由委員提出訂定、修正、增訂及刪除等案。至於連署人數因無明確規定，故係採其他提案之連署人數。[4]例如立法院第3屆第5會期第13次會議（87年5月1日），本院委員劉光華等13人擬具「立法院議事規則修正草案」，請審議案。

2. 黨團

　　本規則有關黨團之提案，例如立法院第4屆第3會期第15次會議（89年5月12日），本院各黨團擬具「立法院議事規則第五十九條條文修正草案」案，並

2　施劍英，〈我們對「立法院議事規則」修正的體認〉，《憲政評論》，第17卷，第8期，75年8月，6頁。
3　羅傳賢，〈立法院議事規則之理論與實務〉，《法學叢刊》，第51卷，第4期，總期：204，95年10月，108頁。
4　《立法院議事規則》第10條規定（80年3月13日），略以：立法委員提出之法律案，應有15人以上之連署；其他提案，除別有規定外，應有10人以上之連署。

逕付二讀，請公決案。

（二）修正程序

1. 列入討論事項者

　　立法院第1屆第66會期第24次會議（69年12月19日），討論事項第3案、「本院委員何適等65人，為擬修正『立法院議事規則第十條、第十五條、第二十三條、第三十三條、第六十七條、第六十八條及第八十七條條文』，請院會逕付二讀，是否有當？請公決案。」下次會議繼續討論。立法院第3屆第6會期第14次會議（88年1月12日），討論事項第2案、「本院委員曾永權、黃爾璇、陳一新等21人為因應國會改革之需要，特擬具『立法院議事規則修正草案』，並請逕付二讀，是否有當？敬請 公決。」

2. 列入臨時提案者

　　立法院第2屆第1會期第25次會議（82年5月4日），臨時提案第13案、「本院委員陳婉眞等16人擬具『立法院議事規則第十一條條文修正草案』，請公決案。」決定：「交本院內規研修小組研處。」

3. 列入報告事項者

　　立法院第3屆第1會期第26次會議（85年7月2日），報告事項第9案、「本院委員黃國鐘等16人擬具『立法院組織法』、『立法院各委員會組織法』、『立法院程序委員會組織規程』、『立法院議事規則』及『立法院互選院長副院長辦法』修正草案，請審議案。」交法制委員會，與相關提案併案審查。立法院第4屆第2會期第10次會議（88年11月26日），報告事項第11案、「本院委員葉宜津等31人擬具『立法院議事規則第十四條條文修正草案』，請審議案。」決定：「交法制委員會審查。」

（三）建議

　　本規則之修正程序，如前述，早期有列入討論事項，或臨時提案，或報告

事項等方式處理。惟自88年1月12日全文修正本規則後，其中第14條規定，立法委員之法律案，應先列入報告事項，因本規則並非法律案，所以究應循例分別列入討論事項、臨時提案或報告事項，抑或類推適用法律案列入報告事項，不無疑義。實務上之做法，晚近係參照法律案，且連署人數亦採用法律案之人數，即以本規則之修正程序，類似於法律案之修正，皆以報告事項提報院會，交付委員會審查，以院會決議二讀通過之。惟雖行之有年，但為免爭議，仍應納入規定為宜。

> **第二條**（適用順序）
> 本院會議，除憲法、立法院組織法、立法院各委員會組織法、立法院職權行
> 使法及立法委員行為法另有規定外，依本規則行之。

沿革：

88年1月12日全文修正通過。

✍ 理由

■配合本院職權行使法及委員行為法之增訂，而作如上之修正。

說明：

一、本院會議

　　本條規定之「本院會議」，已指明優先適用憲法、《立法院組織法》、《立法院各委員會組織法》、《立法院職權行使法》及《立法委員行為法》等規定，即《立法院各委員會組織法》亦屬本院會議優先適用之法律。由此可見，本院會議並非專指狹義的立法院會議，即院會，應屬廣義的立法院會議，即尚包括委員會會議。但實務上似仍採狹義說。惟因《立法院各委員會組織法》第21條明定各委員會會議得準用《立法院議事規則》，所以無論採廣義說或狹義說，《立法院議事規則》對委員會而言，只是「適用」與「準用」之差別而已。

　　立法院會議，依會議舉行之期間，可分為會期期間之常會及休會期間之臨時會；依會議事務性質則可分為預備會議、院會、特別委員會議、常設委員會議、特種委員會議、全院委員會議、全院委員談話會議、委員會公聽會議、委員會聽證會議及座談會議等，說明如下：

（一）常會

　　依憲法第68條規定：「立法院會期，每年兩次，自行集會，第一次自二月至五月底，第二次自九月至十二月底，必要時得延長之。」即立法院會期，上

半年之會期自2月至5月底，下半年之會期自9月至12月底，會期係指會議由開會至閉（休）會的期間，[5]也就是立法院具有活動能力的期間。[6]而立法院於上述會期中召開之會議爲常會會議，包括院會及委員會。但上半年如延長會期，得延長至6月到8月，下半年延長會期得延至次年1月。

（二）臨時會

　　議會或其他團體中遇特別事故而臨時召開的會議，相對於常會而言，爲臨時會。[7]因立法院固定的會期係舉行常會，故臨時會係於休會期間舉行，即每年之1月、6月、7月及8月等四個月，立法院得召開臨時會，該等休會期間因召開臨時會之故，亦爲立法院活動能力的期間，即例外屬於會期性質。[8]至於立法院得否召開臨時會，則須依憲法第69條規定：「立法院遇有左列情事之一時，得開臨時會：一、總統之咨請。二、立法委員四分之一以上之請求。」實務上召開臨時會係以舉行院會爲主，例外會納入委員會。表1-1爲立法院歷屆召開之臨時會明細表。

表1-1　立法院歷屆臨時會明細表

屆次	會期	臨時會	會次	期間
1	7	1	1	40年7月18日
1	7	1	2	40年7月19日
1	9	1	1	41年7月15日至8月7日
3	3	1	1	~~86年7月28日、8月1日、5日、8日、11日~~，一直不足法定人數，無法舉行。
4	4	1	1	90年1月30日至31日
4	5	1	1	90年6月26日至27日

5　教育部重編國語辭典修訂本，https://dict.revised.moe.edu.tw/index.jsp，最後瀏覽日期：111年3月18日。
6　周萬來，〈析述立法院會期與會議〉，《人事行政》，第113期，89年9月，40頁。
7　教育部重編國語辭典修訂本，https://dict.revised.moe.edu.tw/index.jsp，最後瀏覽日期：111年3月18日。
8　吳庚、陳淳文，《憲法理論與政府體制》，3版，自版，104年，502頁。

表1-1 立法院歷屆臨時會明細表（續）

屆次	會期	臨時會	會次	期間
5	1	1		91年7月15日至17日 7月16日委員會
5	1	1	1	91年7月15日、17日
5	3	1	1	92年7月8日至10日
5	5	1		93年8月11日至24日 8月16日至18日委員會
5	5	1	1	93年8月11日
5	5	1	2	93年8月19日至20日
5	5	1	3	93年8月23日
5	5	1	4	93年8月24日
6	3	1		95年6月13日至30日 6月15日、19日、21日至23日、26日委員會
6	3	1	1	95年6月13日
6	3	1	2	95年6月16日、20日
6	3	1	3	95年6月27日
6	3	1	4	95年6月30日
6	5	1	1	96年7月10日、13日、17日
6	5	1	2	96年7月19日至20日
7	2	1	1	98年1月15日、~~16日~~（未開會）
7	3	1	1	98年8月25日至27日
7	4	1	1	99年1月18日、~~19日~~（未開會）
7	5	1	1	99年7月8日下午至9日、13至14日
7	5	2		99年8月17日至30日（23日散會）
7	5	2	1	99年8月17日至23日
7	8	1	1	101年1月19日至20日
8	1	1	1	101年7月25日至26日
8	3	1		102年6月13日下午至27日
8	3	1	1	102年6月13日下午、14日、18日

表1-1 立法院歷屆臨時會明細表（續）

屆次	會期	臨時會	會次	期間
8	3	1	2	102年6月21日、25日、27日
8	3	2		102年7月30日至8月9日 7月31日、8月1日委員會
8	3	2	1	102年7月30日、8月2日、6日
8	3	2	2	~~102年8月9日~~（未開會）
8	4	1	1	103年1月27日至28日
8	5	1		103年6月13日至7月4日 6月16日至19日委員會
8	5	1	1	103年6月13日
8	5	1	2	103年6月20日
8	5	1	3	103年6月24日
8	5	1	4	103年6月27日
8	5	1	5	103年7月4日
8	5	2		103年7月28日下午至8月8日 7月30日、8月6日、7日委員會
8	5	2	1	103年7月28日、29日
8	5	2	2	103年8月1日
8	5	2	3	103年8月8日
9	1	1		105年7月20日至29日 7月21日委員會
9	1	1	1	105年7月22日、25日、26日、28日、29日
9	2	1	1	106年1月5日下午、6日、10日至12日
9	2	1	2	106年1月13日、16日至19日
9	3	1	1	106年6月14日至16日、19日、20日
9	3	1	2	106年6月21日至23日、26日
9	3	1	3	106年6月27日至30日
9	3	1	4	106年7月3日至5日

表1-1 立法院歷屆臨時會明細表（續）

屆次	會期	臨時會	會次	期間
9	3	2		106年7月13日至21日 7月17日至19日委員會
9	3	2	1	106年7月13日、14日
9	3	2	2	106年7月21日
9	3	3		106年8月18日下午至31日（28日散會）
9	3	3	1	106年8月18日下午、21日
9	3	3	2	106年8月22日、24日、25日、28日
9	4	1		107年1月5日至31日（30日散會） 1月12日、15日委員會
9	4	1	1	107年1月5日
9	4	1	2	107年1月8日、9日、16日、18日、29日、30日
9	5	1		107年6月11日下午至7月6日 7月2日至5日委員會
9	5	1	1	107年6月11日下午、19日至20日、22日
9	5	1	2	107年6月25日、27日、29日
9	5	1	3	107年7月6日
9	6	1		108年1月2日至11日（只開2日）
9	6	1	1	108年1月2日、10日
9	7	1		108年6月17日下午至7月5日 6月24日至26日委員會
9	7	1	1	108年6月17日下午、19日
9	7	1	2	108年6月20日、21日、27日
9	7	1	3	108年6月28日、7月1日、3日、4日
9	8	1		109年1月14日至22日（20散會）
9	8	1	1	109年1月14日、20日
10	1	1		109年6月29日至7月22日 7月13日、16日委員會
10	1	1	1	109年6月29日

表1-1　立法院歷屆臨時會明細表（續）

屆次	會期	臨時會	會次	期間
10	1	1	2	109年6月30日、7月1日、2日、3日、6日、10日、17日
10	1	1	3	109年7月20日、21日、22日
10	2	1		110年1月11日下午至31日 1月12日至14日、18日委員會
10	2	1	1	110年1月11日、15日、19日
10	2	1	2	110年1月20日、21日、22日、25日、28日、29日、~~30日、31日~~（未開會）
10	3	1		110年6月7日下午至18日 6月10日、11日、15日委員會
10	3	1	1	110年6月7日至9日
10	3	1	2	110年6月16日、17日、18日
10	3	2		召開臨時會，表決不通過
10	4	1		111年1月5日下午至28日 1月6日至7日、12日至14日、17日至22日委員會
10	4	1	1	111年1月5日、10日、11日
10	4	1	2	111年1月24日至28日
10	7	1		112年6月14日下午至21日 112年6月19日、20日委員會
10	7	1	1	112年6月14日下午
10	7	1	2	112年6月21日
10	7	2		112年7月17日下午至31日 112年7月20日、21日、24日委員會
10	7	2	1	112年7月17日下午
10	7	2	2	112年7月26日、27日、28日、31日
10	8	1	1	113年1月9日

資料來源：立法院議事暨公報資訊網，https://ppg.ly.gov.tw/ppg/，最後瀏覽日期：112年9月28日；作者製表。

（三）預備會議

依會議準備之先後次序，可分爲預備會議及正式會議。所謂的預備會議，即爲準備舉行正式會議之籌備會議。[9]本規則第19條規定，略以：立法院預備會議係於每屆第1會期首日舉行，其會議時程由秘書長定之，依序爲委員報到、委員就職宣誓、推選會議主席、院長選舉及副院長選舉等。預備會議進入推選主席會議前，原則上由秘書長擔任臨時主席，先報告出席人數，須足法定人數，始得進行。[10]

（四）院會

立法院之院會，法無明確的定義，爲實務上常用的用語，即立法院全體委員參與之會議，除全院委員會外，就是院會，也就是狹義的立法院會議。即立法院會議，簡稱爲院會，係爲立法院議事之最終議定機關。[11]

依其功能性而言，院會原則上就是讀會。讀會就是議會進行議案處理必須經過一讀、二讀、三讀的程序，才能正式通過。但並非每個議案均須進行至三讀程序。另有謂讀會就是每次宣讀、審議、表決議案等手續之會議，[12]院會在處理議案時，分別有一讀會、二讀會及三讀會之別。[13]惟因《會議規範》第47條規定，略以：讀會，立法機關關於法律規章及預算案之討論，以三讀會之程序爲之。以致外界易誤解，以爲僅有法律案及預算案才有讀會程序。實則，本規則於42年1月19日全文修正時，其中第37條規定，略以：法律案及預算案應經三讀會議決之，其餘議案應經二讀會議決之。即已表示立法院之議案均應經過讀會程序。嗣後，88年國會五法全面修正後，該條規定已納入《立法院職權行使法》第7條規定，除明定列舉須經二讀及三讀程序之議案外，並未規範其他議案須經過何種讀會之程序。[14]

---

9 楊振萬，《天聲天存議政叢談》，初版，幼獅文化，88年，29頁。
10 何弘光，《立法院實用法令及案例彙編》，初版，五南圖書，109年，6、7頁。
11 周萬來，〈析述立法院會期與會議〉，《人事行政》，第113期，89年9月，42頁。
12 教育部重編國語辭典修訂本，https://dict.revised.moe.edu.tw/index.jsp，最後瀏覽日期：111年3月18日。
13 何弘光，《立法程序之法制與實務》，初版，自版，111年，49-131頁。
14 參閱我在立法院／問題討論，〈立法院議案除法律案、預算案經三讀外，其他議案應經二讀會議決嗎？〉，https://eva-ho.blogspot.com/search/label/%E5%95%8F%E9%A1%8C%E8%A8%8E%E8%AB%96，最後瀏覽日期：112年10月11日。

（五）特別委員會議

　　特別委員會議，係指特別委員會召開之會議，而特別委員會則係因某項任務或某種職責，被賦予或是特派給一個由一群特別挑選的立法委員所組成的會議組織。它們是依據法律規定而設立，亦是固定常在的組織。[15]例如立法院依《立法院組織法》第7條至第9條規定之程序委員會、紀律委員會及修憲委員會。

（六）常設委員會議

　　常設委員會議為常設委員會舉行之會議。常設委員會為立法機關因經常性處理議案之需要，依個別議案之不同類型所設立的委員會。目前立法院依《立法院組織法》第10條第1項規定，設有8個常設委員會，如內政委員會、外交及國防委員會、經濟委員會、財政委員會、教育及文化委員會、交通委員會、司法及法制委員會、社會福利及衛生環境委員會等。各常設委員會負責審查之議案，係由程序委員會依《立法院程序委員會組織規程》第5條規定，[16]提報院會決定。另外，依《立法院各委員會組織法》第13條規定，略以：各委員會所議事項，有與其他委員會相關聯者，得由院會決定或報請院會決定召開聯席會議。

---

15 羅勃特・羅傑斯、羅德里・瓦特斯，谷意譯，《英國國會》，初版，五南圖書，98年，483頁。

16 《立法院程序委員會組織規程》第5條：「本院各委員會審查議案，由程序委員會依下列規定分配提報院會決定：一、內政委員會：審查內政、選舉、大陸、原住民族、客家、海洋政策及有關內政部、中央選舉委員會、大陸委員會、原住民族委員會、客家委員會、海洋委員會、不當黨產處理委員會掌理事項之議案。二、外交及國防委員會：審查外交、僑務、國防、退除役官兵輔導政策與宣戰案、媾和案、條約案、戒嚴案及有關外交部、僑務委員會、國防部、國軍退除役官兵輔導委員會掌理事項之議案。三、經濟委員會：審查經濟、農業、國家發展、公平交易、能源政策及有關經濟部、農業部、國家發展委員會、公平交易委員會掌理事項之議案。四、財政委員會：審查財政、金融政策、預算、決算、主計、審計及有關財政部、中央銀行、金融監督管理委員會、行政院主計總處掌理事項之議案。五、教育及文化委員會：審查教育、文化、科技政策及有關教育部、文化部、國立故宮博物院、中央研究院、國家科學及技術委員會、核能安全委員會掌理事項之議案。六、交通委員會：審查交通、數位發展、公共工程、通訊傳播政策及有關交通部、數位發展部、行政院公共工程委員會、國家通訊傳播委員會、國家運輸安全調查委員會掌理事項之議案。七、司法及法制委員會：審查民事、刑事、行政訴訟、懲戒、大赦、機關組織與有關法務部、行政院人事行政總處掌理事項及其他不屬於各委員會審查之議案；國營事業機構組織之議案應視其性質由有關委員會主持。八、社會福利及衛生環境委員會：審查衛生、環境、社會福利、勞工、消費者保護政策及有關衛生福利部、環境部、勞動部掌理事項之議案。前項議案審查之分配其性質與其他委員會有關聯者，配由主持審查之委員會與有關委員會會同審查之。」

（七）特種委員會議

特種委員會議，當然為特種委員會召開之會議，而特種委員會的設立，必須先由立法委員提出一項動議，才能發動設立的程序。[17]因特種委員會並非經常性存在，而係臨時配合特殊目的、事項需要而設立，且於任務完成而結束，故設立程序力求其便捷性，所以非由法律明定，而係法律授權由院會決定設立之。例如立法院之「特種委員會」特別明定於《立法院組織法》第10條第2項規定，立法院即依該規定設立經費稽核委員會。另依《立法院職權行使法》第45條規定，經由院會決議設立之調查委員會，其性質亦屬特種委員會。

（八）全院委員會議

由全體委員組成的全院委員會所召開之會議，全院委員會並無組織規定，純屬會議形式，係為行使審查總統發布之緊急命令；[18]審查憲法第104條之審計長、憲法增修條文第5條第1項之司法院大法官（含院長、副院長）、第6條第2項之考試院院長、副院長、考試委員，第7條第2項之監察委員（含院長、副院長）等人事同意權案；[19]審查行政院移請之覆議案；[20]審查對行政

---

17 羅勃特・羅傑斯、羅德里・瓦特斯，谷意譯，《英國國會》，初版，五南圖書，98年，500頁。

18 《立法院職權行使法》第15條第1項：「總統依憲法增修條文第二條第三項之規定發布緊急命令，提交立法院追認時，不經討論，交全院委員會審查；審查後提出院會以記名投票表決。未獲同意者，該緊急命令立即失效。」

19 《立法院職權行使法》第29條：「立法院依憲法第一百零四條、憲法增修條文第五條第一項、第六條第二項、第七條第二項規定行使同意權時，不經討論，交付全院委員會審查，審查後提出院會以記名投票表決，經超過全體立法委員二分之一之同意為通過。立法院依法律規定行使前項規定以外之人事同意權時，不經討論，交付相關委員會審查，審查後提出院會以記名投票表決，經超過全體立法委員二分之一之同意為通過。前二項人事同意權案交付全院委員會或相關委員會審查，自交付審查之日起，期間不得少於一個月，且應於審查過程中舉行公聽會，邀集相關學者專家、公民團體及社會公正人士共同參與審查，並應於院會表決之日十日前，擬具審查報告。」第30條：「全院委員會或相關委員會就被提名人之資格及是否適任之相關事項進行審查與詢問，由立法院咨請總統或函請提名機關通知被提名人列席說明與答詢。被提名人有數人者，前項之說明與答詢，應分別為之。被提名人列席說明與答詢前，應當場具結，並於結文內記載當據實答復，絕無匿、飾、增、減等語。但就特定問題之答復，如有行政訴訟法所定得拒絕證言之事由並當場釋明者，不在此限。全院委員會應就司法院院長副院長、考試院院長副院長及監察院院副院長與其他被提名人分開審查。」

20 《立法院職權行使法》第33條：「覆議案不經討論，即交全院委員會，就是否維持原決議予以審查。全院委員會審查時，得由立法院邀請行政院院長列席說明。」

院院長提出之不信任案；[21]審查彈劾或罷免總統或副總統案[22]等議案時，舉行之。

（九）全院委員談話會議

　　立法院相關規範並無「談話會」等規定，而《會議規範》第4條、第6條及第7條等條文之「談話會」等規定，係指開會不足額時為之，一旦足額時仍應繼續進行會議，又談話會如作成決議，仍須於下次正式會議，提出追認之。而立法院舉行之全院委員談話會議，係由實務發展出來的非正式會議，沒有開會人數的問題，卻可以決定[23]每會期之開議日及臨時會之召開，即前者依《立法院職權行使法》第2條第1項規定，略以：開議日由各黨團協商決定之，惟如無法達成協商者，實務乃透過此談話會予以決定開議日；後者即臨時會之召開，雖未規定須經黨團協商，惟實務上亦會先進行黨團協商，無論有無協商結論，都會舉行談話會決定之。雖然立法院的全院委員談話會議與《會議規範》規定之「談話會」不相同，但或可視為國會自律，或亦可解釋為院會既對談話會決議並無任何異議，應視為默示同意，以資補正。[24]惟立法院於113年5月28日三讀通過之《立法院職權行使法》第2條規定，並經總統113年6月24日公布後，已將其納入規範。

（十）委員會公聽會議

　　委員會公聽會議，係委員會為審查院會交付之議案，得依憲法第67條第2

---

21 《立法院職權行使法》第37條第1項：「不信任案應於院會報告事項進行前提出，主席收受後應即報告院會，並不經討論，交付全院委員會審查。」
22 《立法院職權行使法》第43條第1項：「依前條規定彈劾總統或副總統，須經全體立法委員二分之一以上提議，以書面詳列彈劾事由，交由程序委員會編列議程提報院會，並不經討論，交付全院委員會審查。」第44條之1第1項：「立法院依憲法增修條文第二條第九項規定提出罷免總統或副總統案，經全體立法委員四分之一之提議，附具罷免理由，交由程序委員會編列議程提報院會，並不經討論，交付全院委員會於十五日內完成審查。」
23 立法院談話會之決議，仍須符合《立法院職權行使法》第6條規定，以出席委員過半數之同意行之。例如全體委員共計113人，雖無簽到出席之問題，但進行表決時，仍須符合同法第4條規定總額三分之一出席，出席委員過半數之同意。
24 何弘光，《立法院實用法令及案例彙編》，初版，五南圖書，109年，82、83頁；何弘光，《解讀立法院精選案例：了解立法院立法、修法的運作模式》，初版，五南圖書，112年，114-127頁。

項規定舉行公聽會，邀請政府人員及社會上有關係人員出席表達意見，並完成公聽會報告，作為特定議案之參考，亦無開會人數的問題。另外，立法院對於委員會公聽會議之舉行，於《立法院職權行使法》設有專章即第九章第54條至第59條，詳細規定其依據、要件、出席人員、開會通知、公聽會報告及特定議案之參考等。

（十一）委員會聽證會議

　　《立法院職權行使法》第九章之一為聽證會之舉行，自第59條之1至第59條之9，共計9個條文。因係立法院於113年5月28日三讀通過，並經總統113年6月24日公布，目前尚未正式舉行。

（十二）委員會座談會議

　　委員會座談會議，為非正式會議，僅出現在《立法院各委員會會議室規則》（51年7月17日）第8條規定：「委員會舉行座談會時得不適用本規則之規定。」因立法院各委員會依憲法第67條第2項規定，得邀請政府人員到會備詢，而《立法院各委員會組織法》第2條在88年1月25日修正公布之前，並未明定各委員會得邀請相關部會作業務報告，以致早期立法實務上有以座談會方式邀請政府官員進行座談。嗣後，因該條規定已納入委員會得邀請相關部會作業務報告，所以無須再以座談會方式為之。[25]

表1-2　立法院相關委員會組織規範明細表

名稱	依據	組織規定
全院委員會	《立法院組織法》第4條	無，純屬會議形式
程序委員會	《立法院組織法》第7條	《立法院程序委員會組織規程》
紀律委員會	《立法院組織法》第8條	《立法院紀律委員會組織規程》
修憲委員會	《立法院組織法》第9條	《立法院修憲委員會組織規程》

---

25 何弘光，《解讀立法院精選案例：了解立法院立法、修法的運作模式》，初版，五南圖書，112年，309-311頁。

表1-2　立法院相關委員會組織規範明細表（續）

名稱	依據	組織規定
（常設）委員會	《立法院組織法》第10條第1項及第12條	《立法院各委員會組織法》
委員會聯席會議	《立法院各委員會組織法》	無，純屬會議形式
特種委員會：（舉例） 1.經費稽核委員會 2.SARS防疫及紓困監督委員會 3.議事轉播委員會 4.國會擴建規劃暨監督委員會	《立法院組織法》第10條第2項	法無明定 1.《立法院經費稽核委員會組織規程》 2.《立法院嚴重急性呼吸道症候群防治及紓困監督委員會設置要點》 3.黨團協商結論 4.黨團協商結論
調查委員會	《立法院職權行使法》第45條	法無明定
委員會公聽會	《立法院職權行使法》第九章	無，純屬會議形式
委員會聽證會	《立法院職權行使法》第九章之一	無，純屬會議形式

資料來源：作者製表。

二、另有規定

　　本條明定本院會議，應優先適用憲法、《立法院組織法》、《立法院各委員會組織法》、《立法院職權行使法》及《立法委員行為法》等規定，只有在上開法規未規定之情況下，才依《立法院議事規則》之規定，即《立法院議事規則》與上開法規之關係，係基於補充性質。反之，如上開規定與本規則對相同內容作不同規定之情形下，方屬「另有規定」而須優先於本規則適用之。例如表決可否同數時，即為可否兩方均不過半數，依本規則第36條規定，如該表決方法為舉手或表決器表決，應重行表決，如為投票或點名表決，則為本案不通過，惟因《立法院職權行使法》第6條後段規定，可否同數時，取決於主席。所以應優先適用後者，惟此乃屬於主席之權利，即主席亦可選擇不行

使。[26]另外，《立法院職權行使法》第8條第2項規定：「政府機關提出之議案
或立法委員提出之法律案，應先送程序委員會，提報院會朗讀標題後，即應交
付有關委員會審查。但有出席委員提議，二十人以上連署或附議，經表決通
過，得逕付二讀。」而本規則第23條第2項規定：「報告事項內程序委員會所
擬處理辦法，如有出席委員提議，八人以上連署或附議，得提出異議，不經討
論，逕付表決。如在場委員不足表決法定人數時，交程序委員會重新提出。」
二者同屬對立法院程序委員會所擬處理辦法提出異議，前者為後者之「另有規
定」，自應優先適用，即逕付二讀之「異議」須有「20人」以上連署或附議，
而非「8人」以上連署或附議。另外，因前者優先於後者之適用，所以應先處
理《立法院職權行使法》第8條第2項規定之「逕付二讀」提議，惟立法院實務
上卻是先處理本規則第23條第2項規定之「退回程序委員會重新提出」提議，
顯與本條規定不符。再者，無論是從二者規範之法位階、連署人數之門檻及議
案處理效率之考量，立法院似有重新審視之必要。

　　另外，為方便了解立法院會議之相關規定，特別整理如下：

◎憲法

第68條（立法院之會期）
立法院會期，每年兩次，自行集會，第一次自二月至五月底，第二次自九月至
十二月底，必要時得延長之。

第69條（立法院之臨時會）
立法院遇有左列情事之一時，得開臨時會：
一、總統之咨請。
二、立法委員四分之一以上之請求。

◎憲法增修條文

第4條第5項（領土變更案）
中華民國領土，依其固有疆域，非經全體立法委員四分之一之提議，全體立法

---

26 同註25，222-226頁。

委員四分之三之出席，及出席委員四分之三之決議，提出領土變更案，並於公告半年後，經中華民國自由地區選舉人投票複決，有效同意票過選舉人總額之半數，不得變更之。

第12條（憲法之修改複決案）

憲法之修改，須經立法院立法委員四分之一之提議，四分之三之出席，及出席委員四分之三之決議，提出憲法修正案，並於公告半年後，經中華民國自由地區選舉人投票複決，有效同意票過選舉人總額之半數，即通過之，不適用憲法第一百七十四條之規定。

◎立法院組織法

第4條（會議主席）

立法院會議，以院長為主席。全院委員會亦同。

院長因事故不能出席時，以副院長為主席；院長、副院長均因事故不能出席時，由出席委員互推一人為主席。

第5條（秘密會議）

立法院會議，公開舉行，必要時得開秘密會議。

行政院院長或各部、會首長，得請開秘密會議。

除秘密會議外，立法院應透過電視、網路等媒體通路，全程轉播本院會議、委員會會議及黨團協商實況，並應全程錄影、錄音。

秘密會議應予速記、錄音，不得公開。但經院會同意公開者，不在此限。

有關透過電視轉播事項，編列預算交由財團法人公共電視文化事業基金會辦理，不受電波頻率不得租賃、借貸或轉讓之限制。

議事轉播應逐步提供同步聽打或手語翻譯等無障礙資訊服務，以保障身心障礙者平等參與政治與公共生活之權利。

第6條（臨時會及恢復開會）

立法院臨時會，依憲法第六十九條規定行之，並以決議召集臨時會之特定事項為限。

停開院會期間，遇重大事項發生時，經立法委員四分之一以上之請求，得恢復開會。

◎立法院各委員會組織法

第4條（委員會會議之主席）

各委員會會議，以召集委員一人為主席，由各召集委員輪流擔任。但同一議案，得由一人連續擔任主席。

第4條之1（議程之議決）

各委員會之議程，應由輪值召集委員決定之。

第5條（會議之召集）

各委員會會議，於院會日期之外，由召集委員隨時召集之。

各委員會三分之一以上之委員，得以書面記明討論之議案及理由，提請召開委員會議。召集委員應於收到書面後十五日內定期召集會議。

第6條（開會人數限制）

各委員會會議須有各該委員會委員三分之一出席，方得開會。

第9條（會議公開原則及其例外）

各委員會會議，公開舉行。但經院會或召集委員會議決定，得開秘密會議。

在會議進行中，經主席或各該委員會委員五分之一以上提議，得改開秘密會議。

應委員會之請而列席之政府人員，得請開秘密會議。

第10條（議事之決定）

各委員會之議事，以出席委員過半數之同意決之；可否同數時，取決於主席。但在場出席委員不足三人者，不得議決。

第12條（議事錄）

各委員會會議結果，應製成議事錄，經主席簽名後印發各委員。

第13條（聯席審查）

各委員會所議事項，有與其他委員會相關聯者，除由院會決定交付聯席審查者外，得由召集委員報請院會決定與其他有關委員會開聯席會議。

第14條（聯席會議之召集）

聯席會議，由主辦之委員會召集之。

第15條（聯席會議之主席）
聯席會議之主席，由主辦之委員會召集委員擔任之。

◎立法院職權行使法

第2條（委員之報到及開議日之決定）
立法委員應分別於每年二月一日及九月一日起報到，開議日由各黨團協商決定
之。但經總統解散時，由新任委員於選舉結果公告後第三日起報到，第十日開
議。
前項報到及出席會議，應由委員親自為之。
第一項開議日，黨團協商無法達成共識時，應由院長召開全院委員談話會，依
各黨團所提之議程草案表決定之。

第4條（開會額數及總額計算標準）
立法院會議，須有立法委員總額三分之一出席，始得開會。
前項立法委員總額，以每會期實際報到人數為計算標準。但會期中辭職、去職
或亡故者，應減除之。

第5條（會期延長之要件）
立法院每次會期屆至，必要時，得由院長或立法委員提議或行政院之請求延長
會期，經院會議決行之；立法委員之提議，並應有二十人以上之連署或附議。

第6條（會議之決議）
立法院會議之決議，除法令另有規定外，以出席委員過半數之同意行之；可否
同數時，取決於主席。

第7條（議案之讀會）
立法院依憲法第六十三條規定所議決之議案，除法律案、預算案應經三讀會議
決外，其餘均經二讀會議決之。

第8條（第一讀會程序）
第一讀會，由主席將議案宣付朗讀行之。
政府機關提出之議案或立法委員提出之法律案，應先送程序委員會，提報院會
朗讀標題後，即應交付有關委員會審查。但有出席委員提議，二十人以上連署

或附議，經表決通過，得逕付二讀。

立法委員提出之其他議案，於朗讀標題後，得由提案人說明其旨趣，經大體討論，議決交付審查或逕付二讀，或不予審議。

第73條（協商議案後之發言限制）

經協商之議案於廣泛討論時，除經黨團要求依政黨比例派員發言外，其他委員不得請求發言。

經協商留待院會表決之條文，得依政黨比例派員發言後，逕行處理。

前二項議案在逐條討論時，出席委員不得請求發言。

◎立法委員行為法

第6條（遵守決議）

立法委員對院會通過之決議，應切實遵守。

第9條（主席應嚴守中立）

院會及委員會之會議主席主持會議應嚴守中立。

第10條（參加秘密會議不得洩露）

立法委員依法參加秘密會議時，對其所知悉之事項及會議決議，不得以任何方式，對外洩漏。

問題討論

一、立法院特種委員會之設立要件

（一）依據

　　學說及實務上將立法院常設委員會以外之委員會，一律稱為特種委員會，[27]係因「特種委員會」一詞，首次出現於36年12月25日公布之《立法院組

---

27 吳庚、陳淳文，《憲法理論與政府體制》，3版，自版，104年，516頁；吳信華，《憲法釋論》，初版，三民書局，100年，544、555頁；黃秀端、陳中寧、許孝慈，《認識立法院》，初版2刷，五南圖書，107年，20、21頁；立法院全球資訊網，關於立法院／各委員會／特種委員會，https://www.ly.gov.tw/Pages/List.aspx?nodeid=167，最後瀏覽日期：112年9月1日。

織法》第3條第2項規定：「立法院於必要時，得增設其他委員會或特種委員會。」而立法院程序委員會、紀律委員會、修憲委員會及經費稽核委員會等，均係依該條規定成立之故。41年12月27日將該條次修正公布爲第18條，俟88年1月25日再修正公布爲第10條，並將該條第2項之「其他委員會」等文字予以刪除。從而，立法院特種委員會之依據，現爲《立法院組織法》第10條第2項規定，即指立法院於常設委員會外，於必要時，因處理特定事項之需要，不須修法，逕依立法院決議而設立之委員會。另外，《立法院組織法》於88年1月25日全文修正公布後，已將程序委員會、紀律委員會及修憲委員會與同法第10條第2項規定之特種委員會予以區分開來，另以法律明定之，即《立法院組織法》第7條規定：「立法院設程序委員會，其組織規程，另定之。」第8條規定：「立法院設紀律委員會，其組織規程，另定之。」第9條規定：「立法院依憲法增修條文第十二條之規定，得設修憲委員會，其組織規程，另定之。」所以立法院程序委員會、紀律委員會及修憲委員會，已非屬同法第10條第2項規定之特種委員會，而係法律明定之特別委員會。準此，特別委員會與特種委員會二者有所不同，即前者，係以法律明定者，其修正或廢止均須經由修法程序，而後者，係指立法院依據《立法院組織法》第10條第2項授權規定，於必要時，得隨時以立法院院會決議通過設置特種委員會，當然亦得以立法院院會決議隨時修正或廢止，其設立與廢止均無須經由修法程序，例如經費稽核委員會。[28]準此，立法院似不應再將立法院程序委員會、紀律委員會、修憲委員會等特別委員會，統稱爲特種委員會，以免與同法第10條第2項規定之特種委員會，產生混淆。

（二）要件

1. 必要時

特種委員會是否設立，法條明文規定之唯一要件爲「必要時」，係指立法院於處理特定事項，因現行相關委員會無法或不適合處理，而必須另行設立一

---

28 〈經費稽核委員會的存廢問題〉，《立法院第1屆第7會期第1次會議速記錄》，40年2月16日，10頁以下。

個委員會來專門處理此等特定事項者，即符合此要件。

2. 非經常性

　　所謂的非經常性係有別於經常性的特別委員會及常設委員會。非經常性即因應暫時性的需要，此要件雖非明定於法律條文之中，惟因該委員會如係經常性存在者，則應視其職掌內容分別設立特別委員會或常設委員會，而非設立特種委員會。由此可見，特種委員會係屬非經常性，所以才另外作不同之規範。

3. 院會決議通過

　　特種委員會之設立，因具有必要性及非經常性等特質，所以重在時效考量，程序自應簡便為宜，故只要提報立法院院會決議通過即可設立。

4. 組織規範

　　特種委員會是否須制定或訂定組織規範，法無明定。即未同特別委員會依《立法院組織法》第7條至第9條明定其組織，須以「規程」定之，亦未同常設委員會之組織，依同法第12條規定，應以「法律」定之。準此，特種委員會之組織是否需有組織規範，且該規範之性質為何，宜由國會自律為之。

（三）立法院設立之特種委員會

1. 經費稽核委員會

　　立法院第1屆第5會期第1次會議（39年2月24日），討論事項第7案、「本院委員莫萱元等54人提議為協助院長稽核本院經費收支擬請組織立法院經費稽核委員會案。」立法院第1屆第5會期第7次會議（39年3月17日），通過《立法院經費稽核委員會組織規程》計9條。[29] 另外，有關經費稽核委員會存廢之問題，可參酌立法院第1屆第7會期第1次會議（40年2月16日）討論事項第3案、

---

29 《立法院第1屆第5會期第1次會議速記錄》，39年2月24日，23頁；《立法院第1屆第5會期第7次會議速記錄》，39年3月17日，3-42頁。

「本院法制委員會報告研究本院經費稽核委員會組織規程第2條、第3條條文應否修正及該會存廢問題案」，出席委員各有不同意見。[30]

2. 服務指導委員會

立法院第1屆第5會期第1次會議（39年2月24日），討論事項第5案、「特種委員會，主張設置程序、紀律、服務指導委員會3個。」[31]服務指導委員會係為了應付搬遷的事情，臨時設置來指導秘書處服務，現在已經撤銷。[32]

3. 公報指導委員會

立法院第1屆第38會期第12次會議（55年11月4日），臨時動議，依《立法院組織法》第18條第2項規定，由院會組織公報指導委員會，負責指導公報之發行，擬具立法院公報指導委員會組織規程草案，請院會提前討論予以公決。立法院第1屆第38會期第17次會議（55年11月25日），通過。立法院第4屆第5會期第2次會議（90年2月27日），報告事項第47案、「本院法制局函，為廢止〔立法院公報指導委員會組織規程〕，請查照案。」準此，立法院已無公報指導委員會。[33]

4. 院址遷建指導小組

立法院第1屆第86會期第49次會議（80年1月16日）報告事項第19案、「本院秘書處函，為本院遷建地址，經於79年12月8日院務座談會作成結論：『以華山車站新生地為本院遷建院址』，請備查案。」本案經同屆第86會期第46次會議決定：另行處理。爰於本次會議提出處理。主席現在作一決議：「由各委員會召集委員與本屆經費稽核委員會委員組成『院址遷建指導小組』於舊曆年前，研討院址遷建事宜，提報下會期院會決定。請問院會，有無異議？（無）

---

30 〈經費稽核委員會的存廢問題〉，《立法院第1屆第7會期第1次會議速記錄》，40年2月16日，10-13頁。
31 《立法院第1屆第5會期第1次會議速記錄》，39年2月24日，23頁。
32 《立法院第1屆第5會期第7次會議速記錄》，39年3月17日，10頁。
33 《立法院公報》，第55卷，第38會期，第5期，55年11月11日，98-100頁；第55卷，第7期，55年12月1日，43-99頁；第90卷，第8期，院會紀錄，90年3月10日，4頁。

無異議，就這麼決定。」[34]

5. 新院址工作小組

　　立法院第2屆第3會期第5次會議（83年3月8日）通過協商結論：「……五、爭取以圓山大飯店為本院新院址工作小組以副院長為召集人、朝野委員分配：國民黨五位、民進黨三位、新黨暨無黨籍各一位。……。」[35]

6. 兩岸情勢因應小組

　　立法院第3屆第1會期第3次會議（85年3月26日）通過協商結論（85年2月5日、13日、3月6日、26日）：「……四、本院設兩岸情勢因應小組，由劉院長擔任召集人，王副院長擔任副召集人，並由國民黨推派二名、民進黨推派二名、新黨及無黨籍各推派一名組成，政府決策小組於作成決策前，應與該小組先行磋商，並於作成決策之後，向其報告。……。」[36]

7. 內規研修小組

　　立法院第2屆第1會期第3次會議（82年3月2日）報告事項第4案、「各政黨業經推派委員洪昭男、魏鏞、丁守中、趙永清、張俊宏、謝長廷、盧修一、葉憲修及本院秘書長謝生富等9人為本院內規研修小組成員，特提報院會。」立法院第2屆第3會期第9次會議（83年3月24日）報告事項第2案、「本院成立〔內規研修小組〕成員11人，請內規研修小組成員互推召集人一人。」立法院第2屆第3會期第24次會議（83年5月24日）報告事項第24案、「經朝野協商決定增派委員廖福本、林志嘉、林濁水、謝啟大等4位為本院內規研修小組成員。」立法院第3屆第1會期第3次會議（85年3月26日）通過協商結論（85年2月5日、13日、3月6日、26日）：「……六、本院設內規研修小組，由王副院長擔任召集人，並由國民黨推派六名、民進黨推派四名、新黨推派二名、無黨

---

34 《立法院公報》，第80卷，第6期上冊，院會紀錄，80年1月19日，4、18頁。
35 《立法院公報》，第83卷，第14期，院會紀錄，83年3月12日，39頁。
36 《立法院公報》，第85卷，第13期，院會紀錄，85年4月6日，302、303頁。

籍推派一名組成……。」[37]

8. 政情調查監督小組

　　立法院第4屆第4會期第5次會議（89年9月29日）通過協商結論（89年9月28日）：「……七、本院成立『政情調查監督小組』，其成員比照WTO推動立法小組各黨團比例推派代表組成；並由院長、副院長分別擔任正副召集人。請各黨團於一週內將名單交由議事處彙整，工作人員由秘書長指派。……。」[38]

9. 推動參加WTO立法計畫工作小組

　　立法院第4屆第5會期第11次會議（90年5月1日）通過協商結論：「一、本院『推動參加WTO立法計畫工作小組』，由國民黨黨團推派十人、民進黨黨團推派六人、親民黨黨團推派三人、新黨黨團、無黨籍聯盟、超黨派問政聯盟均推派二人組成。名單請各黨團於四月三十日前送議事處彙報院會。並由院長擔任召集人，副院長擔任副召集人。……。」[39]

10. 公共電視評估小組

　　立法院第4屆第5會期第13次會議（90年5月11日）通過協商結論（90年5月10日）：「……二、本院成立『公共電視評估小組』，由國民黨七人、民進黨四人、親民黨二人、新黨、無黨籍聯盟、超黨派問政聯盟各一人組成；並由副院長擔任召集人，工作人員由秘書處指派。……。」[40]

11. SARS防疫及紓困監督委員會

　　立法院第5屆第3會期第15次會議（92年6月6日）通過黨團協商結論（92年

---

37 《立法院公報》，第82卷，第8期上冊，院會紀錄，82年3月3日，16頁；第83卷，第19期，院會紀錄，83年3月30日，12頁；第83卷，第36期上冊，院會紀錄，83年5月28日，18頁；第85卷，第13期，院會紀錄，85年4月6日，302、303頁。
38 《立法院公報》，第89卷，第53期，院會紀錄，89年10月14日，14頁。
39 《立法院公報》，第90卷，第22期，院會紀錄，90年5月5日，44頁。
40 《立法院公報》，第90卷，第26期，院會紀錄，90年5月19日，64頁。

6月2日、6日）：「……二、本院成立『SARS防疫及紓困監督委員會』應於休會期間行使其監督權。」立法院第5屆第4會期第2次會議（92年9月23日）報告事項第83案、「本院嚴重急性呼吸道症候群防治及紓困監督委員會檢送『立法院嚴重急性呼吸道症候群防治及紓困監督委員會任務』及『立法院嚴重急性呼吸道症候群防治及紓困監督委員會設置要點』，請查照案。」院會決定予以備查。《立法院嚴重急性呼吸道症候群防治及紓困監督委員會設置要點》第2點規定，依政黨比例由民進黨黨團7人、國民黨黨團6人、親民黨黨團5人、台聯黨團2人及無黨聯盟1人，合計21位人組成，互選召集人1人。委員之任期為1會期，得連任之，第1任任期自92年6月5日起至93年1月31日止。[41]

12. 立法院兩岸事務因應對策小組

立法院第6屆第1會期第2次會議（94年3月8日）通過協商結論（94年3月3日）：「一、本院兩岸事務因應對策小組由院長擔任召集人，副院長擔任副召集人，並依政黨比例由民進黨黨團9人、國民黨黨團8人、親民黨黨團4人、台灣團結聯盟黨團、無黨團結聯盟黨團各推派1人代表參加組成，小組成員名單請各黨團於3月20日前送交議事處彙整；該小組運作要點如下：立法院兩岸事務因應對策小組運作要點……。」[42]

13. 議事轉播委員會

立法院第7屆第2會期第4次會議（97年10月14日）通過黨團協商結論（97年10月13日）：「一、本院成立『議事轉播委員會』，依政黨比例由國民黨黨團4人、民進黨黨團2人、無黨團結聯盟黨團1人推派代表參加組成，成員名單請各黨團於10月22日（星期三）中午12時前送交議事處彙整，逾時視同放棄；本會工作人員，由本院公報處、資訊處及法制局派員兼任之。……。」立法院第7屆第2會期第7次會議（97年10月31日）議事處提報議事轉播委員會名單予

---

41 《立法院公報》，第92卷，第34期第3冊，院會紀錄，92年6月18日，318頁；第92卷，第39期第1冊，院會紀錄，92年10月1日，13頁；《立法院第5屆第4會期第2次會議議案關係文書》，92年9月20日印發。
42 《立法院公報》，第94卷，第10期，院會紀錄，94年3月14日，15、16頁。

以備查。[43]同屆第8會期第11次會議（100年11月25日），議事轉播委員會函送國民黨黨團更換該委員會代表名單。

14. 核能發電後端營運基金「核一、核二廠用過核子燃料小規模國外再處理計畫」組成專案決策小組

立法院第8屆第7會期第16次會議（104年6月16日）通過協商結論：「……二、本院針對核能發電後端營運基金『核一、核二廠用過核子燃料小規模國外再處理計畫』組成專案決策小組，依政黨比例由國民黨黨團推派17人、民進黨黨團推派10人、台灣團結聯盟黨團、立院新聯盟政黨各推派1人代表參加組成，互選召集人1人，進行運作。由經濟委員會派員擔任幕僚作業，小組成員名單請於6月29日前送交經濟委員會彙整。」[44]

15. 國會擴建規劃暨監督委員會

立法院第10屆第7會期第10次會議（112年5月5日）通過黨團協商結論（112年5月3日）：「一、有關總務處函送『立法院擴建基地評選分析報告』一案，各黨團同意成立『國會擴建規劃暨監督委員會』進行討論，以院長為召集人，其餘委員依政黨比例由民進黨黨團推派6人、國民黨黨團推派4人、台灣民眾黨黨團及時代力量黨團各推派1人組成，名單請於5月18日（星期四）中午12時前送至議事處彙整，逾時視同放棄；本案於委員會完成討論後，其結論先由院長召集黨團協商，再送院會處理。相關工作人員由本院總務處、公報處、議事處、預算中心及法制局派員兼任之。」[45]在黨團協商會議時，有關該委員會是否為特種委員會？換屆是否仍然存在？與會委員有所疑義，後來確認其屬性仍為特種委員會，及因屆期不連續[46]，即換屆須重來一次。[47]

---

43 《立法院公報》，第97卷，第53期，院會紀錄，97年10月24日，42頁；第97卷，第59期，院會紀錄，97年11月11日，20頁；第100卷，第81期，院會紀錄，100年12月5日，23頁。
44 《立法院公報》，第104卷，第54期第12冊，104年6月25日，院會紀錄，286、287頁。
45 《立法院公報》，第112卷，第46期上冊，112年5月23日，院會紀錄，1頁。
46 屆期不連續原則，依《立法院職權行使法》第13條：「每屆立法委員任期屆滿時，除預（決）算案及人民請願案外，尚未議決之議案，下屆不予繼續審議。」其標的為「議案」，即「國會擴建規劃暨監督委員會」討論之議案因屆期不連續而結束。
47 《立法院公報》，第112卷，第46期下冊，112年5月23日，黨團協商紀錄，320-325頁。

綜上，除經費稽核委員會外，其他特種委員會或未使用委員會名稱之小組等，均符合上述要件，即因特定事項而成立，因結束而不復存在，同西班牙《眾議院議事規則》第51條規定，略以：特種委員會係因特定任務而設立，事務處理結束而解散。[48]惟上開某些組織要點雖仍然存在，但已無法適用，例如《立法院兩岸事務因應小組運作要點》第2點規定，因已明定由特定黨團按比例組成，如黨團有所異動，則須修正該要點，始能組成。所以立法院日後對於特種委員會之設立，應明定其條件或期間，於條件成就或期間屆至即當然廢止。例如上述之「國會擴建規劃暨監督委員會」如修正為成立「立法院第10屆國會擴建規劃暨監督委員會」，第11屆如有組成之必要，必須另外組成，就不易產生是否有跨屆之困擾。另外，經費稽核委員會在立法院已與程序委員會等特別委員會，屬經常性之存在，卻仍規定為特種委員會，其主要原因可能係因早期經費稽核委員會存廢問題之爭議而未處理，惟該爭議已逾70餘年，仍未解決，且經費稽核委員會已成為經常性之存在，與特種委員會之「非經常性」要件不符，又其職掌為立法院內部事務，故應設立特別委員會而非特種委員會。立法院似可考慮參照《立法院組織法》第7條至第9條之特別委員會模式，於同法增訂第7條之1規定，方為妥適。

此外，《立法院職權行使法》第45條規定，因調閱文件之特殊目的而設立之調閱委員會，亦係經由院會決議所設置，故性質上亦同特種委員會。惟該條規定於113年5月28日經立法院三讀通過，總統113年6月24日公布後，已將調閱委員會修正為調查委員會。

---

48 西班牙眾議院，https://www.congreso.es/es/home，最後瀏覽日期：112年1月21日。

第三條（委員席次安排）

立法委員席次於每屆第一會期開議三日前，由院長召集各黨團會商定之。席次如有變更時亦同。

前項席次於開議前一日仍未商定者，由委員親自抽籤定之。

沿革：

88年1月12日全文修正通過。

✍ 理由

- ■為使議事運作順暢，利於委員席位與號次排定，第1項爰作如上之修正。
- ■增列第2項，以補充前項規定之不足，而使首次會議能順利舉行。

說明：

一、立法委員席次

　　立法委員之席次，係指立法院議場內會場[49]中之立法委員座位，故又稱為席位，如圖1-1，圖示下半部為立法委員之席位，上半部為主席台、議事人員及報告詢答之政府首長等席位。因國際禮儀上以「尊右為原則」，即主席面向會眾，以右為尊，[50]有認為係將最信任的人安排在自己的右手邊，故秘書長及議事人員等坐於主席右側。

　　立法院各委員會並無商定委員席次，即依《立法院各委員會議室規則》第2條規定，略以：各委員會會議室設委員席，不編席次，委員自由入坐，但在計算表決人數時，應區分出席委員與列席委員席位。

---

49 《立法院議場規則》第2條：「議場中央舉行本院會議之場所為會場。會場內立法委員（以下簡稱委員）席次之排列，依立法院議事規則第三條之規定，委員席對方正中設發言臺，發言臺後設主席臺，主席臺後方牆壁中央懸掛國旗及 國父遺像。」
50 蔡文斌，《會議規範實用》，修訂4版，自版，100年，6頁。

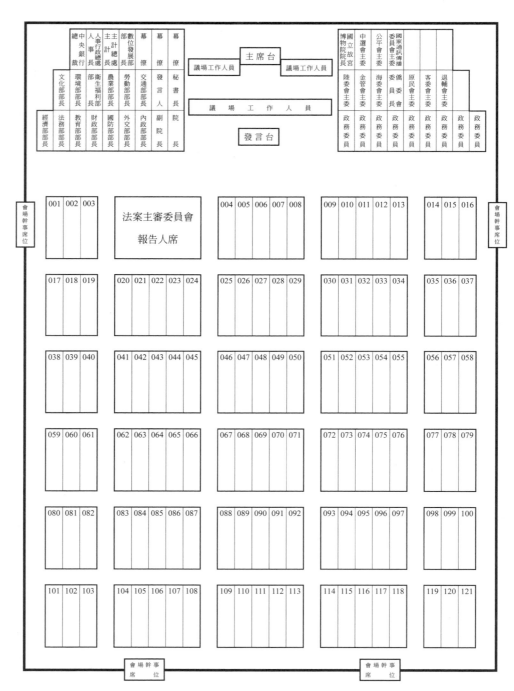

圖1-1　立法院委員席次

二、每屆第1會期

　　立法院每屆第1會期又稱首次會期，為每屆立法委員當選後，第1年度之2月至5月。

三、開議3日前

　　開議3日前，係指立法院開始會議首日往前起算3日前，包含第3日，例如立法院第8屆第1會期第1次會議之開議日為101年2月24日，自該日往前起算第1日為2月23日，第2日為2月22日，第3日為2月21日，即指101年2月21日以前之期日皆可由院長召集各黨團會商定之，所以該次黨團協商會議於101年2月17日召開，符合規定。但該規定並非強制規定，即如係於開議日1日或2日前商定者，亦無不可。惟因本條第2項明定，席次於開議前1日仍未商定者，委員得親自抽籤定之，即避免委員席次於開議日前1日仍無法經由黨團協商定之的問題。此外，已經黨團協商商定之席次，日後如有變更之需要者，亦得再經由黨團協商定之。

四、院長召集黨團協商

　　實務上議事處（會務科）會先提供席次劃分表初稿，由院長召開黨團協商會議，經過各黨團意見充分溝通並同意後，就會簽署協商結論，確定該席次（座位）。

五、委員親自抽籤

　　委員親自抽籤係指由立法委員本人親自為之，不可委託他人代理，或由其他人代抽。

案例：

一、立法委員席次協商

　　立法院第10屆第1會期第1次會議（109年2月21日）通過協商結論（109年2月14日）決定事項：「……三、第10屆各政黨委員議場席位區域劃分表如附

圖。」[51]

二、變更立法委員席次之協商

　　立法院第4屆第3會期第16次會議（89年5月16日）通過黨團協商結論（89年5月15日），決定：「一、國民黨黨團、親民黨黨團下會期委員席次座位之調整，由國民黨黨團、親民黨黨團協商定之，並由議事處協助……。」[52]

---

51 《立法院公報》，第109卷，第2期上冊，院會紀錄，109年3月13日，7、8頁。
52 《立法院公報》，第89卷，第26期，院會紀錄，89年5月16日，40頁。

第四條（委員請假）

立法委員因事故不能出席本院會議時，應通知議事處請假，未請假者列為缺席。

沿革

88年1月12日全文修正通過。

✍ 理由

■「通知秘書長」修正為「通知議事處」，並明定未請假者列為缺席。

說明

　　本條規定立法委員之請假，原規定係應通知秘書長請假，惟考量立法委員不克出席院會之請假事宜，其性質似屬議事事項，原屬於《立法院組織法》修正前之立法院秘書處職掌範圍，即秘書處議事組，而88年1月25日公布修正後之《立法院組織法》業已將議事有關事項規定納入議事處專司辦理。所以修正為應通知議事處請假，且為釋疑義，並規定未請假者列為缺席，以臻明確。[53]

一、因事故不能出席

　　所謂因事故不能出席本院會議，其中之「事故」並無明確定義，一般稱之為「變故」或「意外災禍」。[54]惟實務上對於立法委員不能出席，並不問其事故原因，即不論是「主觀不能」出席或「客觀不能」出席，在所不問。前者只要立法委員主觀上不願出席會議，即屬之，而後者，則是立法委員主觀上縱使想出席，客觀環境上也不容許，例如立法委員人在國外，飛機停飛，無法及時

---

[53] 程明仁，〈立法院議事規則修正簡介〉，《法律評論》，第66卷，第10期，總期：1340，89年12月，35頁。

[54] 事故，釋義為變故或意外災禍。如：「交通事故」。唐·韓愈〈上張僕射書〉：「非有疾病事故，輒不許出。」唐·白居易〈對酒勸令公開春遊宴〉詩：「自去年來多事故，從今日去少交親。」也稱為「事故由子」、「事故由兒」，參閱教育部重編國語辭典修訂本，https://dict.revised.moe.edu.tw/index.jsp，最後瀏覽日期：111年3月18日。

回國出席會議。

二、請假

　　所謂「請假」，本規則並無定義，一般稱之為告假，指因公、因病或因事而請求休假，[55]即指負有履行出席會議義務之人，請准免予履行出席之義務。[56]本規則明定立法委員請假應通知議事處，至於如何通知？法無明定，為免爭議，議事處乃回應立法委員要求，製作「立法委員請假單（稿）」，如附錄五，供立法委員使用，以原本或影本親送、寄送或傳真至議事處（會務科）即可。

三、缺席

　　所謂「缺席」，係指應該出席而沒到，[57]即不在席之謂，凡公差外出因故請假及無故不出席等均屬之，請假實為缺席之一種，[58]即為有理由之缺席，所以議事錄將其獨立於缺席之外，予以記載。

　　早期依《立法院立法委員選舉罷免法》第45條第3項規定：「立法委員於一會期內無故不出席者，視為辭職。」即立法委員無故不出席即缺席，達一會期之久者，喪失其委員資格。惟因該法已於92年6月11日廢止，立法委員之選舉罷免，目前係適用《公職人員選舉罷免法》規定，該法並未對立法委員無故不出席者，有任何處罰效果。但有委員對於此部分提出修法建議，即修正《立法委員行為法》第13條規定，增訂第3項規定：「立法委員因故未能行使職權連續逾三十日者，停發其歲費及公費。」[59]惟未通過。

　　另外，現行法對立法委員之無故不出席，雖已無罰則，但亦無其他懲處。所謂其他懲處，例如日本《國會法》第124規定，略以：國會議員無正當

55 請假，釋義為告假，指因公、因病或因事而請求休假。《南史·卷十八·蕭思話傳》：「會稽太守蔡興宗之郡，惠開自京口請假還都，相逢於曲阿。」參閱同註54，最後瀏覽日期：111年3月18日。

56 《立法院第1屆第10會期第29次會議速記錄》，42年1月13日，28、29頁。

57 缺席，釋義為該出席或上課時沒到。如：「每次開會，總是有人缺席。」、「今天班上有三位同學缺席。」參閱教育部重編國語辭典修訂本，https://dict.revised.moe.edu.tw/index.jsp，最後瀏覽日期：111年3月18日。

58 《立法院第1屆第10會期第29次會議速記錄》，42年1月13日，28、29頁。

59 《立法院議案關係文書》，院總第23號，委員提案第25815號，109年12月23日印發。

理由不出席會議或委員會，經收到主席通知之日起7日內，仍無故不出席者，主席應將其交付紀律委員會。[60]但立法委員仍然非常在意其出席率，主要的原因爲公民監督國會聯盟於立法院每會期，對每位立法委員之出席率，均予以調查統計，並公布之。[61]

相關法規

◎立法院職權行使法

第2條

立法委員應分別於每年二月一日及九月一日起報到，開議日由各黨團協商決定之。但經總統解散時，由新任委員於選舉結果公告後第三日起報到，第十日開議。

前項報到及出席會議，應由委員親自爲之。

第一項開議日，黨團協商無法達成共識時，應由院長召開全院委員談話會，依各黨團所提之議程草案表決定之。

問題討論

一、院會日末日因颱風假未請假之委員是否算缺席

立法院院會目前爲多日1次會，立法委員於當次院會之任一院會日均可簽到，而且只須簽到1次即可。惟如院會最後1日爲颱風假，因不須請假，所以對於當次院會未簽到之委員，院會議事錄並未列入缺席名單，僅以颱風事由註記。例如立法院第9屆第2會期第3次會議（105年9月23日、26日及27日合併爲1次會議，27日因颱風停止上班，當日會議未舉行）院會紀錄記載方式爲「孔文吉、林岱樺、高潞‧以用‧巴魕剌、劉建國（105年9月23日、26日及27日合併爲一次會議，27日因颱風停止上班，當日會議未舉行。）」。[62]

---

60 日本《國會法》，https://www.shugiin.go.jp/internet/itdb_annai.nsf/html/statics/shiryo/dl-dietlaw.htm，最後瀏覽日期：112年10月17日。

61 公民監督國會聯盟，https://ccw.org.tw/，最後瀏覽日期：111年10月26日。

62 《立法院公報》，第105卷，第68期，院會紀錄，105年10月12日，245頁。

第五條（秘書長列席會議）
本院會議，秘書長應列席，秘書長因事故不能列席時，由副秘書長列席，並配置職員辦理會議事項。

沿革：

88年1月12日全文修正通過。

✍理由
■本條未修正。

說明：

　　本條規定之本院會議，應係指立法院院會及全院委員會，而不包括立法院各委員會。因後者，原則上是毋須秘書長列席會議，例外須秘書長列席者，例如《立法院經費稽核委員會組織規程》第7條規定：「立法院經臨各費之收支，由秘書長按月向本會提出報告。本會對於會計處及出納科帳簿並得隨時調閱。」或《立法院程序委員會組織規程》第7條規定：「本會開會時，議事處處長應列席，必要時，得邀請秘書長或副秘書長列席。」但實務上如係審查立法院預算案時，亦會邀請立法院秘書長列席司法及法制委員會。另外，其他委員會，亦會因特殊情形，邀請秘書長列席。

一、秘書長

　　《立法院組織法》第14條規定，略以：立法院置秘書長1人，特任，由院長遴選報告院會後，提請任命之，秘書長承院長之命，處理本院事務，並指揮監督所屬職員。實務上，立法院院會，主席如為院長時，原則上由秘書長列席會議。《立法院議場規則》第3條規定：「主席臺之右下方設秘書長席。」同規則第9條第2項規定，略以：主席台後左方為主席休息室，其旁秘書長休息室。秘書長之職權又可分為議事事務及行政事務，如下：

（一）議事事務

　　《立法院議場規則》第16條規定：「議場之管理，由秘書長負責。」《立法院議場安全維護及管理要點》第10點規定：「如遇氣候惡劣時，有關出入議場各門之規定，由秘書長視實際情況加以調整。」《立法院維護安全實施辦法》第14條規定：「本院議場於會議前一日，本院總務處應予清理上鎖。會議前，再行確實清查，報告秘書長。散會後十分鐘關閉，非經許可，任何人不得逗留議場。」《立法院秘密會議注意事項》第7點規定：「秘密會議開會時，秘書長應報告該次會議之注意事項，促請與會人員注意。」同事項第8點規定：「欲申請分發或調閱秘密會議議程有關資料時，應向有關單位登記，並呈請秘書長核定後，辦理簽收手續。」《立法院會議議事文書印製辦法》第3條第1項規定：「凡刊印與院會議案有關之參考資料，由審查委員會、提案委員或委員提出者，經秘書長核可後付印。」

（二）行政事務

　　《立法院處務規程》第3條前段規定，略以：立法院秘書長承院長之命處理本院事務，並指揮監督全院職員。同規程第15條第1項規定：「秘書長承院長之命，處理本院事務，其權責如下：一、全院工作計畫之編製。二、各單位職務之分配。三、各單位職員之調配。四、職員之指揮、監督與紀律之整飭。五、職員任免、考核之核擬。六、職員請假未滿一月之核准。七、編造概算、預算、決算及統計。八、院長授權公用款項之核付。九、重要文件及重要新聞稿之審核。十、各方聯繫事項。十一、各項會報之主持。十二、全部工作報告之核定。十三、院長交辦事項。十四、交代事項之主辦。」同規程第16條規定：「秘書長判行下列文件，但應將每日判行之重要文件，報告院長：一、院長交辦及授權代判之文件。二、經院長決定原則後，有關技術事務，依法處理之文件。三、對外為手續之詢問洽商，及查案答復之文件。四、對外徵集密件資料，及收到密件之復文。五、應以秘書長名義行文及對秘書長來文具復之文件。六、普通新聞稿。應呈院長判行之文件，因時間急迫不及呈判時，得由秘書長批明先發，事後補呈判行。」

二、副秘書長

依《立法院組織法》第14條規定，略以：副秘書長1人，職務列簡任第14職等，由院長遴選報告院會後，提請任命之。副秘書長承院長之命，襄助秘書長處理本院事務。實務上，立法院院會，主席如為副院長時，原則上由副秘書長列席會議。

《立法院處務規程》第3條後段規定，略以：立法院副秘書長襄助秘書長處理本院事務。同規程第15條第2項規定：「副秘書長承院長之命，襄助秘書長處理前項各款所列事項。」《立法院維護安全實施辦法》第3條規定：「本院設安全督導小組，由院長指定七人至十一人組成之，副秘書長為召集人。小組所需工作人員由本院現職人員派兼。」

三、配置職員辦理會議事項

依《立法院組織法》第17條規定，略以：議事處掌理關於議程編擬事項、議案條文之整理及議案文件之撰擬事項、本院會議紀錄事項、會議文件之分發及議場事務之管理事項、議案文件之準備、登記、分類及保管事項，及其他有關議事事項。實務上，立法院院會及全院委員會等會議，係由議事處職員負責辦理會議事項，其他事務則有公報處、總務處及資訊處等單位人員辦理。

表1-3　立法院第1屆至第11屆秘書長及副秘書長明細表

屆次	秘書長	副秘書長
1	張肇元、陳克文、倪炯聲、李中襄、陳開泗、尹靜夫、袁雍、蕭先蔭、郭俊次、胡濤、謝生富	延國符、閔劍梅、陳開泗、袁雍、蕭先蔭、郭俊次、胡濤、賴晚鐘、羅成典
2	謝生富	羅成典
3	劉碧良	羅成典
4	林錫山	羅成典
5	林錫山	羅成典
6	林錫山	余騰芳
7	林錫山	周萬來
8	林錫山	周萬來、王全忠

表1-3　立法院第1屆至第11屆秘書長及副秘書長明細表（續）

屆次	秘書長	副秘書長
9	林志嘉	王全忠、高明秋
10	林志嘉	高明秋
11	周萬來	張裕榮

資料來源：立法院全球資訊網，關於立法院／歷屆首長／歷屆秘書長／歷屆副秘書長，https://www.ly.gov.tw/Home/Index.aspx，最後瀏覽日期：113年2月20日；作者製表。

案例：

一、秘書長因特定事項列席委員會

　　立法院第9屆第6會期司法及法制委員會第9次全體委員會議（107年10月25日），報告事項第2案、「邀請立法院秘書長列席就『國會改革系列：國會助理法制化之推動計畫』進行專題報告，並備質詢。」[63]

　　立法院第10屆第2會期司法及法制委員會第16次全體委員會議（109年11月30日），報告事項第2案、「邀請立法院秘書長列席就『國會議事中立及院區管理缺失』進行專題。」[64]

　　立法院第10屆第3會期司法及法制委員會第14次全體委員會議（110年4月28日），報告事項第2案、「邀請立法院秘書長、立法院總務處處長及內政部警政署署長列席就『安全與人權——國會以安全之名廣設錄音影監控系統及警察近期多起執法爭議事件侵害人權』進行專題報告，並備質詢。」[65]

---

[63] 《立法院公報》，第107卷，第93期，委員會紀錄，107年11月16日，245-275頁。
[64] 《立法院公報》，第109卷，第101期，委員會紀錄，109年12月30日，3-60頁。
[65] 《立法院公報》，第110卷，第55期，委員會紀錄，110年5月26日，2-44頁。

> **第六條**（簽到）
> 本院會議出席者及列席者，均應署名於簽到簿。

沿革：

88年1月12日全文修正通過。

✍ 理由

　　■本條未修正。

說明：

　　本院會議出席者及列席者，均應署名於簽到簿，此處所指之本院會議應係指廣義的立法院會議，即包括了院會及委員會等會議。

一、出席者

　　出席者，依教育部重編國語辭典修訂本，其解釋為「到場參加」，故出席之認定自當以會議「在場」者為準。另外，出席應署名於簽到簿之理由，有學者整理如下：一為維護議事規則之權威性；二為湊足法定人數及早開會；三為精確計算出席人數；四為署名有證明效果，即依本規則第42條提起復議動議即與出席有關，如對出席與否發生爭議時，簽到簿上的署名是最有力的證據；五為署名具有識別作用，有助於委員間相互認識。[66]另外，出席者有發言、提出動議或提案、進行討論、參與表決及選舉等權利。[67]

二、列席者

　　列席者，應親自署名於簽到簿，主要為議事人員識別作用，及便於記錄人員，製作議事錄。所以本條立法院會議之列席者，解釋上似指立法院院外人

---

[66] 蔡政順，《立法院議事規則逐條研究》，初版，大中國圖書，74年，35、36頁。
[67] 《會議規範》第20條：「出席人有發言、動議、提案、討論、表決及選舉等權利。出席人有遵守會議規則，服從決議等義務。未出席者亦同。」

士，例如行政院院長率各部會首長列席立法院作施政報告者，或審計部官員，或其他機關之官員等，以及人事同意權之被提名人等，列席者得參與本身或其單位有關問題之發言與討論。從而，不包括前條之立法院秘書長或副秘書長，[68]即立法院秘書長或副秘書長雖為列席者，但並無署名於簽到簿。

三、署名

署名者，在文書上簽名，[69]即出席者及列席者，均應親自在簽到簿上簽下姓名。

四、簽到簿

立法院會議之簽到簿並無固定格式，惟立法院「院會」之簽到簿，於每次會議均備置2本，供立法委員簽到，分置議場入口處左右櫃台（簽到台）各1本。至於列席者之簽到簿則依列席事由分別製作簽到簿。

案例：

一、委員尚未簽到，不得登記發言

立法院第2屆第3會期第2次會議（83年2月25日），其他決定事項：嗣後委員尚未簽到出席，不得登記發言。[70]

問題討論：

一、黨團協商會議，出席者及列席者是否須簽到

立法院院長召開之黨團協商會議，並非正式會議，係為協商議案或解決爭

---

68 何弘光，《立法院實用法令及案例彙編》，初版，五南圖書，109年，307、308頁。
69 《北史·卷五六·魏收傳》：「又詔平原王高隆之總監之，署名而已。」《新唐書·卷一二二·韋安石傳》：「陟唯署名，自謂所書『陟』字若五朵雲，時人慕之，號『郇公五雲體』」參閱教育部重編國語辭典修訂本，https://dict.revised.moe.edu.tw/index.jsp，最後瀏覽日期：111年3月18日。
70 《立法院公報》，第83卷，第12期，院會紀錄，83年3月5日，222頁。

議事項，提供各黨團交換溝通意見之平台，故實務上並未備置簽到簿。[71]

二、出席人數如何認定

出席者，依教育部重編國語辭典修訂本，其解釋為「到場參加」。即出席係指委員出現在會議現場內自己的席位，故出席之認定自當以會議「在場」者為準，惟如何認定在場者，依《立法院議事規則》第6條規定，略以：本院會議出席者，均應署名於簽到簿，即立法院之出席（在場）人數之計算，原則上係以簽到簿為準，所以每次開會前，均會依簽到簿人數宣告出席人數已足法定人數，始得開會。又如簽到簿人數與實際在場人數不一致者，應如何認定？出席委員得依本規則第41條規定，對於在場人數提出疑問，進行清點人數，以實際清點在場人數為出席者。另外，實務上立法院會議如採表決器表決者，該表決器會顯示出席人數。

三、立法院邀請之國賓或外賓是否須簽到

本規則第6條已明定：「本院會議出席者及列席者，均應署名於簽到簿。」準此，如國賓或外賓非屬立法院會議之出席者及列席者，自無須簽名於簽到簿。但實務上，如係考量紀念之用，則由秘書處（112年9月起改由國際事務處）另行製作簽到簿，供特定國賓及外賓簽名之用。

---

71 何弘光，《立法院實用法令及案例彙編》，初版，五南圖書，109年，307頁。

|第二章|
委員提案

沿革：

88年1月12日全文修正通過。

✍ 理由
■ 章名明確規定本章提案性質。

說明：

　　本章之章名為委員提案，即規範之主體為立法委員，而規範之客體則為提案的要件、類型、限制等相關事宜，明定在第7條至第12條等6個條文，摘要如下：

　　第7條係規定，立法委員提出之議案，以書面為之，如該議案為法律案者，應附具條文及立法理由。

　　第8條則係規定提案之連署人數，以及連署人、提案人權利行使之限制，前者即提案為法律案者，應有15人以上之連署，如為其他提案[1]者，應有10人以上之連署；後者，明定連署人不得發表反對原提案之意見，以及提案人欲撤回原提案時，應先徵得連署人之同意。

　　第9條規定，臨時提案應有10人以上之連署，於當次會議上午10時前以書面提出，下午5時至6時處理之。

　　第10條規定，否決之議案，僅能經由復議方式提出。

　　第11條規定，修正動議及修正動議之修正動議，[2]須10人以上之連署或附

1　立法院實務上，往往將「其他提案」稱為「一般提案」。
2　實務上稱為「再修正動議」，參閱何弘光，《立法院實用法令及案例彙編》，初版，五南圖書，109年，312頁。

議，以及處理次序。

　　第12條規定，修正動議未經議決前，須徵得連署或附議人之同意，始得撤回。

　　另外，委員會會議之連署人數，依本規則第57條規定，爲上述人數之五分之一。黨團名義提案，依本規則第59條規定，不受連署人數之限制。

> **第七條**（議案以書面提出）
> 議案之提出，以書面行之，如係法律案，應附具條文及立法理由。

沿革

88年1月12日全文修正通過。

理由

■「附具條文」下增列「及立法理由」，以了解法案立法要旨。

說明

　　本條規定提案之格式，以及法律案須附具條文。因議事程序可分為提案、討論與表決等三大步驟，[3]所以議案之提出為首要之務。

一、議案

　　動議又稱提議，原文為Motion，也有稱之為提案或議案。

　　提案，係一種正式的書面提議，通常事先草擬完成；而動議，則係臨時在會場以口頭方式提出。前者之內容多為實質問題的提出，後者內容多為程序問題的提出。通常具有重要性或內容繁複者，以書面提案，而有時間緊迫或議事程序問題發生亟待處理者，多以口頭動議提出。提案通常是須有連署人始得提出，動議則通常是須有附議人。[4]提案與動議之比較如表2-1。

3　蔡政順，《立法院議事規則逐條研究》，初版，大中國圖書，74年，74頁。
4　鍾啟岱，《議事學理論與實務》，初版，高雄復文圖書，92年，56、57頁；許劍英，《立法審查理論與實務》，4版，五南圖書，93年，7-9頁。

表2-1 提案與動議之比較表

類型	提案	動議
提出方式	書面	口頭
內容	實質問題	程序問題
會眾支持方式	連署	附議
編入議程	可	否

資料來源：羅傳賢，《立法學實用辭典》，3版，五南圖書，103年，265、266頁；作者製表。

二、議案之提出

議案之提出，係指提案人將其提案向何人提出者而言，即何人有權可以受理提案人之提案。

依提案人提出該議案之時機，可區分為會議中與會議外二者，前者由該會議中之議事人員受理或登記該議案；後者依《立法院處務規程》第5條規定：「議事處設議程科……分掌下列事項：一、議程科：……議事文件之收發……。」由立法院議事處受理，即立法委員提出之法律案，須先送至議事處並登記之；其他議案，程序同前，惟如不及先送至議事處，可直接於程序委員會會議中提出，程序委員會未審定而於院會處理議程草案時提出。但仍須至議事處補行登記之。

三、提案人

本條規定在第二章委員提案，故提案人當係指立法委員，惟依本規則第59條規定：「符合立法院組織法第三十三條規定之黨團，除法律另有規定外，得以黨團名義提案，不受本規則有關連署或附議人數之限制。」即黨團亦得成為提案人，例如立法院第7屆第8會期第2次會議（100年9月23日），報告事項第5案、「本院民進黨黨團擬具『老年農民福利津貼暫行條例第四條及第六條條文修正草案』，請審議案。」[5]

---

5 《立法院議案關係文書》，院總1687號，委員提案第10689號，100年9月21日印發。

四、書面

　　本條明定議案之提出以書面行之，即非書面方式之議案，不能受理。至於何謂書面？就是用文字表達，例如：「書面意見」、「書面紀錄」。[6]至於格式則未明定，但立法院議事處於其網頁之業務成果有提供參考樣張。[7]

五、法律案

　　法律案係指法律提案，而法律依《中央法規標準法》第2條規定：「法律得定名為法、律、條例或通則。」即上開四種名稱之提案，均屬法律提案。[8]法律提案，除應附具條文外，尚須提出立法說明。依《中央法規標準法》第1條規定，略以：中央法規之制定、修正及廢止，除憲法規定外，依本法之規定。同法第10條規定，略以：修正法規廢止少數條文時，得保留所廢條文之條次，並於其下加括弧，註明「刪除」二字，增加少數條文時，得將增加之條文，冠以前條「之一」等條次。準此，立法實務上有關法律案之提案格式，依其內容，可分為「制定案」、「修正案」、「增訂案」、「刪除案」、「廢止案」等，以下分別說明之。

（一）制定案

　　制定案，係指法律從無到有，即提案人提出該法律案時，尚未有現行法律存在，例如立法院第10屆第1會期第8次會議（109年4月10日），報告事項第13案、「本院委員蘇巧慧等23人擬具『太空發展法草案』，請審議案。」[9]該制定案提出時，現行法並無相關法律。

6　教育部重編國語辭典修訂本，https://dict.revised.moe.edu.tw/index.jsp，最後瀏覽日期：111年3月18日。

7　立法院全球資訊網，關於立法院／各單位／議事處，https://www.ly.gov.tw/Pages/List.aspx?nodeid=4805，最後瀏覽日期：112年3月24日。

8　立法院實務上尚有「稅則」亦作法律之用，參閱何弘光，《立法程序之法制與實務》，初版，自版，111年，97、98頁。

9　《立法院公報》，第109卷，第21期，院會紀錄，109年4月27日，5頁。

（二）修正案

依《中央法規標準法》第20條第1項規定：「法規有左列情形之一者，修正之：一、基於政策或事實之需要，有增減內容之必要者。二、因有關法規之修正或廢止而應配合修正者。三、規定之主管機關或執行機關已裁併或變更者。四、同一事項規定於二以上之法規，無分別存在之必要者。」

對現行法律之條文內容作修正，係在修正條文之文字下劃線。法律修正案提出之條文達全部條文者，為全文修正，書明「（法律名稱）修正草案」，例如立法院第3屆第6會期第11次會議（87年12月11日），報告事項第25案、「本院委員林濁水等19人擬具『立法院組織法修正草案』，請審議案。」[10]修正條文在4條以上未達全部條文者，為部分條文修正，書明「（法律名稱）部分條文修正草案」，例如立法院第8屆第8會期第13次會議（104年12月11日），報告事項第155案、「本院台灣團結聯盟黨團擬具『立法院組織法部分條文修正草案』，請審議案。」[11]修正條文在3條以下者，即僅修正1條或2條或3條條文者，書明「（法律名稱）第○條、第○條及第○條條文修正草案」，例如立法院第6屆第4會期第1次會議（95年9月19日），報告事項第6案、「本院國民黨黨團擬具『立法院組織法第十五條、第二十一條及第二十六條條文修正草案』，請審議案。」[12]

（三）增訂案

對現行法律條文內容不作修正而係於適當之處，另外增加條文，增加部分不用劃線，惟說明欄第1點須記載「本條增訂」[13]等文字並於底下劃線。其表示方式依《中央法規標準法》第10條第2項規定：「修正法規增加少數條文

---

10 《立法院公報》，第87卷，第47期，院會紀錄，87年12月16日，6頁。
11 《立法院公報》，第104卷，第96期上冊，院會紀錄，104年12月23日，33頁。
12 《立法院公報》，第95卷，第37期，院會紀錄，95年10月2日，2頁。
13 行政院秘書長88年4月26日台88秘字第16221號函，說明二：「二、為利法案之核議與辨識，前函說明三：『整條、項、款新增或整條、項、款刪除者，請於說明欄劃線。』修正為『整條新增或刪除者，請於說明欄劃線；整項、款、目新增或刪除者，請於修正條文欄或現行條文欄中新增或刪除之項、款、目部分劃線。』」即依該函所示，增訂案應於其說明欄記載「本條新增」，惟因增訂本就從有到無，一定是新的，且既為增訂案，其說明之用詞自當一致，即以「本條增訂」為宜，何須另創「新增」之用詞。

時，得將增加之條文，列在適當條文之後，冠以前條『之一』、『之二』等條次。」如為增加編、章、節、款、目時，依《中央法規標準法》第10條第3項規定，準用同條第2項規定。

　　增訂條文在4條以上者，書明「（法律名稱）增訂部分條文草案」，例如立法院第9屆第8會期第10次會議（108年11月15日），報告事項第20案、「本院委員許毓仁等16人擬具『戶籍法增訂部分條文草案』，請審議案。」[14]增訂條文在3條以下者，書明「（法律名稱）增訂第○條之○、第○條之○、第○條之○條文草案」，例如立法院第9屆第3會期第14次會議（106年5月19日），報告事項第177案、「本院委員許淑華等16人擬具『戶籍法增訂第二十五條之一條文草案』，請審議案。」[15]

（四）刪除案

　　對現行法律條文無保留之必要予以刪除，刪除之現行條文不用劃線。

　　《中央法規標準法》第10第1項規定：「修正法規廢止少數條文時，得保留所廢條文之條次，並於其下加括弧，註明『刪除』二字。」說明欄第1點須記載「本條刪除」等文字並於底下劃線。刪除條文在4條以上未達全部條文者，書明「（法律名稱）刪除部分條文草案」，例如立法院第9屆第5會期第10次會議（107年4月27日），報告事項第58案、「本院委員王榮璋等22人擬具『稅捐稽徵法刪除部分條文草案』，請審議案。」[16]刪除條文在3條以下者，書明「（法律名稱）刪除第○條、第○條及第○條條文草案」，例如立法院第9屆第8會期第10次會議（108年11月15日），報告事項第24案、「本院民進黨黨團擬具『社會秩序維護法刪除第二十條及第二十一條條文草案』，請審議案。」[17]另外，如為廢止編、章、節、款、目時，依《中央法規標準法》第10條第3項規定，準用同條第1項規定。

14　《立法院公報》，第108卷，第93期上冊，院會紀錄，108年12月3日，3頁。
15　《立法院公報》，第106卷，第57期，院會紀錄，106年6月1日，60頁。
16　《立法院公報》，第104卷，第43期，院會紀錄，104年5月28日，6頁。
17　《立法院公報》，第108卷，第93期上冊，院會紀錄，108年12月3日，3頁。

（五）廢止案

廢止案，係指法律從有到無，將現行法律全部條文刪除就是廢止。依《中央法規標準法》第21條規定：「法規有左列情形之一者，廢止之：一、機關裁併，有關法規無保留之必要者。二、法規規定之事項已執行完畢，或因情勢變遷，無繼續施行之必要者。三、法規因有關法規之廢止或修正致失其依據，而無單獨施行之必要者。四、同一事項已定有新法規，並公布或發布施行者。」即廢止案並無條文對照表可言，但須檢附擬廢止之法律案全部條文乙份，例如立法院第9屆第1會期第5次會議（105年3月18日），報告事項第62案、「本院親民黨黨團擬廢止『調度司法警察條例』，請審議案。」[18]

綜上，一個法律案如果同時有修正或增訂或刪除條文等不同格式者，則以修正案之格式爲主，至於增訂及刪除條文之說明仍依增訂案及刪除案之格式，例如立法院第3屆第5會期第18次會議（87年5月19日），報告事項第23案、「本院委員謝啓大等60人擬具『刑法部分條文修正草案』，請審議案。」[19]即同時具備修正、增訂及刪除等條文。另外，以上說明雖僅以條文爲例，實則包含法律名稱、編、章、節、款、目等內容之修正或增訂或刪除，惟實務上仍僅以條文數作爲計算之標準。

六、立法理由

法律案之立法理由雖非立法程序之標的，但確實是立法程序的重要參考依據。立法理由在立法體例上由「草案總說明」及「逐條說明」二者所構成。

（一）總說明

總說明雖非法律本文之一部分，通常置放在法律案條文之前，係屬法律案全案立法目的、立法基本原則、立法緣起及背景、法律內容等之摘要，作爲提供立法者參考之說明。

---

18 《立法院公報》，第105卷，第6期，院會紀錄，105年3月25日，8頁。
19 《立法院議案關係文書》，院總第246號，委員提案第2208號，87年5月16日印發。

（二）逐條說明

　　逐條說明係於法律條文草案之每一條文之說明欄，簡要說明該條文之制定、修正、增訂及刪除等理由。

　　立法理由的詳細說明，除在歷史解釋中，對具體法律條文適用解釋扮演重要角色外，於日後審查法規範之修改，與制定等合憲性問題上，亦得作為有效之判斷依據。但有學者觀察立法過度政治化及妥協化的結果，造成立法理由無法詳盡周全之主要理由，立法理由反而僅是一種應付表格需求的形式表面文章而已，缺乏實質決定之根本性理由。[20]例如立法理由以「黨團協商」一詞帶過。

問題討論：

一、立法院與行政院之法律全案修正格式之異同

　　立法院與行政院之法律全案修正體例並無相關法律規定可資依循。立法院係依立法程序之實務，採行法律全案修正須名實相符，即提出全部條文始可，而行政院則依《中央行政機關法制作業應注意事項》第二章法規草案之格式四、法規修正案（一）標題：法規名稱有修正時，應以舊名稱為標題名稱；其書寫方式如下：1.全案修正：修正條文達全部條文二分之一者，書明「（法規名稱）修正草案」，即只要法律案修正條文過半以上，即屬全案修正。本書認為應採行立法院之做法為宜，其理由如下：

（一）立法院為全國最高立法機關

　　憲法第62條規定：「立法院為國家最高立法機關，由人民選舉之立法委員組織之，代表人民行使立法權。」職是，有關立法事項當以國家最高立法機關即立法院為據。

---

20 林明鏘，〈立法學之概念、範疇界定及功能〉，《政大法學評論》，第161期，109年6月，111頁。

（二）法律案之格式應名實相符

法律案既爲全案修正，顧名思義其內容自應包含該法律之全部條文，如採立法院之做法完全沒問題。反之，如採行政院以過半數以上即爲全案修正，則無法了解該法律案確實的條文數字，例如某法律有20個條文，如甲案提出修正11個條文，乙案提出修正15個條文，丙案提出修正20個條文，因皆已過半數以上，所以3案依行政院做法皆爲全案修正，惟從形式外觀上易令人誤以爲皆屬20個條文全數提出修正，而易造成甲案及乙案是否有漏列條文的疑慮。

（三）法律案格式應簡單清楚

只要是全案修正，依立法院的做法就是該法律案須提出全部修正條文，否則就是部分修正，簡單清楚，讓人一目了然，不會有任何疑義，亦毋須任何說明。但實務上委員提出之全案修正或有某幾個條文未作修正，只要符合提出全部條文者，仍視爲全案修正，例如立法院第10屆第2會期第9次會議（109年12月24日），報告事項第10案、「本院委員伍麗華Saidhai Tahovecahe等17人擬具『災害防救法修正草案』，請審議案。」[21]此外，立法院第10屆第3會期第12次會議（110年5月14日），報告事項第51案、「行政院函請審議『行政執行法修正草案』案，其中若干章名未作修正，卻仍納入本草案內容」，[22]是否也了解全案修正如不全文納入，即有漏列之慮，及格式不一之問題。

（四）修法程序經濟

前述之「災害防救法修正草案」，其中未予修正之條文，因其明列在該草案中，故委員或黨團如對該等條文有意見，仍可提出修正動議、再修正動議於同一案處理之。反之，如未將其明列該草案中，縱使有併予修正之必要，仍須另行提案，方有併案或另案處理之可能。準此，顯然前者之修法程序較爲經濟。[23]

---

21 《立法院議案關係文書》，院總第1711號，委員提案第25783號，109年12月23日印發。
22 《立法院議案關係文書》，院總第989號，委員提案第17468號，110年5月12日印發。
23 何弘光，《立法程序之法制與實務》，初版，自版，111年，17-19頁。

第八條（提案連署）

立法委員提出之法律案，應有十五人以上之連署；其他提案，除另有規定外，應有十人以上之連署。

連署人不得發表反對原提案之意見；提案人撤回提案時，應先徵得連署人之同意。

沿革

88年1月12日全文修正通過。

第八條

立法委員提出之法律案，應有三十人以上之連署；其他提案，除別有規定外，應有二十人以上之連署。

連署人不得發表反對原提案之意見；提案人撤回提案時，應先徵得連署人之同意。

✎ 理由

- ■條次變更（原條次為第10條）。
- ■配合憲法增修條文第3條第2項規定，第1項中「及對於行政院重要政策不贊同請予變更之提案」予以刪除，並將提案連署人數「十五人」修正為「三十人」，「十人」修正為「二十人」。

96年11月30日修正通過。

✎ 理由

- ■配合立法委員人數減半，按比例酌減本條連署或附議人數半數。

說明

本條規定立法委員提案之連署人數，以及提案撤回須先徵得連署人之同意。

一、連署人

連署係指兩人以上在同一份契約或文件上聯合簽名，以示共同負責。[24]本條明定提案須有連署之原意，係為防止提案過於浮濫，不夠慎重，恐影響議事效率，故法律案之提案人應邀請15位以上之立法委員支持其提案，而其他提案則需邀請10位以上之立法委員支持其提案，該等提案始得成立，參加簽署支持該提案者，即為連署人。惟有謂連署僅係表示同意考慮而不一定表示贊成之表達行為，[25]另有謂社團內規或行政或民意機關之議事規則，偶有特別規定連署人不可以反對原提案的情形，例如本條第2項規定之連署人不得發表反對原提案之意見。[26]準此，連署人既然參與連署提案，應表示同意該提案之內容，否則即與本條項規定的意旨相違背。惟連署人不得發表反對原提案之「意見」，是否包含「表決」，立法實務上較無討論，一來幾乎較少案例可尋，二來縱使發生，如係不記名表決者，根本無從認定，如係記名表決者，亦無踐行核對連署人之情形。

二、其他提案

其他提案，係指立法委員除法律案以外之提案。

至於其他提案之連署人數又可區分為另有規定及無規定二種。前者如對行政院院長提出不信任案之連署人數為全體立法委員之三分之一，即38人；後者為一般提案，例如本院委員李彥秀等19人（10人以上之連署），建請決議：「請衛生福利部於1個月內審酌醫療體系改革方方針、時程與醫療人力缺口之關連，重行檢討受僱醫師納入勞基法之配套措施，以免徒耗醫師養成所投入之資源，甚至產生流浪醫師，是否有當？請公決案。」[27]

---

24 《北史‧卷八三‧文苑列傳‧顏之推》：「崔季舒等將諫也，之推取急還宅，故不連署。及召集諫人，之推亦被喚入，勘無名，得免。」參閱教育部重編國語辭典修訂本，https://dict.revised.moe.edu.tw/index.jsp，最後瀏覽日期：111年3月18日。
25 羅傳賢，《立法學實用辭典》，3版，五南圖書，103年，267頁。
26 蔡文斌，《會議規範實用》，修訂4版，自版，100年，9頁；鍾啓岱，《議事學理論與實務》，初版，高雄復文圖書，92年，179頁。
27 本案增列第9屆第2會期第9次會議議事日程草案，惟因程序委員會未能審定議程，致未列案。

三、撤回提案

　　《民法》第95條第1項規定：「非對話而為意思表示者，其意思表示，以通知達到相對人時，發生效力。但撤回之通知，同時或先時到達者，不在此限。」即意思表示尚未到達相對人，法律行為根本尚未生效時，表意人可以將其意思表示撤回，以阻止效力發生。依本規則第7條規定，議案之提出以書面行之，即屬非對話之意思表示，而提案應自何時發生效力？關係到該提案得否撤回之認定，故該提案之生效時點為立法委員向議事人員送案並完成登記，或經程序委員會審定議程，或經院會一讀決定，或一讀決定經過復議確定等，因法無明定。惟依《立法院職權行使法》第12條第1項規定：「議案於完成二讀前，原提案者得經院會同意後撤回原案。」係屬提案撤回之特別規定，應優先適用之，即撤回提案之最後時限為該議案於完成二讀前，應係指院會作出二讀決議前。

四、連署人同意

　　提案人之提案係先經連署人之連署，始得成立，故其日後撤回提案時，亦須徵得連署人之同意，似為合理。惟《民權初步》第六章第39節及第41節規定，動議提出後，雖有連署人之同意，因動議已為大會所有，依理提案人不能自由撤回，如動議需要撤回時，必須徵得連署人之同意，事實上反為撤回動議之更大障礙。準此，《立法院職權行使法》第12條規定，原提案人得經院會同意後撤回原案，即不須再徵得連署人之同意，惟本條規定卻仍須徵得連署人之同意，似與一般議事學之原理不符，[28]甚至牴觸上開規定。實務上亦甚難執行，即如何認定提案人之撤回已先經連署人之同意，又如有疑義該如何處理。故實務上乃發展出由提案人在其撤回提案上，載明「已通知連署人」等相關文字，並經院會同意其撤回後，方可產生撤回之效果，例如立法院第8屆第7會期第8次會議（104年4月17日），報告事項第26案、「本院委員盧秀燕擬請同意撤回前提之『財團法人法草案』案。」程序委員會意見：「擬請院會同意撤

---

28 郭登教，〈修正立法院議事規則芻議〉，《立法院院聞》，第18卷，第5期，總期：205，79年5月，17、19頁。

回。」主席：「請問院會，對本案照程序委員會意見處理，有無異議？（無）無異議，照程序委員會意見辦理。」[29]該案之關係文書案由載明：「針對本席所提『財團法人法草案』，因目前意見不一，尚待協調，爰先行撤案，另關於本案之撤回將自行通知共提及連署委員。」[30]此外，如為黨團之提案撤回，因其無連署人，故毋庸得其同意。

案例

一、委員撤回提案

案由：針對本席擬具之「臺灣地區與大陸地區人民關係條例第一條、第二十六條之一及第六十三條條文修正草案」，本席予以撤案，並自行通知其他共同提案人及連署人。[31]

提案人：立法委員 蔡易餘

二、黨團撤回提案

案由：本院時代力量黨團，針對第10屆第2會期第9次院會，一讀付委之「本院時代力量黨團擬具『司法院釋字第七四八號解釋施行法第二十條條文修正草案』，請審議案。」擬請院會撤回該提案。[32]

提案人：時代力量立法院黨團 陳椒華

---

29 《立法院公報》，第104卷，第29期，院會紀錄，104年4月27日，4頁。
30 《立法院議案關係文書》，院總第336號，委員提案第17172號之1，104年4月15日印發。
31 《立法院議案關係文書》，院總第1554號，委員提案第24628號之1，109年5月20日印發。本案之「通知其他共同提案人及連署人」，依法應為「得其他共同提案人及連署人之同意」。
32 《立法院議案關係文書》，院總第1150號，委員提案第25854號之1，110年4月21日印發。

相關法規

◎立法院職權行使法

第12條第1項

議案於完成二讀前，原提案者得經院會同意後撤回原案。

問題討論

一、共同提案人得否併入連署人數

　　立法委員提出之法律案，依《立法院議事規則》第8條規定，其成案人數為提案人加上15人以上之連署，所以至少16人。惟自立法院第9屆起，採務實做法，只要提案人（含共同提案人）加連署人之人數合計達成案人數16人，即可受理。[33]惟對此做法仍存有不同意見，即認為該條連署人數係法定要件，不因提案人數增加而可減少其連署人數，即共同提案人不得計入連署人數。惟實

---

[33] 立法院議事處105年4月11日台立議字第1050701639號書函之說明：「一、依立法院組織法第17條及立法院處務規程第5條規定，議事處（以下稱本處）設議程科等4科，其中議程科負責議事文件之收發等事項，並兼辦程序委員會事務。有關立法院議事規則第8條所定委員提案之提案及連署人數，本處於收受提案時，遇有連署人數未足15人（或10人）時，即或總人數已達提案人數，仍認定為不成案，而要求須將共同提案人改為連署人，或是另行補送連署人，始予收受，致因此稽延提案後續處理程序，迭有委員辦公室反映並不合理。二、第8屆期間，議程科數度於本處科長以上同仁參加之工作會議中就上開問題提出檢討，主要考量係以從嚴認定做法，有限制委員提案權力之虞，且會發生已有本院多數委員（例如超過三分之一，甚或二分之一之委員）署名之提案，僅因簽署於（共同）提案人或連署人之別，而可能認定為不成案之不合理現象。但為免同一屆期有不同做法，於第8屆並未放寬，當時已有留俟新一屆期再行檢討之初步想法。三、本（第9）屆伊始，新國會力行改革，議程科又以仍有委員辦公室反映相同問題提出檢討，經過數次研酌，爰參酌：（一）本院資深同仁蔡政順先生所著《立法院議事規則逐條研究》一書第75頁及第76頁研究指出：『一個提案僅有「提案人」而無「連署人」，而其提案人數超過法定連署人數1人以上時，該提案是否可以成立？……就理論上，應將該聯合提案人中第1名視為真正提案人，而將第2名以後之提案人，視為連署人，而准該提案成立。就實例上而言，立法委員之提案，僅列「提案人」，而不另列「連署人」者，亦常見之，也未嘗聽到挑剔之聲音。』（二）本院委員會實務做法，亦允許委員臨時提案及修正動議之提案及連署人，得僅列提案人而不另列連署人。（三）新北市議會議事規則第8條及台南市議會議事規則第9條，均規定共同提案達成案人數時，得不經連署。等理論與實務情形，決定於本屆伊始，即予革新改變，以利委員提案及職權行使。四、本處一向與本院各黨團工作同仁有工作聯繫，從寬收受提案做法，隨即向各黨團工作同仁說明，並於本處議程科收件處製作通知單，於委員辦公室送案時一併向助理說明，以使幕僚作業標準一致。」

則此等做法並未違反上開規定，即將提案人數與連署人數合計，純係「議事程序簡化」之考量，如不採行前述合計方式，則應要求共同提案人將其等之提案分別予以處理，例如法律案有3位共同提案人甲、乙、丙，及13位連署人，即共同提案人甲、乙、丙，連署人1至13，合計16人，可將3位共同提案人分拆成3件法律案，即提案人甲＋連署人乙、丙及1至13、提案人乙＋連署人甲、丙及1至13、提案人丙＋連署人甲、乙及1至13等3案。也就是共同提案人中之2位提案委員分別為另1位提案委員之連署人，即甲的提案，乙及丙為其連署人，而乙的提案，甲及丙為其連署人，丙的提案，甲及乙為其連署人，3件法律案提案人皆為1人，連署人皆為15人，所以3件法律案皆符合15位法定連署人數之規定。而3件法律案分別編入院會議事日程報告事項後，院會因3件法律案之內容相同，於一讀程序得交委員會併案審查，或委員會自行併案審查，委員會審查後作成1個審查報告提報院會，院會再續行二、三讀程序，完成立法程序，最後通過「一個」法律案。所以立法實務上將共同提案人合併計算連署人之處理方式，不過係將不同提案人之同一內容法律案，在排入院會議事日程前，先由該等不同提案人將同一內容之數個法律案簡化成為1個法律案，提前有效簡化後續之委員會及院會二、三讀之議事程序。[34]準此，共同提案人之產生，純係方便立法委員提案及立法院議事程序之簡化而來，且實務上已成為常態，並為公民監督國會聯盟對立法委員之評鑑項目之一，[35]自有將其法制化之必要。

此外，共同提案人既為2人以上，除保留1位提案人外，其餘共同提案人如上述，得併入連署人數計算，且實務上對於共同提案人之撤回提案時，亦以第1位共同提案人為準，而立法院實務上係將共同提案人之第1人稱為「主提案人」，公民監督國會聯盟則稱為「首位提案人」，因主提案人之文意並不明確，故本書採納公民監督國會聯盟之用語。準此，共同提案人如欲法制化，得於《立法院議事規則》增訂第9條之1第1項規定：「前二條之提案人為二人以上者，為共同提案人，除首位提案人外，其他共同提案人均計入連署人數。」[36]可有效解決實務之爭議。

---

34 何弘光，《立法程序之法制與實務》，電子書，初版，自版，Pubu電子書城，https://www.pubu.com.tw/，112年9月28日，9、10頁。
35 公民監督國會聯盟，http://ccw.org.tw/assess，最後瀏覽日期：110年3月15日。
36 何弘光，〈立法程序法制與實務之研析〉，《國會季刊》，第48卷，第4期，109年12月，142頁。

第九條（臨時提案）

出席委員提出臨時提案，以亟待解決事項為限，應於當次會議上午十時前，以書面提出，並應有十人以上之連署。每人每次院會臨時提案以一案為限，於下午五時至六時處理之，提案人之說明，每案以一分鐘為限。

臨時提案之旨趣，如屬邀請機關首長報告案者，由主席裁決交相關委員會。其涉及各機關職權行使者，交相關機關研處。

法律案不得以臨時提案提出。

臨時提案如具有時效性之重大事項，得由會議主席召開黨團協商會議，協商同意者，應即以書面提交院會處理。

沿革：

88年1月12日全文修正通過。

第九條

出席委員提出臨時提案，以亟待解決事項為限，應於當次會議上午十時前，以書面提出，並應有二十人以上之連署。每人每次院會臨時提案以一案為限，於下午五時至六時處理之，提案人之說明，每案以一分鐘為限。

臨時提案之旨趣，如屬邀請機關首長報告案者，由主席裁決交相關委員會。其涉及各機關職權行使者，交相關機關研處。

法律案不得以臨時提案提出。

臨時提案如具有時效性之重大事項，得由會議主席召開黨團協商會議，協商同意者，應即以書面提交院會處理。

✍ 理由

■條次變更（原條次為第11條）。

■為使議事順暢和提高議事品質，將現行臨時提案作業方式予以明文化，爰修正第1項如上，並增列第2項。

■增訂第3項，有關法律案，不得以臨時提案提出。

- ■刪除原條文第2項、第3項。
- ■遇有亟待解決且確具時效性事項,得透過各黨團協商,協商同意者,應隨即以書面提出處理。爰增訂第4項如上。

96年11月30日修正通過。

✍ 理由

- ■配合立法委員人數減半,按比例酌減本條連署或附議人數半數。

說明：

本條規定立法院院會有關臨時提案之相關事宜。

一、臨時提案

立法院開會時,立法委員針對不屬於預定的議事日程事項,而於會議中臨時所提出的議案。

二、亟待解決事項

臨時提案的內容應屬亟待解決事項,係因該事項如非屬急迫且須馬上處理者,自可循正常程序提案,列入議事日程來處理。

三、提出時間

出席委員提出之臨時提案,應於當次會議上午10時前,至會場內主席台前向議事處人員登記,因目前立法院之院會為多日1次會,所以當次會議上午10時前係指院會最後1日之上午10時前。

四、提出方式

出席委員提出之臨時提案,應於辦理登記時,同時提出書面,且需有10人以上之連署,以增加臨時提案之慎重性,避免倉促流於草率。惟實務上立法委員臨時提案之書面,亦可先送至議事處,待其依規定登記發言時,再予以交印。

五、提出次數

　　立法委員每人每次院會辦理登記之臨時提案，以一案為限。但實務上立法委員送至議事處之書面似不受一案之限制，即可暫存議事處。惟於當次會議處理臨時提案前，立法委員仍應先告知欲處理之議案，以便於議事人員交印處理。

六、臨時提案之處理

　　臨時提案於院會之最後1日下午5時至6時處理之，並依臨時提案之旨趣，分別決定之，即如屬邀請機關首長報告案者，由主席裁決交付相關委員會，再由該委員會召集委員自行決定「定期安排議程」，邀請之；臨時提案如涉及各機關職權行使者，因非屬立法院之職權，故院會決定交付相關機關本諸其職權研究處理；臨時提案如具有時效性之重大事項，主席得裁量是否召開黨團協商會議處理，如經召開黨團協商會議，並作成協商結論者，應馬上交由院會依協商結論處理之。

七、主席

　　主席，係指主持會議並維持會場秩序的人。[37]國會主持會議者必然是某政黨內具有一定份量的政治人物，例如德國聯邦議會的主席通常由執政黨的資深黨員出任。[38]本條規定之主席，限於立法院院會之主席，即院會主席才有權裁決交相關委員會，以及委員會並無黨團協商，[39]所以只有院會主席才能召集黨團協商。

　　此外，《會議規範》第16條規定，主席應居於公正超然之地位，嚴格執行會議規則，維持會議和諧，使會議順利進行。同規範第17條規定主席的任務有七項：

37 教育部重編國語辭典修訂本，https://dict.revised.moe.edu.tw/index.jsp，最後瀏覽日期：111年3月18日。

38 羅勃特・羅傑斯、羅德里・瓦特斯，谷意譯，《英國國會》，初版，五南圖書，98年，67頁。

39 何弘光，〈立法院黨團協商制度之法制與實務〉，《國會季刊》，第49卷，第4期，110年12月，62頁。

（一）依時宣布開會及散會或休息，暨按照程序，主持會議進行。

（二）維持會場秩序，並確保議事規則之遵行。

（三）承認發言人地位。

（四）接述動議。

（五）依序將議案宣付討論及表決，並宣布表決結果。

（六）簽署會議紀錄及有關會議之文件。

（七）答復一切有關會議之詢問，以及決定權宜問題與秩序問題。

問題討論：

一、施政質詢期間臨時提案處理時間之沿革

立法院第2屆第3會期第4次會議（83年3月4日）通過協商結論（83年3月2日）：「……三、總質詢期間之院會於下午一時至二時十五分處理臨時提案……。」[40]

立法院第2屆第5會期第1次會議（84年2月21日）通過協商結論（84年2月21日）：……二、施政質詢期間，……每週星期二下午一時至二時處理臨時提案……。」[41]

立法院第3屆第1會期第3次會議（85年3月26日）通過協商結論（85年2月5日、13日、3月6日、26日）：「……二、……每週星期二下午一時十五分至二時十五分為處理臨時提案時間……。」[42]

立法院第4屆第4會期第5次會議（89年9月29日）通過協商結論（89年9月28日）：「一、……下午一時五十分起為處理臨時提案時間。（質詢期間依此例辦理）……。」[43]

立法院第4屆第5會期第1次會議（90年2月20日）通過協商結論（90年2月

---

[40] 《立法院公報》，第83卷，第13期，院會紀錄，83年3月9日，34頁。

[41] 《立法院公報》，第84卷，第8期，院會紀錄，84年2月25日，91頁。

[42] 《立法院公報》，第85卷，第13期，院會紀錄，85年4月6日，302、303頁。

[43] 《立法院公報》，第89卷，第53期，院會紀錄，89年10月14日，14頁。

15日）：「……二、……下午一時五十分至二時三十分……。」[44]

綜上，有關施政質詢期間臨時提案處理時間，自此皆循此例。但院會如為單日1次會，則臨時提案處理時間為該日下午1時50分至2時30分。

二、院會得否不處理臨時提案

（一）依黨團協商結論

立法院第2屆第3會期第31次會議（83年6月21日）通過協商結論（83年6月17日）：「一、自七月一日起延會期間，每星期四加開院會，不作程序發言、議事錄發言、不處理臨時提案，以利加速審議法案……。」[45]

嗣後，仍有多次不處理臨時提案之協商結論，一直到立法院第6屆第6會期第15次會議（96年12月14日），朝野協商結論（96年12月10日）：「……另該次會議依例不處理臨時提案。」其後院會不處理臨時提案之協商結論，始開始沿用「依例不處理臨時提案」等文字。[46]

（二）提案人不在場或無法議決者[47]

立法院第9屆第8會期第10次會議（108年11月19日），主席：「……處理臨時提案。每位委員發言時間為1分鐘。進行第一案，請提案人……說明提案旨趣。（不在場），……本案暫不予處理。」[48]

立法院第4屆第5會期第14次會議（90年5月22日），臨時提案第8案、「本院委員楊作洲、范揚盛、劉文雄、沈智慧、李先仁等46人，有鑑於日前基隆籍全福漁十七號漁船上三名臺籍船員遭船上大陸漁工挾持至美國關島後獲救，經查我外交部駐關島辦事處人員未能善盡職責，代為安排翻譯與法律專業人員協助我臺籍船員儘速返國事宜，認為外交部現行之海外急難救助政策未能有效

---

44 《立法院公報》，第90卷，第7期第1冊，院會紀錄，90年2月28日，135頁。
45 《立法院公報》，第83卷，第44期，院會紀錄，83年6月25日，47頁。
46 《立法院公報》，第96卷，第86期上冊，院會紀錄，96年12月26日，32頁。
47 何弘光，《解讀立法院精選案例：了解立法院立法、修法的運作模式》，初版，五南圖書，112年，33-38頁。
48 《立法院公報》，第108卷，第93期中冊，院會紀錄，108年12月3日，37頁。

具體實踐，以致駐外單位急難救助機制功效不彰，擬建議嚴懲本案相關失職人員，並重新檢討當前急難救助政策之內容與施行辦法。是否有當，請公決案。」主席宣告，本案作如下決定：「函請行政院研處。」請問院會，有無異議？（有）有異議。本案暫不予處理。[49]

---

49 《立法院公報》，第90卷，第28期上冊，院會紀錄，90年5月26日，284、285頁。

第十條（否決議案重提限制）
經否決之議案，除復議外，不得再行提出。

沿革：

88年1月12日全文修正通過。

✍ 理由
- ■本條新增。
- ■本「一事不再議」之原則，特增訂本條。

說明：

本條規定否決後之議案，原則上不得再行提出，例外經由復議程序則不在此限。

一、否決之議案

議案表決後，如有表決結果產生者，一為經可決通過，一為經否決不通過。前者，為可決之議案，即贊成者多數通過之議案，而後者為否決之議案。

否決之議案又可分為贊成者少數不通過，以及贊成者多數但未達通過門檻之不通過。後者例如憲法增修條文第12條規定，略以：立法院提出之憲法修正案，須經出席委員四分之三之決議，通過之，即縱使過出席委員之半數，未達四分之三者，仍屬否決不通過。

二、復議

復議動議，係指推翻原案之表決，使原決議案溯及失其效力。即將已決議之議案，經由復議通過後，重回到該案待議決之狀態。

三、不得再行提出

本條係對委員提案的限制，即委員提出之議案如經否決，原則上是不可以

再次提出，至於有無時間之限制，有採韓國國會法第85條即明文規定：「經否決之案件，同一會期中不得再行提出。」[50]應係基於同一會期中議會的意思只有1個的原則。例外經由復議程序則不在此限，即否決之議案僅能經由復議程序重行提出。本條係明定否決之「議案」得經由復議程序再行提出，但提出復議仍須符合法定要件，詳後述第七章復議。

相關法規

◎立法院議事規則第七章復議（第42條～第45條）

問題討論

一、何謂「一事不再議」之原則

所謂「一事不再議」之原則，係指業已議決之議案，無論通過與否，不可在同一會期中再行提出審議。即基於同一會期中國會的意思只有1個的觀念，有助於達成促進議事時間效益。此原則界定之「一事」，係指法案之名稱、內容、目的極類似，因不滿前法案被否決而再以另一型態重新提出，或不滿通過之內容而以主張相反之法案內容再行提出。此項原則旨在避免國會花太多時間重複討論，使其他議事活動與進度受阻，以致影響議事效率。同時預防任何立法活動被突然之衝動所干擾，可避免議決通過之法案翻案頻繁，而損及國會權威與立法之一貫性，並裨益國會議員深層體認慎重立法的精義。因此，此一原則雖甚少成為各國憲法的明文規定，卻又幾乎成為各國國會之慣行原則。[51]

立法院第9屆第4會期司法及法制委員會曾於106年10月16日舉行「立法院議事規則相關適用疑義之檢討」公聽會，[52]其討論題綱第1點、「何謂『一事

---

50 羅傳賢，《立法學實用辭典》，3版，五南圖書，103年，299頁，惟韓國《國會法》第85條於2018年4月17日全面改版，修正為第92條。

51 許慶雄，《憲法入門》，初版，月旦出版社，81年，259頁；羅傳賢，《立法學實用辭典》，3版，五南圖書，103年，298、299頁；程明仁，〈立法院議事規則修正簡介〉，《法律評論》，第66卷，第10期，總期：1340，89年12月，36頁。

52 立法院第9屆第4會期司法及法制委員會「立法院議事規則相關適用疑義之檢討」公聽會會議紀錄，《立法院公報》，第106卷，第80期，委員會紀錄，106年11月3日，391-442頁。

不二議』？『一事不二議』之適用範圍爲何？」摘錄部分發言內容如下：

有謂一事不二議的議題，最重要的是《立法院職權行使法》中，有沒有透過一事不二議相關的明文條文來約束立法委員的發言權或參與立法權，如果該法並沒有明文透過一事不二議的相關法條，來約束立法委員的發言權、決議權及參與各種立法程序的權利，而透過立法院內部的議事規則來約束立法委員的發言權及決議權的話，都必須符合積極自律原則，也就是國會是眞實地在自律，而不是標榜著自律的大旗，實則完全是以多數決爲依據的強凌弱、眾暴寡的原則。從而，雖沒有看到一事不二議的成文規定，但有關於一事不二議係爲提升議事效率及減少不正常的議事杯葛，對全體國民確實是非常重要的。[53]

有謂一事不二議應該是指同一議案在同一次會中不討論2次，這大概是一事不二議最核心的概念。其實很多先進也提到《立法院議事規則》第11條第4項規定，也就是針對同一事項有2個以上修正動議時，必須等提出完畢並成立之後，以與原案旨趣距離較遠者依次提付討論，如果沒有距離遠近之分，就按照提出之先後。這應該是立法院在討論議案時的最高指導原則，簡單來說，在審查預算案時，如果各黨團就預算案本身有任何修正動議，就應依照此立法原則進行討論與表決，一旦議決完成之後，除非有復議的條件成就，否則不可再議，這才是一事不二議的眞正核心與立法原意本旨。如果單純從字面上討論，必須是等同之事才適用一事不二議原則，也就是相同的案子或相同的預算。[54]

有謂一事不二議這項規範的作用，在司法與行政的領域裡也都有類似概念，包括既判力、重複處分等，都是爲了維護程序及避免前後決議矛盾的情況。[55]

有謂在議事學中所講的「一事不二議」，是指同一事項如果已經表決，就不得再重啓議決程序，否則會導致議事不斷反覆，而整體前瞻預算之審查當中包含非常多不同內容、不同細項，立法委員針對預算中包含的細項提出修正案，有局部與整體之間的關係，但並非同一事項，所以，除非直接針對預算整體。否則，率爾用「一事不二議」主張排除在野黨修正意見之提出，是有所不

---

53 廖義銘發言，同註52，400、401頁。
54 吳盈德發言，同註52，407、408頁。
55 涂予尹發言，同註52，409、410頁。

妥。[56]

　　有謂一事不二議，其實係以《立法院議事規則》第11條第4項所載：「對同一事項有兩個以上修正動議時，應俟提出完畢並成立後，就其與原案旨趣距離較遠者，依次提付討論；其無距離遠近者，依其提出之先後。」的意旨，為立法院議案討論時的最高指導原則，至於同規則第37條前段所載：「修正動議討論終結，應先提付表決；表決得可決時，次序在後之同一事項修正動議，無須再討論及表決。」實亦應以前項意旨為基礎，始符合一事不二議之精神。[57]

---

56 曾建元發言，同註52，412頁。
57 周家華，書面意見，同註52，425頁。

第十一條（提出修正動議）

修正動議，於原案二讀會廣泛討論後或三讀會中提出之，並須經十人以上之連署或附議，始得成立。

修正動議應連同原案未提出修正部分，先付討論。

修正動議之修正動議，其處理程序，比照前二項之規定。

對同一事項有兩個以上修正動議時，應俟提出完畢並成立後，就其與原案旨趣距離較遠者，依次提付討論；其無距離遠近者，依其提出之先後。

沿革

88年1月12日全文修正通過。

第十一條

修正動議，於原案二讀會廣泛討論後或三讀會中提出之，並須經二十人以上之連署或附議，始得成立。

修正動議應連同原案未提出修正部分，先付討論。

修正動議之修正動議，其處理程序，比照本條前二項之規定。

對同一事項有兩個以上修正動議時，應俟提出完畢並成立後，就其與原案旨趣距離較遠者，依次提付討論；其無距離遠近者，依其提出之先後。

✎ 理由

■條次變更（原條次為第31條）。

■為使書面或口頭提出之連署及附議人數一致，爰將第1項修正如上。

96年11月30日修正通過。

✎ 理由

■配合立法委員人數減半，按比例酌減本條連署或附議人數半數。

說明：

本條規定修正動議提出之程序及處理。

一、修正動議

修正動議依《會議規範》第30條規定，係為附屬動議。本條規定之修正動議係對原案作內容之增刪修改者而言。

修正動議修正之方法，依《會議規範》第50條規定，略以：加入字句、刪除字句、刪除並加入字句等三種方法。修正動議得與本題（即原案）相衝突，但必須與本題有關，方得提出。（例如：「通過擁護節約運動」一本題，得動議將「擁護」二字修正為「反對」二字是。）凡加入或刪除一「不」字之修正案，而有否決本題之效果者，不得提出。（例如：「響應提倡食用糙米」一本題，不得動議修正在「響應」之上，加入一「不」字是。）

修正動議修正之範圍，依《會議規範》第50條規定，略以：得對本題一部分字句，或不限於一部分字句，予以增刪補充提出之。（例如：「設一圖書閱覽室供會員之用」一本題，得動議在「圖書」二字之下，加入「雜誌」二字，或同時將「會員」二字刪除，而加入「員工及其家屬」六字是。）

二、提出時間

修正動議提出之時間限於原案二讀會廣泛討論後或三讀會中，係指提出討論之時間而言。即原案一讀會、二讀會廣泛討論結束前及三讀會結束後，均不能提出修正動議予以進行討論，係因為該等程序不是尚未進入實質討論程序，就是已無法進行實質討論者。而與修正動議提出之收案時間無涉，即實務上有定收案期限之截止日，亦有於會議前收案登記者。

三、提出方式

修正動議如由立法委員提出者，須經其他10位立法委員以上之連署或附議，始得成立。惟修正動議如係黨團提出者，因本規則第59條規定，略以：以黨團名義提案者，不受本規則有關連署或附議人數之限制，所以無須其他立法委員之連署。

四、修正動議之處理

修正動議非僅就修正部分單獨討論，而是應連同原案未提出修正部分，一併先於原案討論。

修正動議之處理方式，依《會議規範》分為二種，說明如下：

（一）甲式

該規範第50條規定，略以：本題進行討論中，正反兩方意見未決前，對本題提出之修正，稱第一修正案。第一修正案進行討論中，正反兩方意見未決前，針對第一修正案部分提出之修正，稱第二修正案，或修正案之修正案。處理順序依序為第二修正案、第一修正案、本題。一修正案未決前，不得提出另一同級之修正案，即第二修正案表決後，方得另提其他第二修正案，第一修正案表決後，方得另提其他第一修正案。優點為條理分明、逐點提出、逐點表決，第1點未表決前不進行第2點，秩序清楚，在會議規則不熟悉的場合，比較容易適用。

（二）乙式

該規範第51條規定，略以：對於本題之一部分數部分或全部得提出多數修正案。修正案之討論，與本題同時行之，其表決應先於本題行之。對本題有兩個以上之修正案提出時，其討論之秩序，依提出之先後行之；其表決之次序，應就其與本題旨趣距離最遠者，最先付表決，次遠者次付表決，依此類推，直至所有修正案盡付表決為止。與本條規定相同。優點如下：

1. 各修正案同時提出、同時討論，能得知各修正案之利弊，加以比較，決定取捨，且不論表決先後，終能認定其所贊成者投以贊成票。
2. 表決先以遠近為序，離題較遠者，通過機會少，故應優先表決，如被否決，其他各案仍有表決之機會。
3. 修正案得對本案之數部分提出修正，較符合邏輯方法。
4. 分段表決，能使出席人對於每一提案，均能擷長補短。
5. 遇有繁複之許多提案時，得交付委員會或協商整理後，再行提出討論與表

決。[58]

五、修正動議之修正動議

　　修正動議之修正動議，實務上稱爲「再修正動議」，處理順序優於修正動議。

六、同一事項有兩個以上修正動議

　　本條規定係採取《會議規範》第51條規定之乙式，即同一事項得提出兩個以上修正動議，其處理方式如下：

（一）旨趣距離之遠近

　　旨趣者，宗旨和意義。[59]修正動議依旨趣距離之遠近，係指修正動議內容與原案內容之宗旨和意義差異度之大小而言。即二者內容差異度越大則越遠，差異度越小則越近。

（二）提出之先後

　　修正動議提出之先後，係與提出之時間有關，而與原案之內容無涉。因院會送案須送到議場內會場主席台前之議事處人員，而立法院院會於上午7時開始簽到，所以立法委員爲搶到送案之第1順位，往往提早聚集等候議場開門，甚至於開會前幾日就開始聚集，等到議場門一開啓，就往主席台衝，以致有委員因此而跌倒受傷。從而，爲避免上述情形再次發生，立法院各黨團乃協商收案時間及地點，如附錄七。

---

58 蔡文斌，《會議規範實用》，修訂4版，自版，100年，96-99頁。
59 《北史・卷八四・孝行傳・王頒傳》：「勤學累載，遂遍通五經，究其旨趣，大爲儒者所稱。」也作「指趣」。教育部重編國語辭典修訂本，https://dict.revised.moe.edu.tw/index.jsp，最後瀏覽日期：111年11月30日。

問題討論

一、修正動議之原案如何認定

依《立法院議事規則》第11條第1項規定，**修正動議係針對「原案」所提出**，乃因修正動議為附屬動議係附屬於原案，即必須先有原案之存在，才有可能提出修正動議，合先敘明。

何謂「原案」？究係機關提出之法律案、委員或黨團提出之法律案，抑或委員會審查通過之法律案等，因產生原案認定之積極衝突，所以引發爭議，例如立法院第1屆第35會期第15次會議（54年4月20日），討論「財政收支劃分法修正草案」第16條條文後，委員高廷梓主張應以行政院修正草案為「原案」，但委員魏惜言則主張自有立法院以來，院會所謂「原案」就是（委員會）審查出來的原案，院會表決結果採後者，即二讀會之「原案」係指審查案。[60]從而，立法院即一直沿用此案例，惟該案例雖解決了原案之積極衝突，但如無審查案時，該如何認定原案，並未說明，但如依上開意旨，修正動議所欲修正之「原案」，似係指前一程序通過者而言，說明如下：[61]

（一）委員會程序

於委員會提出之修正動議，其原案為一讀程序通過之法律案，即對院會交付委員會審查之法律案，提出修正動議。

（二）二讀程序

1. 交付委員會

一讀程序通過法律案交付委員會審查，經審查會通過者，於二讀程序提出之修正動議，其原案為審查案（審查報告），即審查會通過條文等。惟所謂的審查會通過者，應係指通過審查會程序而言，即縱使法律案全案保留或部分保

---

60 《立法院公報》，第54卷，第35期第6冊，54年4月27日，85頁以下。
61 何弘光，《立法程序之法制與實務》，電子書，初版，自版，Pubu電子書城，https://www.pubu.com.tw/，112年9月28日，126、127頁。

留，仍不失其原案之地位，即該原案係指保留條文。

2. 逕付二讀

一讀程序通過法律案逕付2讀者，於二讀程序提出之修正動議，因無審查案，故其原案為一讀程序通過逕付二讀之法律案。

（三）三讀程序

三讀程序提出之法律案，其修正動議之原案，為經過二讀之法律案。[62]

二、如何比較修正動議旨趣遠近

（一）依條文之結構

依《中央法規標準法》第8條規定，法規條文之結構得分為項、款、目等，如修正動議修正之內容為增刪該條文之項、款、目等，均屬更動該條文之結構，例如立法院第7屆第3會期第14次會議（98年5月22日），討論事項第1案、「本院司法及法制、內政兩委員會報告審查行政院函請審議『中央選舉委員會組織法草案』案。」進行該案第6條處理時，主席：「……在表決之前先宣讀國民黨團修正動議、民進黨團修正動議及審查會通過條文，表決順序是國民黨團的修正動議先表決，因為該修正動議刪除的項目比較多，所以距離本題比較遠。現在宣讀第六條審查會通過條文及各黨團所提修正動議。」

1. 審查會條文

第6條：「下列事項，應經本會委員會議決議：一、選舉、罷免、公民投票相關選務事項法規之制（訂）定、修正及廢止之擬議。二、各項選舉、罷免及公民投票公告事項之審議。三、違反選舉、罷免及公民投票法規之裁罰事項。四、本會處務規程、會議規則及各地方選舉委員會組織規程或準則擬訂之審議。五、選舉、罷免、公民投票相關政策、制度及施政方針、報告、計畫擬

---

62 周萬來，《議案審議——立法院運作實況》，5版，五南圖書，108年，77頁。

定之審議。六、重大爭議案件處理。七、委員提案之事項。八、其他應由委員會議議決之重大事項。」

2. 民進黨黨團修正動議條文

第6條：「下列事項，應經本會委員會議決議：一、選舉、罷免、公民投票相關選務事項法規之制（訂）定、修正、廢止及解釋事項。二、各項選舉、罷免及公民投票公告事項之審議。三、違反選舉、罷免及公民投票法規之裁罰事項。四、本會處務規程、會議規則及各地方選舉委員會組織規程或準則擬訂之審議。五、選舉、罷免、公民投票相關政策、制度及施政方針、報告、計畫擬定之審議。六、重大爭議案件處理。七、委員提案之事項。八、其他應由委員會議議決之重大事項。」

3. 國民黨黨團修正動議條文

第6條：「下列事項，應經本會委員會議決議：一、選舉、罷免、公民投票相關選務事項法規之制（訂）定、修正及廢止之擬議。二、各項選舉、罷免及公民投票公告事項之審議。三、違反選舉、罷免及公民投票法規之裁罰事項。四、重大爭議案件處理。五、委員提案之事項。六、其他重大應由委員會議議決事項。」[63]

因國民黨黨團對原案提出之修正動議，將該條文規定之8款事項刪除2款成為6款，已更動該條文結構，而民進黨黨團對原案提出之修正動議，僅係修正文字，顯然前者之修正旨趣較後者為遠。

（二）依條文之內容

修正動議並未更動條文結構，僅係增刪或變更其內容者，例如立法院第9屆第4會期第15次會議（106年12月29日），討論事項第1案、「本院財政委員會報告併案審查行政院函請審議『金融科技創新實驗條例草案』、委員曾銘宗等16人擬具『金融創新試驗條例草案』、時代力量黨團擬具『金融科技發展

---

63 《立法院公報》，第98卷，第34期，院會紀錄，98年6月4日，54-60頁。

與創新實驗條例草案』、委員陳賴素美等21人擬具『金融科技創新發展條例草
案』、委員余宛如等18人及委員許毓仁等29人分別擬具『金融科技創新實驗條
例草案』案。」於處理該案第6條時，主席：「請宣讀第六條審查會條文及修
正動議條文。」

1. 審查會條文

第6條：「主管機關就創新實驗申請之審查，應召開審查會議；會議成員
包括專家、學者及相關機關（構）代表。專家及學者之比例不得少於會議成員
總額之二分之一。」

2. 民進黨黨團修正動議條文

第6條：「主管機關就創新實驗申請之審查，應召開審查會議；會議成員
包括專家、學者及相關機關（構）代表。」

3. 時代力量黨團修正動議條文

第6條：「主管機關就創新實驗申請之審查，應召開審查會議；會議成員
包括專家、學者及相關機關（構）代表。專家及學者之比例不得少於會議成員
總額之二分之一。」

因對原案（即審查會條文）之修正內容而言，民進黨黨團修正動議係刪除
審查會條文後段，而時代力量黨團修正動議則係維持原審查會條文，所以前者
之旨趣較遠，應優先處理，主席：「表決順序依旨趣遠近，現在針對民進黨黨
團修正動議條文進行表決……。」[64]

（三）依條文之文字數

對原案提出之修正動議並未更動其條文結構及重要內容，僅係文字酌予修
正者，得依其修正字數之多寡論其旨趣之遠近。

三、修正動議依提出先後之判準

（一）適用時機

1. 無審查會條文

　　立法院實務上，修正動議有2案以上，因無審查會條文（原案）可供比較其旨趣之遠近，而依提出先後處理者，例如立法院第9屆第4會期第1次臨時會第2次會議（107年1月9日至10日），討論事項第2案、「本院社會福利及衛生環境、經濟兩委員會報告併案審查行政院函請審議『勞動基準法部分條文修正草案』、國民黨黨團擬具『勞動基準法第三十二條之一、第三十四條及第三十八條條文修正草案』、委員林為洲等16人擬具『勞動基準法第三十八條條文修正草案』、委員陳宜民等19人、委員黃昭順等16人分別擬具『勞動基準法第二十四條及第三十八條條文修正草案』及委員李彥秀等17人擬具『勞動基準法部分條文修正草案』案。」處理修正動議時，主席：「本案無審查會條文可供比較旨趣遠近，所以本案表決順序依再修正動議條文、修正動議條文、提案條文之提出先後進行處理，依序進行表決後，如果其中任何一案通過，即不再處理其他案。」[65]惟此部分容有疑義，因修正動議為附屬動議，所以還是必須存在一個被修正的動議，否則，如何依《立法院議事規則》第11條第2項規定，連同原案未提出修正部分予以討論。因此，不可能會發生「無原案」之情形，[66]故上開案例依循往例應以二讀會之審查案為原案，審查案通過條文為「保留原提案條文」，所以並非「無審查會條文」，即如對同一保留提案條文作修正者，仍有比較旨趣遠近之適用，惟如保留提案條文有二版本以上，而對不同版本之保留提案條文提出修正動議者，此時，因無法比較修正動議之旨趣遠近，故必須依提出之先後處理。

65　《立法院公報》，第107卷，第19期第5冊，107年2月13日，62頁。
66　在委員會階段根本沒有實質審查，而沒有委員會版本提交二讀會審查。若是如此，則行政院的原案便為討論的主議案，參照楊泰順教授書面意見，立法院第9屆第4會期司法及法制委員會「立法院議事規則相關適用疑義之檢討」公聽會會議紀錄，《立法院公報》，第106卷，第80期，委員會紀錄，106年11月3日，430頁。

2. 有審查會條文

　　修正動議有2案以上，雖有原案可供比較，惟其內容無法判別旨趣遠近者，例如立法院第9屆第7會期第1次臨時會第2次會議（108年6月27日），討論事項第4案、「本院經濟委員會報告併案審查行政院函請審議『工廠管理輔導法部分條文修正草案』、委員林岱樺等16人擬具『工廠管理輔導法第三十四條條文修正草案』、委員許淑華等16人擬具『工廠管理輔導法第三十三條、第三十四條及第三十四條之一條文修正草案』及委員王惠美等16人擬具『工廠管理輔導法第三十四條及第三十四條之一條文修正草案』案。」處理增訂第28條之2時，主席：「報告院會，現在依再修正動議、修正動議、審查會條文之提出先後順序，依序進行表決，如果其中有任何一案通過，即不再處理其他案。」[67]係因無法判別民進黨黨團及國民黨黨團之再修正動議與審查會條文之旨趣遠近，故依收案先後順序處理。

（二）適用標準

1. 依登記之次序

　　立法院院會開會日，如有委員或黨團對該次議事日程討論事項各案，提出修正動議者，因實務上常為了爭取送案之先後順序，造成一些衝突，故於107年1月8日黨團協商結論附表「立法院院會收案時間及地點一覽表」，依「登記先後」取得送案之院會先後處理順序，如附錄七。[68]

2. 依提出之次序

　　立法院院會開會日，如有委員或黨團對該次議事日程討論事項各案，提出修正動議，而未依前述登記者，則依其向議事收案人員提出之次序。實務上，

---

67 《立法院公報》，第108卷，第64期上冊，108年7月10日，127-133頁。
68 實務上有登記在先者禮讓登記在後者，例如立法院第9屆第7會期第16次會議（108年5月31日），處理討論事項第三案「臺灣地區與大陸地區人民關係條例增訂第五條之三條文草案」等案時，執政黨禮讓在野黨，優先表決各在野黨的再修正動議案，參閱《立法院公報》，第108卷，第60期第1冊，108年6月26日，186-204頁。

委員會對於修正動議依提出先後之處理標準，即是採此方式。

四、對制定案或全案修正之法律案，得否提議增加條文

立法院第1屆第43會期第27次會議（58年6月27日），討論「發展觀光事業條例草案」時，於通過第13條後，吳委員延環提議增列一條文，鄧翔宇委員認爲該提議係在原草案條文之外新增條文，爲法律案的提出。惟吳延環委員認爲本條例爲創制之法律案，對其提議增刪條文，均爲修正動議，嗣經院會接受吳委員意見。[69]惟有謂此案例不宜繼續援用，其理由爲提案與修正動議不宜混用、程序不經濟及易淪爲議事杯葛手段等。[70]

五、主決議及附帶決議如何區別

主決議及附帶決議係由實務發展而來的，嗣後再導入法制規定，雖然名稱並未完全入法，但終究已納入法律規範之。因上開決議源自於附屬於預算案，本質上與修正動議同屬附屬動議，故予本條規定下予以討論。

（一）沿革

立法院第1屆進行預算審查時，因委員對於行政院所提預算有所爭議，延宕預算審議，爲使反對或持刪減預算的委員能夠讓步，乃發展出一個方法，即在預算金額妥協或表決通過同時，作應行辦理事項或附帶決議要求行政機關參照辦理。即以「附帶決議」換取反對者對預算之支持。職是，行政機關贏得裡子，有異議之委員獲得面子，行政、立法兩院仍能維持良好互動關係。

嗣後，實務上發生原本應同時通過之附帶決議，非但沒通過，甚致還遭修改，行政機關事後亦不加理會，遂有委員堅持預算金額協商完成後，在預算科目項下陳述要求行政機關施政改善情事，或陳述督導事項，此乃「主決議」之產生。[71]即立法院審議預算先有附帶決議名詞，後來才演變成主決議之提出。

69 《立法院公報》，第58卷，第48期，院會紀錄，58年6月28日，14頁以下。
70 何弘光，《解讀立法院精選案例：了解立法院立法、修法的運作模式》，初版，五南圖書，112年，10-16頁。
71 宋棋超，〈預算審查附帶事項之探討〉，《立法院院聞》，第27卷，第4期，總期：312，88年4月，39、41頁。

（二）主決議

　　主決議不是法制用語，即法律並未規定此名詞，[72]此乃立法院實務所創，合先敘明。

　　主決議係附著於預算科目，當各委員會審議完成預算案送院會處理時，院會於二讀、三讀討論時，只要預算科目存在，該主決議必然跟隨著，一併進行協商、表決，總預算案通過後，主決議併同總預算案刊登公報，並經總統公布實施，以達到拘束及監督行政部門施政之目的。[73]即主決議的效力係從屬於預算而發生，不能產生獨立的拘束力。

　　《預算法》第52條第1項規定：「法定預算附加條件或期限者，從其所定。但該條件或期限爲法律所不許者，不在此限。」一般認爲就是「主決議」，即主決議之內容，並未觸及預算金額本身，似以條件及期限爲限。[74]曾有立法委員要求正名，將主決議改爲附條件或附期限之決議，但實務上因已相沿成習，故仍沿用此名稱。立法院法制局曾表示主決議的效力在《預算法》第52條有明文規定，審查法定預算隨著總預算一起公布的主決議附有條件或期限者，相關機關應比照辦理，但如主決議未附條件或期限者，在法理上恐有爭議。[75]例如主決議內容爲要求機關對於特定事項於3個月內提出書面報告，早期有附條件即未依限提出者不能解凍，惟晚近則無解凍之條件，以致如未依限提出者，無任何法律拘束力，似又退回偏向於附帶決議之性質。

　　關於預算凍結主決議之執行程序，即須由委員會或院會作成決議始能解凍。立法院實務上有認爲須經院會交付委員會並由院會作最後議決後，始可動支預算；另有認爲係屬院會授權相關委員會處理，即各相關機關逕向委員會請求報告並取得其同意後，逕行動支預算。因此，立法院對於預算凍結案並未形成授權相關委員會之議事慣例，委員全體亦尙無授權見解之共識。[76]從而，立

---

72 《立法院公報》，第111卷，第76期下冊，黨團協商紀錄，111年6月9日，7頁；黃秀端、陳中寧、許孝慈，《認識立法院》，初版2刷，五南圖書，107年，161頁。
73 宋棋超，〈預算審查附帶事項之探討〉，《立法院院聞》，第27卷，第4期，總期：312，88年4月，41、42頁。
74 蔡茂寅，〈預算主決議與附帶決議之效力〉，《台灣本土法學雜誌》，第57期，93年4月，83頁。
75 《立法院公報》，第98卷，第63期，委員會紀錄，98年11月19日，487頁。
76 《立法院公報》，第94卷，第28期上冊，院會紀錄，94年5月25日，41-43頁。

法院實務上，關於預算凍結案，似仍由院會交付委員會並由院會作最後議決後，始可動支預算。

（三）附帶決議

有謂附帶決議係相對於主決議。[77]惟依上述沿革所示，立法院實務上係先有附帶決議，後來才有主決議，作為補充附帶決議之不足，故與一般認知是有所出入。

附帶決議是立法委員議決預算權時，朝野雙方抗衡及妥協的籌碼，有其正面意義，係要求行政機關依照辦理，是立法院對行政院督導性質的建議事項。通常僅由各委員會作成決議，未經院會議決，所以是沒有經過院會二、三讀程序，亦未隨同法定預算由總統公布。[78]惟晚近則於委員會審查報告以「決議」一詞取代主決議及附帶決議，併同預算案提報院會進行二、三讀程序。

附帶決議乙詞首度出現於法律條文，乃是47年5月31日立法院制定全文12條，同年6月7日總統公布之《中華民國四十七年度中央政府總預算施行條例》第11條規定：「立法院決議通過之總預算案，所舉應行辦理事項及其他附帶決議事項中，關於收支部份，應由行政院主計處及審計機關切實負責監督執行。」因該條例係逐年制定，直到55年之施行條例仍有規定「附帶決議」等文字，惟該條例於62年3月22日公布廢止後，其後公布至72年度之施行條例（77年9月6日期滿廢止）均無該等文字。嗣後，83年7月20日公布之《中央政府預算執行暫行條例》第22條規定，再次出現「附帶決議」等文字，但於87年10月21日公告廢止。立法院乃於87年修正《預算法》時，增列第52條第2項（87年10月29日公布）規定：「立法院就預算案所為之附帶決議，應由各該機關單位參照法令辦理。」雖然該規定對行政部門僅具參考價值，但實務上往往有其事實上之拘束力，惟亦有認為該規定因無（法律）拘束力，政治意義大於法律意

---

77 莊振輝，〈法定預算附加條件、期限及附帶決議之研究〉，《主計季刊》，第51卷，第4期，總期：331，99年12月，67頁。
78 蔡茂寅，〈預算主決議與附帶決議之效力〉，《台灣本土法學雜誌》，第57期，93年4月，82、83頁；宋棋超，〈預算審查附帶事項之探討〉，《立法院院聞》，第27卷，第4期，總期：312，88年4月，41頁。

義，所以附帶決議會慢慢向主決議靠近。[79]

（四）法律案之附帶決議

附帶決議無論從實務或法制層面觀察，均係用於預算案上，惟實務上將其擴張用到法律案，即法律案從無規定可以提出附帶決議，以下僅就實務運作予以說明。

1. 提出時點

因法無明文規定法律案可以提出附帶決議，而是由實務發展出來的，所以附帶決議的提出時點，亦無法可據。實務上，在委員會、黨團協商及院會等會議，皆可提出之。

法律案如經委員會決議不須交由黨團協商者，於院會處理時，是不能再收附帶決議。例如立法院第10屆第7會期第10次會議（112年5月9日），討論事項三、「本院經濟委員會報告併案審查行政院函請審議、委員賴瑞隆等18人、委員江永昌等20人、委員蔡易餘等17人分別擬具『商標法部分條文修正草案』及委員林楚茵等18人擬具『商標法第十九條條文修正草案』案。」因該案經審查會決議，不須交由黨團協商。其間，民進黨黨團曾提出附帶決議1案，後改以臨時提案提出。[80]

2. 處理時點

附帶決議之處理，於委員會議，係在法律案逐條討論後處理，無異議即通過，有異議者，一般是予以保留，交由院會處理。黨團協商會議中，除處理委員會之附帶決議外，亦得處理新提出者，予以納入黨團協商結論；如未簽署協商結論者，該新提出之附帶決議，仍須於院會處理時，則須另行提出之。

---

79 蔡茂寅，〈預算主決議與附帶決議之效力〉，《台灣本土法學雜誌》，第57期，93年4月，87、97頁。

80 《立法院公報》，第112卷，第46期上冊，院會紀錄，112年5月23日，318-403頁；第112卷，第46期下冊，院會紀錄，112年5月23日，77頁。

　　院會處理附帶決議，向來都在法律案三讀後，才處理附帶決議案，[81]主席宣告，有無異議，無異議者，即通過，由議事處另外函請相關機關辦理。

　　有異議者之處理方式，又可分為法制面及實務面，說明如下：

(1) 法制面

　　出席委員對附帶決議有異議者，應予以處理即進行表決，表決通過，由議事處另外函請相關機關辦理；表決不通通，即不予處理。另外，表決不足法定人數等原因，致無法進行表決者，應定期表決。

(2) 實務面

　　出席委員對附帶決議有異議者，實務上處理方式不一，即有主席逕予宣告不予處理者；或主席因有異議而宣告進行表決者；或主席宣告不予處理後，出席委員對不予處理之裁決，有異議，主席再宣告進行表決者；或無法進行表決者，主席宣告定期表決者。案例如下：

　　立法院第9屆第4會期第15次會議（106年12月29日），討論事項第2案、「本院社會福利及衛生環境委員會報告併案審查委員邱泰源等22人及委員李彥秀等18人分別擬具『醫療法第八十二條條文修正草案』案。」主席：「請問院會，對審查會保留之附帶決議2項有無異議？（有）有異議，既有異議就不予處理。」亦有進行表決者，例如同上例，主席：「請問院會，對時代力量黨團所送之附帶決議1項，有無異議？（有）有異議。既有異議，現在進行表決。」[82]

　　立法院第9屆第4會期第1次臨時會第2次會議（107年1月18日），討論事項第4案、「（一）行政院函請審議『所得稅法部分條文修正草案』案」，主席：「請問院會，對於時代力量黨團所提附帶決議內容有無異議？（有）有異議。既有異議，作以下宣告：不予處理。」

　　立法院第9屆第3會期第1次臨時會第3次會議（106年6月27日），討論事項第1案、「本院司法及法制委員會報告併案審查考試院函請審議『公務人員退休撫卹法草案』及民進黨黨團、委員段宜康等24人、時代力量黨團、親民黨黨

---

81 吳委員延環及侯委員庭督之發言，參見《立法院公報》，第63卷，第6期，院會紀錄，63年1月19日，98頁。

82 《立法院公報》，第107卷，第9期上冊，院會紀錄，107年2月1日，114、137-139頁。

團分別擬具『公務人員退休撫卹法草案』案。」主席宣告：「請問院會，針對附帶決議第二項，有無異議？（有）有異議，既有異議，就不予處理。」有異議，主席宣告：「你們針對不予處理有異議，我們就來表決。針對附帶決議第二項進行表決，現有民進黨黨團要求本案採記名表決。」[83]

　　立法院第1屆第52會期第32次會議（63年1月18日），討論事項第3案、「本院內政、法制、財政三委員會報告審查考試院函請審議『公務人員保險法修正草案』案。」決議：「一、公務人員保險法修正通過。二、本案附帶決議俟下次會議繼續討論。」該法並於63年1月29日公布。立法院第1屆第53會期第5次會議（63年3月12日），討論事項第1案、「本院內政、法制、財政三委員會報告審查考試院函請審議『公務人員保險法修正草案』一案之附帶決議。」決議：「俟下次會議提付表決。」俟立法院第1屆第53會期第15次會議（63年4月30日），討論事項第1案、「本院內政、法制、財政三委員會報告審查考試院函請審議『公務人員保險法修正草案』一案之附帶決議。」決議：「……多數通過。」[84]即該法律案三讀通過後，到其附帶決議通過後，其間相隔逾100天。

3. 法律案附帶決議之存廢

(1) 否定說

　　附帶決議不具備法律效力，法律有一定的立法程序，須經總統公布後方才產生法律的效力；而附帶決議的由來乃預算之「決議事項」、「注意事項」，原來的作用是作為各機關執行預算時的提示。有認為附帶決議不是法律問題，不必提出表決，只要大家有共同的諒解，同意後即可成立，而且三讀會後也不能再作表決。有謂一般正式法律案都沒有附帶決議，因為附帶決議常牽涉到法律內容，在立法體例上，是不大符合的，宜慎重考慮，即如有具體意見，就應該擬定條文，不在條文中明白規定，而另作籠統的附帶決議，實在不是立法的

---

83 《立法院公報》，第106卷，第69期上冊，院會紀錄，106年7月11日，2、31-51頁。
84 《立法院公報》，第63卷，第6期，院會紀錄，63年1月19日，106頁；第63卷，第18期，院會紀錄，63年3月13日，3-8頁；第63卷，第29期，院會紀錄，63年5月1日，7頁。

常規。[85]有謂立法院的附帶決議，既無法律效力，對行政機關亦無拘束力，如爲選票或作秀，反而使行政院輕視立法院的無能，也使立法院的尊嚴受到傷害，應取消法律案之附帶決議。[86]

(2) 肯定說

　　附帶決議雖然不具有法律同等效力，但是對於行政機關的督促，一樣有其效果，即至少有政治上的約束力與壓力。[87]解釋上仍屬國會監督的作用。[88]

---

85 侯委員庭督、魏委員佩蘭及郭委員登敎之發言，參見《立法院公報》，第63卷，第6期，院會紀錄，63年1月19日，98、102、103頁。

86 周亞杰，〈改善賦稅法令品質：建議立法院立法時取消附帶決議〉，《稅務旬刊》，第1573期，84年6月，33頁。

87 楊委員寶琳之發言，參見《立法院公報》，第63卷，第6期，院會紀錄，63年1月19日，104頁；羅傳賢，《立法學實用辭典》，3版，五南圖書，103年，303頁。

88 許劍英，《立法審查理論與實務》，4版，五南圖書，93年，190-193頁。

第十二條（撤回修正動議）

修正動議在未經議決前，原動議人徵得連署或附議人之同意，得撤回之。

沿革：

88年1月12日全文修正通過。

✍ 理由

■原規定於第六章，移列於本章，條次變更（原條次為第32條）。

說明：

本條規定修正動議撤回之要件。

一、未經議決前

修正動議之撤回不同於《立法院職權行使法》第12條規定之議案撤回，即無須限於完成二讀前提出，亦無須經院會同意，但仍須徵得連署或附議人之同意，且限於會議議決該修正動議前為之。再修正動議之撤回，亦同。

二、原動議人

原動議人係指提出該修正動議之人，可能是委員或黨團。

三、徵得連署或附議人之同意

原動議人如為委員，其撤回修正動議，須徵得原連署或附議之人同意。但如為黨團提出修正動議者，因無連署或附議之人，故無須徵得同意。

《民權初步》第六章第39節及第41節規定，動議提出後，雖有連署人之同意，因動議已為大會所有，依理提案人不能自由撤回，如動議需要撤回時，必須徵得連署人之同意，事實上反為撤回動議之更大障礙。準此，《立法院職權行使法》第12條規定，原提案人得經院會同意後撤回原案，即不須再徵得連署人之同意，惟本條規定仍須徵得連署人之同意，似與一般議事學之原理不

符。[89]實務上似亦未踐行此要件，宜修正之。

案例：

一、委員撤回修正動議

　　立法院第8屆第6會期黨團協商會議（103年9月30日），併案審查行政院函請審議「長期照護服務法草案」、本院委員黃昭順等29人、委員鄭汝芬等21人、委員羅淑蕾等30人、委員楊麗環等35人、委員徐欣瑩等37人、委員楊玉欣等50人、委員王育敏等30人、委員蘇清泉等26人、委員江惠貞等30人分別擬具「長期照護服務法草案」、委員許添財等18人、委員劉建國等29人、委員徐少萍等22人、委員陳節如等22人、委員翁重鈞等19人、委員林淑芬等23人擬具「長期照顧服務法草案」、委員李應元等21人擬具「長期照顧法草案」、委員尤美女等22人擬具「長期照顧服務法草案」、委員吳宜臻等19人擬具「長期照護服務草案」、委員吳育仁等21人擬具「長期照護服務法草案」等20案。主席：「針對第52條，吳委員育仁等提出修正動議。」俟討論後，吳委員育仁撤回修正動議（當時並未要求其須徵得連署人之同意）。[90]

二、黨團撤回修正動議

　　立法院第9屆第4會期第1次臨時會第2次會議（107年1月18日），討論事項第4案、「（一）行政院函請審議『所得稅法部分條文修正草案』案……。」主席宣告，進行第15條，因民進黨黨團撤回修正動議及再修正動議條文，不予處理。宣讀第15條各提案及修正動議條文。[91]

---

89 郭登敖，〈修正立法院議事規則芻議〉，《立法院院聞》，第18卷，第5期，總期：205，79年5月，17、19頁。

90 《立法院公報》，第104卷，第41期下冊，黨團協商紀錄，104年5月25日，323-325頁。

91 《立法院公報》，第107卷，第19期第5冊，院會紀錄，107年2月13日，511頁。

問題討論

一、修正動議於議決後不得撤回

　　立法院第1屆第63會期第38次會議（68年7月13日），討論經濟、財政、交通、司法、外交五委員會報告審查行政院函請審議「外國人投資條例修正草案」案。本案第19條審查會列甲、乙兩案提報院會，於表決前，乙案原提案人魏委員壽永表示撤回。但部分委員提出異議認為該修正動議係在審查會提出，審查會未決議前，當然可以撤回，現在審查會已決議，並提報院會討論，已失去撤回之資格。主席裁決：「魏委員是審查會的原提案人，現在案子已送到院會，依照議事規則的規定，就不能再撤回了。」[92]

|第三章|
議事日程

沿革：

88年1月12日全文修正通過。

✎理由

■章次修正（原章次爲第四章）。

說明：

一、議事日程

　　議事學之議程分爲三種，一爲一般議程，一爲本日議程，一爲特別議程。一般議程係指本次會議議程中之進行次序，而本日議程是指已列入本日之各種項目，如議程僅安排1日，則一般議程與本日議程相同。反之，如本次會議包括2日以上者，則二者不同。至於特別議程係指某一議案必須在某一天的某一時間進行的議案，不論其他議案是否已結束，均必須優先處理此一特別議程的提案。[1]

二、本章內容

　　議事日程之編製依本規則第13條規定，應按每會期開會次數，依次分別編製，作用在於讓與會人士事先作好準備。

　　復依本規則第14條規定，議事日程項目應簡要清楚，應記載開會年、月、日、時，分列報告事項、質詢事項、討論事項或選舉等其他事項，並附具各議

1　鍾啓岱，《議事學理論與實務》，初版，高雄復文圖書，92年，26、27頁。

案之提案全文、審查報告暨關係文書。如附有相關文件，須註明文件編號和文件是否已經發送。如有需要，也可在有關項目下，註明應邀前來報告或參與的人士。

政府提案與委員提案，性質相同者，程序委員會依本規則第15條規定，得合併排列由院會討論。

本規則第16條則明定議事日程由立法院秘書長編擬，再送請立法院程序委員會審定後付印，原則上應於開會前2日送達。

審定議事日程如須異動者，依本規則第17條規定，進行變更議程之提議。

議事日程之議案未能開議，或議而未能完結者，依本規則第18條規定，由程序委員會編入下次議事日程。

第十三條（按次編製）
議事日程應按每會期開會次數，依次分別編製。

沿革

88年1月12日全文修正通過。

✍ 理由

■條次變更（原條次為第16條）。

說明

本條規定議事日程應按會次分別編製。

一、每會期

立法院每年有二會期，上半年為單數會期，即2月至5月，而下半年為雙數會期，即9月至12月。每會期原則上為4個月，例外因延長會期，單數會期最多可達7個月，即2月至8月，雙數會期最長可達5個月，即9月至次年1月。

二、開會次數

開會次數係指立法院會議之開會次數，院會依同規則第20條第1項前段規定，略以：立法院會議於每星期二、星期五開會。即每週開會2次。惟目前實務上依同條第2項規定，經黨團協商決定合併星期五、星期二為1次會議，即每週開會次數為1次。此外，依同條第1項後段規定，立法院必要時，經院會議決，得增減會次，勢必影響每會期之開會次數。

三、依次分別編製

議事日程係指立法院院會開會進行之議事程序，所以議事日程係按每次院會開會時，分別編製之。其理由如下：

（一）每會期期間過長

立法院每會期原則上為4個月，期間過長，立法院將議決之議案無法在會期初預料編製。

（二）議案處理進度無法估計

議案之進度，不論法律案、預算案，或其他議案等，處理時間快慢不一，只有散會後，才能妥善判定下次議程之編製。實務上院會討論事項會將尚未處理完畢者，預先編製下次會議議事日程，如在程序委員會審定該次議事日程前，處理完畢者，則於程序委員會宣告刪除之。反之，則宣告議程討論事項，如與今日院會通過之議案，有重複列案者，授權議事處刪除。

（三）議案無法預估

立法院會議議事日程分列項目，除討論事項外，最多的是報告事項與質詢事項，皆非一次收案，自無法預估而預先編製全部議程。[2]

2　蔡政順，《立法院議事規則逐條研究》，初版，大中國圖書，74年，132、133頁。

第十四條（議事日程內容）

議事日程應記載開會年、月、日、時，分列報告事項、質詢事項、討論事項或選舉等其他事項，並附具各議案之提案全文、審查報告暨關係文書。

由政府提出之議案及委員所提法律案，於付審查前，應先列入報告事項。

經委員會審查報請院會不予審議之議案，應列入報告事項。但有出席委員提議，十五人以上連署或附議，經表決通過，應交付程序委員會改列討論事項。

沿革

88年1月12日全文修正通過。

第十四條

議事日程應記載開會年、月、日、時，分列報告事項、質詢事項、討論事項或選舉等其他事項，並附具各議案之提案全文、審查報告暨關係文書。

由政府提出之議案及委員所提法律案，於付審查前，應先列入報告事項。

經委員會審查報請院會不予審議之議案，應列入報告事項。但有出席委員提議，三十人以上連署或附議，經表決通過，應交付程序委員會改列討論事項。

✎ 理由

■條次變更（原條次為第17條）。

■第1項「質詢」移列於「報告事項」下，以符現狀。

■配合職權行使法第8條規定，增列「及委員所提法律案」。

96年11月30日修正通過。

✎ 理由

■配合立法委員人數減半，按比例酌減本條連署或附議人數半數。

說明：

本條規定議事日程記載之事項，以及特定議案之排入事項。

一、開會時間

議事日程應記載開會年、月、日、時，如為多日1次會者，須將每次院會日一併記載。

二、報告事項

報告事項之內涵，有謂可分為二個部分，一為經一讀會程序之政府提案，一為不經討論逕予認可（包括備查）之事項。[3]惟依本條第2項及本規則第59條等規定，報告事項尚應包括立法委員或黨團提出之法律案。

（一）政府提出之議案

政府提出之議案，係指政府機關所提出之各種議案，包括但不限於法律案，均屬之。

（二）不經討論逕予認可之議案

對於毋須討論，提報院會認可之議案，只須列入院會議程報告事項即可。例如本條第3項規定之經委員會審查報請院會不予審議之議案，或《立法院職權行使法》第62條第2項規定之視為已經審查之行政命令案，實務上將其列入報告事項提報院會存查。[4]

三、質詢事項

質詢事項排列在議事日程係在立法院第1屆第72會期第2次會議正式使用。即該次會議以前，將行政院答復立法委員質詢之書面及立法委員所提出之書面

3　同註2，134頁。
4　何弘光，〈立法院審查行政命令之法制與實務〉，《國會季刊》，第51卷，第2期，112年6月，68、69頁。

質詢，均列入議事日程之「報告事項」中，因報告事項須宣讀其案由，等於在議事日程及議事錄須各宣讀1次，程序委員會在編製立法院第1屆第72會期第2次會議議事日程時，因質詢文件多達212案，經討論後將其自「報告事項」挪出，單獨列爲「質詢事項」，並於該次院會時，經院會決定「議事日程及議事錄報告事項中所列質詢事項，此後僅宣讀質詢人姓名，以省院會時間，而提高議事效率。」[5]

　　《立法院職權行使法》於88年1月25日制定公布後，其第23條已明定，立法委員行使質詢權，除依同法第16條至第21條規定處理外，應列入議事日程質詢事項，行政院書面答復立法院轉知質詢委員，亦列入議事日程質詢事項。

四、討論事項

　　討論事項之內涵爲依憲法、法律、議事規則規定程序提出而必須經過二讀或三讀會之議案。[6]但依《立法院職權行使法》第8條第3項規定提出之其他議案，或同法第67條第1項規定之請願文書成爲議案者，均列入討論事項進行一讀程序。

五、選舉

　　立法院院長、立法院副院長之選舉、改選、補選等。

六、其他

　　其他事項，係指上述以外之事項，爲一概括性之名稱。實務上之其他事項如下：

（一）同意權之行使事項

　　立法院程序委員會第10屆第4會期第6次會議（110年10月19日），委員提案：1.民進黨黨團（羅委員美玲）提議：針對第10屆第4會期第6次會議議事日

5　《立法院第1屆第72會期第2次會議議事錄》，72年9月27日，33頁。
6　蔡政順，《立法院議事規則逐條研究》，初版，大中國圖書，74年，134頁。

程，建請於10月26日（星期二）上午增列同意權行使事項：「本院內政、司法及法制兩委員會報告審查行政院函送中央選舉委員會委員提名名單，李進勇續任委員並為主任委員，陳朝建續任委員並為副主任委員，許惠峰、陳恩民續任委員，王韻茹及許雅芬均為委員，請同意案。」其餘均照議事日程草案及各黨團提議增列報告事項通過。是否有當，敬請公決。決定：照案通過。

（二）聽取報告與質詢事項

1. 行政院院長施政（方針）報告並備質詢。
2. 行政院院長或有關部會首長遇有重要事項發生或施政方針變更時之專案報告並備質詢。
3. 行政院院長、主計長、財政部部長報告年度施政計畫及總預算案等編製經過，並備質詢。
4. 特別預算案。立法院程序委員會第10屆第4會期第12次會議（110年11月30日），主席宣告：「中央政府海空戰力提升計畫採購特別預算案，各黨團同意，定於12月3日（星期五）邀請行政院院長、主計長、財政部部長、國防部部長及相關部會首長列席報告編製經過並備質詢。本案擬處意見及12月3日院會議程，予以調整。」
5. 審計長報告中央政府總決算暨附屬單位決算及綜計表營業部分與非營業部分審核經過，並備質詢。

七、議事日程之附件資料

附具各議案之提案全文、審查報告暨關係文書。

（一）提案全文

提案全文係指該提案之本文。例如立法委員提出之法律案，其全文包括提案說明及條文對照表等。

（二）審查報告

立法院各委員會依《立法院各委員會組織法》第11條規定，略以：各委員

會對於院會交付審查之議案，經審查完畢後，將其審查之經過及決議，提報院會討論之書面，即為審查報告。

（三）關係文書

關係文書，係指議案之提案全文及審查報告以外之文件，如附表或附件等。惟立法院實務上除議事日程外，上開提案、審查報告，及其他議案相關資料等，均稱為議案關係文書。

案例：

一、報請院會不予審議之議案

立法院第8屆第4會期第3次會議（102年9月27日），報告事項第163案、「本院司法及法制、教育及文化兩委員會報告審查委員吳宜臻等21人擬具『科技部智慧財產局組織法草案』，業經審查決議：『不予審議』，請查照案。」院會決定：「准予備查。」[7]

立法院第8屆第2會期第9次會議（101年11月16日），報告事項第185案、「本院社會福利及衛生環境委員會報告審查本院委員黃偉哲等20人擬具『就業保險法第十九條之二條文修正草案』，經審查決議：『不予審議』，請查照案。」民進黨黨團提案改列討論事項，院會決定：「交程序委員會改列討論事項。」[8]

問題討論：

一、質詢期間，議事日程得否列入討論事項

立法院實務上，考量質詢期間院會議事日程之安定性，原則上質詢期間之議事日程是不排入討論事項，亦沒有變更議程之情事。例外在黨團協商或院會

7　《立法院公報》，第102卷，第50期，院會紀錄，102年10月16日，108頁。
8　《立法院公報》，第101卷，第74期上冊，院會紀錄，101年12月6日，219頁。

決定之情形，始排入討論事項或處理變更議程。[9]

（一）經由院會表決同意列討論事項

1. 立法院第8屆第2會期第5次會議（101年10月19日），國民黨黨團提議增列討論事項，列為第3案：針對退休（職、伍）軍公教人員發給年終慰問金，乃早期公務人員待遇及退休金均偏低下，政府為疏緩國家財政壓力，鼓勵公務人員領取月退俸，以安定退休軍公教生活。惟目前國際經濟情勢衰退，考量國家財政困難，同時顧及社會觀感，現行退休（職、伍）軍公教人員發給年終慰問金制度應予檢討以共體時艱，請公決案。院會記名表決，多數通過。[10]

2. 立法院第9屆第2會期第4次會議（105年9月30日、10月3日、4日），民進黨黨團提議僅限增列討論事項一案為「本院民進黨黨團針對第1次會議報告事項第三案『總統咨，茲依據中華民國憲法增修條文第5條規定，提名許宗力……，咨請同意案』之決定，提出復議，請公決案。並於對行政院院長施政報告繼續質詢前先行處理……」。其餘「對行政院院長、主計長、財政部部長列席報告106年度中央政府總預算案編製經過繼續質詢（10月3日上午）」、「審計長列席報告104年度中央政府總決算審核報告等案審核經過，並備諮詢（10月3日下午）。」依議程草案所列通過。經院會表決結果予以通過。[11]

（二）經由黨團協商列討論事項

立法院第10屆第1會期第1次會議（109年2月21日）通過協商結論（109年2月21日）：「……二、各黨團同意本次會議報告事項原列及增列有關『嚴重特殊傳染性肺炎防治及紓困振興特別條例草案』等8案，併案逕付二讀，由院長召集協商，於2月24日（星期一）協商完成後，於2月25日（星期二）院會進行

---

9 何弘光，《解讀立法院精選案例：了解立法院立法、修法的運作模式》，初版，五南圖書，112年，92-100頁。
10 《立法院公報》，第101卷，第63期上冊，院會紀錄，101年11月6日，397、403頁。
11 《立法院公報》，第105卷，第68期，院會紀錄，105年10月12日，3頁。

處理完成立法，各黨團同意不提出復議；本次會議討論事項僅列上開議案，2月25日（星期二）當日不進行施政質詢及不處理臨時提案……。」[12]

（三）經由院會以無異議列討論事項

立法院第10屆第2會期第1次會議（109年9月18日），國民黨黨團提議增列討論事項，列爲第1案：請蔡英文總統針對開放瘦肉精美豬及美牛進口台灣一事，至立法院進行國情報告，敬請公決案。院會無異議通過。國民黨黨團提議增列討論事項，列爲第2案：要求行政院公開對美談判開放含有萊克多巴胺豬肉進口台灣的過程，後續台美雙邊貿易會談，每月向立法院提交書面報告；另請蔡英文總統針對黑箱開放含瘦肉精美豬進口乙事公開向國人道歉，請公決案，並於對行政院院長提出有關開放含萊克多巴胺美國豬肉及牛肉進口專案報告並備質詢前先行處理，敬請 公決。院會無異議通過。

（四）經由黨團協商或院會通過才能列討論事項

立法院第9屆第5會期程序委員會第4次會議（107年3月13日），主席宣告：「有關施政質詢期間增列行政院院長專案報告及討論事項，與本院議事慣例未符；李委員彥秀所提議案，建請國民黨黨團透過院會朝野黨團協商途徑，再行討論決定相關議程之安排爲宜。」

立法院第10屆第4會期程序委員會第1次會議（110年9月15日），主席宣告：「依本院議事慣例，施政質詢期間，基於尊重本院委員質詢權之時程安排，除經黨團協商、院會通過，才有進行討論事項議程之編列。」

二、議事日程得將討論事項匡列特定時間

立法院第10屆第5會期程序委員會第9次會議（111年4月19日）議事錄，決定事項：討論事項（4月22日及26日下午），同意權之行使事項（4月26日上午）。

---

12 《立法院公報》，第109卷，第2期上冊，院會紀錄，109年3月13日，9頁。

> **第十五條**（合併排入議程）
> 本院會議審議政府提案與委員提案，性質相同者，得合併討論。
> 前項議案之排列，由程序委員會定之。

沿革：

88年1月12日全文修正通過。

✎ 理由

■條次變更（原條次為第18條）。

說明：

一、本院會議

　　本條所稱之本院會議係指立法院之院會，並不包含委員會，係因本條第2項已明定本院會議議案之排列，由程序委員會定之。而委員會之議程依《立法院各委員會組織法》第4條之1規定：「各委員會之議程，應由輪值召集委員決定之。」

二、政府提案與委員提案，性質相同者

　　本條規定所指之政府提案與委員提案，係指列入議事日程之討論事項，因為報告事項沒有討論的問題。另外，所謂的委員提案當然包括黨團之提案。政府提案與委員提案之性質是否相同，因係由程序委員會決定是否一併排列，合併討論，自然由其予以認定。

　　至於請願案如成為議案並經交付委員會審查提出審查報告，或逕付二讀者，因程序委員會會將其列入討論事項，如其性質與政府提案、委員提案，或黨團提案相同者，本條雖未將其納入合併討論之範圍，惟因本規則於88年1月12日全文修正前之第13條（42年1月19日全文修正）規定：「人民請願文書，經審查得成為議案；成為議案後，其處理程序，適用本規則關於委員提案之規

定。」解釋上當然得適用本條規定，或者基於程序經濟考量，亦無將其排除之必要。

三、合併討論

《立法院職權行使法》第9條第2項規定：「第二讀會，應將議案朗讀，依次或逐條提付討論。」即討論事項原則上係將每1案單列1案次，逐案提付討論，惟如2個以上議案性質相同者，係為便於討論及處理，例外基於議事程序進行效率經濟之考量，得將其等列入同1案次合併討論。

案例：

一、法案名稱不同經由院會決定合併協商

立法院第9屆第7會期第5次會議（108年3月15日），委員賴士葆等擬具「公投第12案施行法草案」，決定：逕付二讀，與行政院函請審議「司法院釋字第七四八號解釋施行法草案」併案協商[13]。立法院第9屆第7會期第12次會議（108年5月3日），委員林岱樺等擬具「司法院釋字第七四八號解釋暨公投第12案施行法草案」，決定：逕付二讀（記名表決通過），與相關提案（即上開2案）併案協商。[14]上開3案之名稱雖有不同，但因其性質相同，故院會決定予以合併協商，嗣後進行二讀時，亦予以合併討論之。

問題討論：

一、抽出動議之議案如係併案審查者，須全部抽出

抽出動議依《會議規範》第30條規定，略以：抽出動議係屬特別主動議，即該動議雖非實質問題而有獨立存在之性質者。

立法委員或黨團提議將業已交付委員會審查之法律案，無論該委員會是

---

13 《立法院公報》，第108卷，第26期下冊，院會紀錄，108年4月16日，352頁。
14 《立法院公報》，第108卷，第48期下冊，院會紀錄，108年5月24日，402頁。

否已進行審查，予以中止委員會審查，逕付二讀逕由院會處理者，即屬抽出動議，實務上係於變更議程序處理。單純抽出院會交付委員會審查之法律案，較屬常見，惟如抽出之法律案係院會與其他法律案併案交付委員會審查者，則不得僅就1案或數案抽回院會，而須將全部併案予以抽回，例如立法院第3屆第6會期第5次會議（87年10月13日），院會處理變更議程時，主席：「本院委員吳克清、沈智慧、賴來焜等三十五人保障農會選聘任人員之權益，特提案將農會法第二十條之二、二十五條之二、第四十六條之一等三條文由審查會中抽出，列為第三案，逕付二讀，請公決案。」惟因該案係與其他農會法修正案併案審查，不能分開抽出處理，主席：「因農會法修正案目前有多案且均在委員會併案審查中，依照議事慣例，不能單獨抽出一案逕送院會討論，若要抽出必須全部抽出，因此吳委員克清同意撤回變更議程……。」[15]

---

15 《立法院公報》，第87卷，第40期上冊，院會紀錄，87年10月21日，30、31頁。

第十六條（議事日程送達）

議事日程由秘書長編擬，經程序委員會審定後付印；除有特殊情形外，至遲於開會前二日送達。

沿革

88年1月12日全文修正通過。

✍ 理由

■條次變更（原條次為第19條）。

說明

本條規定議事日程之編擬、審定及送達。

一、議事日程之編擬

議事日程之編擬，係將相關議案編入議事日程。立法院實務上受理議案之單位為議事處，即政府機關送至立法院之議案，由秘書處轉送議事處議程科，而立法委員或黨團之議案則是逕送議事處議程科，由該科負責最初之議事日程編擬，於每案附上議事處擬處意見，再呈送立法院秘書長。

議事日程依法規係由秘書長編擬，議事處僅係秘書長之幕僚單位，只不過秘書長授權予議事處，由其逕行決定議事日程之編擬，惟議事處意見係提供秘書長參考之用，故經秘書長核可後，送程序委員會審定時，似應修正為「秘書長意見」。惟實務上有關議事日程草案之研擬意見，仍以「議事處意見」為之，似與法制不符。

此外，實務上對於該增列議事日程草案，並未呈送秘書長，似與《立法院議事規則》第16條規定不相符合。

二、程序委員會

《立法院議事規則》第20條第1項規定：「本院會議於每星期二、星期五

開會，必要時經院會議決，得增減會次。」而程序委員會係負責審定院會之議事日程，故依《立法院程序委員會組織規程》第6條規定：「本會每週舉行例會二次，必要時得舉行臨時會議。」即院會每週開會2次，所以程序委員會為審定議事日程，亦是每週開會2次，惟因目前實務上依本規則第20條第2項規定：「本院會議超過一日者，經黨團協商之同意，得合併若干日為一次會議。」於每屆第1會期開議日黨團協商決定，將星期五及次週星期二合併為1次會。所以程序委員會也配合院會開會時間減少為每週舉行1次會，現為每星期二中午12時至下午2時召開。另外，依《立法院程序委員會組織規程》第2條規定，該委員會置委員19人，由各黨團依其在院會席次之比例分配之，每一黨團保障至少1人。同規程第3條規定，置召集委員2人，由委員互選之，且開會時，由召集委員輪流擔任主席。程序委員會開會之程序，如圖3-1。

秘書長依本條規定編擬之議事日程僅是草案，須經由程序委員會審定後，才是正式的議事日程，而議事處之意見也因程序委員會審定後，轉為程序委員會之意見。議事日程依《立法院議事規則》第16條後段規定：「除有特殊情形外，至遲於開會前二日送達。」即至遲於開會日星期五前2日即星期三，將開會通知並檢送議事日程送達予全體立法委員，如程序委員會未能審定，則檢送議事日程草案[16]送達予全體立法委員，並於院會日當日開會時，先進行確認議事日程。

三、議事日程之審定

秘書長編擬之議事日程僅是草案，須經由程序委員會審定後，才是正式的議事日程，而議事處之意見也因程序委員會審定後，才成為程序委員會之意見。程序委員會依《立法院程序委員會組織規程》第4條規定，略以：本會職掌包括關於議案之合併、分類及其次序之變更，關於政府提案、委員提案討論時間之分配等。準此，程序委員對於議事日程之議案安排係屬其固有權限，其提案並無連署或附議之問題，但仍須經合議決定之。程序委員會審定議事日

---

16 實務上，該議事日程草案係指第1次編擬者，不包括增列議事日程草案，推究其原因可能係增列議事日程草案未送秘書長編擬（核可）之故，所以黨團如仍須增列該等提案，須於院會當日確認議事日程草案前，提出院會處理之。

程的程序，係由議事人員分別宣讀議事日程草案之報告事項、討論事項等議程後，委員如對該議事日程之安排有意見者，得提案並登記發言。發言畢，經主席詢問會眾，如無異議者，主席宣告，本次會議議事日程審定。反之，如有異議者，主席會先宣告進行協商，如無法協商或協商無法達成共識者，亦可透過表決予以審定之。

四、議事日程之送達

（一）原則

《立法院議事規則》第16條後段規定：「除有特殊情形外，至遲於開會前二日送達。」即至遲於開會日星期五前2日即星期三，將開會通知並檢送議事日程送達予全體立法委員，如程序委員會未能審定，則檢送議事日程草案送達予全體立法委員。

（二）例外

如有特殊情形，不受開會前2日送達之限制。至於何謂特殊情形？原則上由程序委員會認定，例外則視情況而定，例如立法院第10屆第3會期全院委員談話會（110年6月7日），黨團協商結論（110年6月7日），決定事項：「一、各黨團同意自6月7日（星期一）下午至6月18日（星期五）召開第3會期第1次臨時會，6月7日（星期一）中午舉行程序委員會，6月7日（星期一）下午舉行第1次會議，並與6月8日（星期二）、9日（星期三）為一次會……。」因程序委員會審定議事日程後，下午即開第1次院會，所以根本不可能於開會前2日送達審定之議事日程，此即為本條所稱之特殊情形。

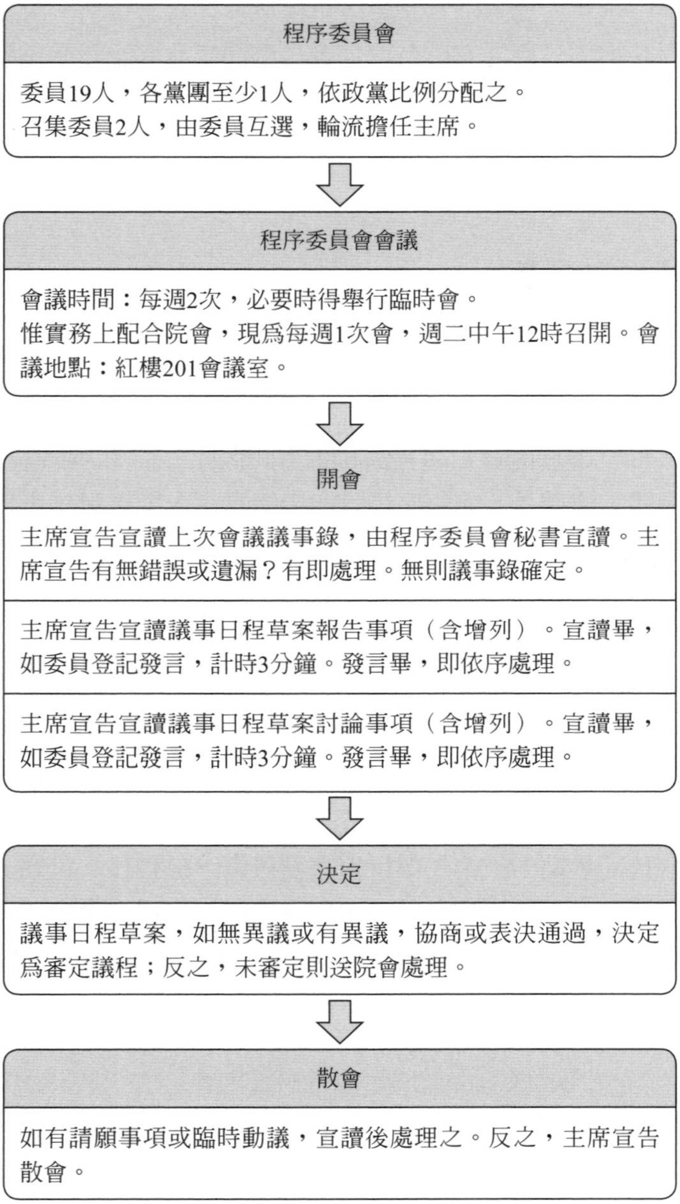

程序委員會
委員19人，各黨團至少1人，依政黨比例分配之。 召集委員2人，由委員互選，輪流擔任主席。

程序委員會會議
會議時間：每週2次，必要時得舉行臨時會。 惟實務上配合院會，現爲每週1次會，週二中午12時召開。會議地點：紅樓201會議室。

開會
主席宣告宣讀上次會議議事錄，由程序委員會秘書宣讀。主席宣告有無錯誤或遺漏？有即處理。無則議事錄確定。
主席宣告宣讀議事日程草案報告事項（含增列）。宣讀畢，如委員登記發言，計時3分鐘。發言畢，即依序處理。
主席宣告宣讀議事日程草案討論事項（含增列）。宣讀畢，如委員登記發言，計時3分鐘。發言畢，即依序處理。

決定
議事日程草案，如無異議或有異議，協商或表決通過，決定爲審定議程；反之，未審定則送院會處理。

散會
如有請願事項或臨時動議，宣讀後處理之。反之，主席宣告散會。

圖3-1　立法院程序委員會開會流程圖

問題討論：

一、程序委員會應否於立法院各委員會集會後組成

　　依39年4月14日之《立法院程序委員會組織規程》第2條規定，程序委員會由立法院各委員會於每會期集會之第1週內各推委員2人組織之，所以程序委員會必須於各委員會集會後始能組成。惟《立法院程序委員會組織規程》自88年3月16日修正通過後，其第2條規定，已修正程序委員會委員係依各黨團在院會席次比例分配，而非各委員會於集會後之第1週內推派組織。但目前實務上，關於程序委員會之組成時間，仍依例於各委員會集會選舉召集委員後，程序委員會才組成並選舉召集委員。

　　上述做法，等同延後程序委員會之組成，有礙院會議事日程之審定，特別是在立法院換屆時，更加突顯此問題，例如立法院第8屆第1會期第1次會議為101年2月24日，程序委員會第8屆第1會期第1次會議為101年4月3日，審定第8屆第1會期第6次會議議事日程，[17]也就是說前5次之院會議事日程，因無程序委員會而無法審定。從而，宜依《立法院組織法》第33條第4項規定，由各黨團於開議日前1日送交黨團所屬委員名單，再由院長召開黨團協商會議，依各黨團在院會席次之比例，推派委員組成程序委員會，方能依法行使其職權，審定立法院院會之議事日程。

二、新程序委員會未組成前，仍由前程序委員會審定院會議事日程

　　程序委員會尚未組成前，如為換屆者，依前述，將因無程序委員會而無法審定院會議事日程；如為同屆不同會期，尚未組成程序委員會者，院會議事日程如何審定？法無明文規定，實務上係由前會期之程序委員會於新會期之程序委員會組成前，繼續行使職權，例如立法院第1屆第2會期第1次院會（37年9月7日），主席：「……在第二會期程序委員會沒有組織以前，徵詢大會意見，

---

17 立法院全球資訊網，關於立法院／各委員會／程序委員會，https://www.ly.gov.tw/Home/Index.aspx，最後瀏覽日期：110年1月17日。

可否仍由第一會期程序委員會繼續任務，直至程序委員會產生爲止。有無異議？無異議……。」[18]即新程序委員會尚未組成前，仍由前程序委員會繼續審定院會議事日程。嗣後，立法院實務運作皆循此案例。

實務上曾有程序委員於會期結束前辭職，但黨團趕在會期結束前來函改推派其他委員遞補，以避免新會期程序委員會未組成前，仍由前程序委員會審定議程時，該黨團產生缺額之問題。例如立法院第10屆第7會期程序委員會第1次會議（112年2月14日），其他事項一、「民進黨黨團來函，管碧玲委員辭職（112年1月31日），改推派陳靜敏委員遞補本會委員。」[19]

三、程序委員會未能審定議事日程該如何處理

程序委員會的主要工作依本規則第16條規定，就是要審定立法院院會之議事日程，該委員會進行之程序爲委員出席人數達全體人數三分之一者，[20]由主席宣布開會，依次由議事人員宣讀上次議事錄、議事日程草案之報告事項、討論事項等，其中報告事項或討論事項宣讀完畢，如有委員登記發言者，則依登記次序上台發言。

程序委員會委員對議事日程草案有異議者，主席會先宣告進行協商，如無法協商或協商無法達成共識者，亦可透過表決予以審定之，如仍無法審定議事日程者，程序委員會會議決定，以議事日程草案送交院會進行處理，例如立法院第10屆第2會期程序委員會第10次會議（109年11月24日），民進黨黨團程序委員會委員提案：「案由：針對第10屆第2會期本次會議議事日程，擬請將民進黨黨團提議增列報告事項第161案『行政院函送公平交易委員會委員提名名單，李鎂爲委員並爲主任委員、陳志民爲委員並爲副主任委員、郭淑貞及洪財隆續任委員，請同意案』案列爲報告事項第2案；其餘議程建請照議事日程草案及各黨團提議增列報告事項通過。」提案人：「民主進步黨立法院黨團　吳玉琴」。主席：「請問對吳委員玉琴的提議，有無異議？（有）有異議。本次

---

18 《第1屆立法院第2會期第1次會議速記錄》，37年9月7日，20頁。
19 《立法院第10屆第7會期程序委員會第1次會議議事錄》，112年2月14日。
20 《立法院程序委員會組織規程》第2條：「程序委員會（以下簡稱本會）置委員十九人，由各黨團依其在院會席次之比例分配之。但每一黨團至少一人。」即出席人數須達7人以上者，始得開會。

院會議程草案內容朝野黨團無法達成協議，援例，將本次議程草案提報院會處理。」[21]準此，只要程序委員會未審定院會議事日程，皆由院會先確定議事日程後，方能進入院會議事日程事項之處理。

---

21 《立法院公報》，第109卷，第96期，委員會紀錄，109年12月21日，474頁。

> **第十七條**（變更議事日程）
> 遇應先處理事項未列入議事日程，或已列入而順序在後者，主席或出席委員得提議變更議事日程；出席委員之提議，並應經十五人以上之連署或附議。
> 前項提議，不經討論，逕付表決。

沿革：

88年1月12日全文修正通過。

> **第十七條**
> 遇應先處理事項未列入議事日程，或已列入而順序在後者，主席或出席委員得提議變更議事日程；出席委員之提議，並應經三十人以上之連署或附議。
> 前項提議，不經討論，逕付表決。

✍ 理由
- ■ 條次變更（原條次為第20條）。
- ■ 第1項「二十人」修正為「三十人」，以示慎重。

96年11月30日修正通過。
✍ 理由
- ■ 配合立法委員人數減半，按比例酌減本條連署或附議人數半數。

說明：

本條規定變更議程之內容、要件及處理程序。

一、變更議程

《會議規範》第30條規定，略以：變更議程之動議係屬偶發動議，而偶發動議係指議事進行中偶然發生之問題，得提出之動議。變更議程動議之提出，

係對於已經程序委員會審定的議事日程或院會已經確認之議事日程，進行議事日程之增加或順序調整者而言。本條雖規定出席委員提議變更議程，應經15人以上之連署或附議，即不以書面爲限，惟實務上變更議程之提議仍須以書面提出之。

二、變更議程之提出

（一）主席

本條規定主席得提議變更議程，且不須連署人數，係因主席爲使會議順利進行，如遇議程有變更之需要，應有一定之裁量權。但仍須經由會議議決之。實務上主席尊重程序委員會或院會對議程之安排，較少主動提出變更議程。

（二）委員

提議變更議程之立法委員須限於出席委員者，並經立法委員15人以上之連署。

（三）黨團

黨團提出變更議程者，因本規則第59條規定：「符合立法院組織法第三十三條規定之黨團，除法律另有規定外，得以黨團名義提案，不受本規則有關連署或附議人數之限制。」故毋須徵得其他委員之連署。

（四）黨團協商決定

本條規定提起變更議程之要件，雖未明列黨團協商決定，惟實務上經由黨團協商決定變更議程之案例，不乏其例，詳後述案例。

三、變更議程提出之時間

變更議程須在程序委員會審定院會議程後，或院會確定議程草案後，才能於院會提出。反之，則不可以提出。

四、變更議程之類型

變更議程有二種，一為增列議程未列入者，一為將已列入議程而順序在後者，改列為先順序者。

（一）原則

變更議程原則上係以議事日程之討論事項為主，區分為討論事項增列議案及改列討論事項議案之順序。

1. 增列

將本次會議議事日程未列入討論事項之法律案，增列為本次會議討論事項，例如立法院第6屆第2會期第3次會議（94年9月27日），主席：「報告院會，進行討論事項之前，先行處理各黨團所提變更議程之動議，一共有9案，開始處理之後，即不再受理新的變更議程提案。現在處理第一案。一、本院台灣團結聯盟立法院黨團，依議事規則第十七條規定提議變更議程，要求討論事項增列『反侵略和平法草案』，並列為本次會議討論事項第十五案，原第十五案改列為第十六案。」「請問院會，對本提案有無異議？（有）有異議。既有異議，本案交付表決，現在按鈴7分鐘。……表決結果，少數，不通過。」[22]

2. 改列

將本次會議已列入討論事項之法律案，順序在後者改列為前者，例如程序委員會於108年10月22日審定立法院第9屆第8會期第7次會議（108年10月25日、29日）之議事日程，其討論事項第2案為「消防法增訂部分條文草案」等案，經時代力量黨團提案，建請變更議程，改列為討論事項第1案，贊成者少數，本案不通過。[23]

---

22 《立法院公報》，第94卷，第45期，院會紀錄，94年10月3日，124頁。
23 《立法院公報》，第108卷，第80期上冊，院會紀錄，108年11月11日，115頁。

（二）例外

1. 報告事項

　　立法院第10屆第1會期第1次會議（109年2月25日），黨團協商結論（109年2月24日）決定事項：「一、本日協商會議，新增併案協商之委員提案共4案，增列納入第1次會議報告事項，與2月21日（星期五）原列8案，併案逕付二讀……。」主席：「現在就依協商結論補宣讀報告事項共四案，宣讀後均併案逕付二讀，由院長召集協商。請一併宣讀。」[24]即將當次會議之報告事項，以黨團協商結論之方式，溯及新增（變更議程）4案。

2. 同意權之行使

　　程序委員會於109年5月19日審定立法院第10屆第1會期第14次會議（109年5月22日、26日）之議事日程依序為報告事項、質詢事項、討論事項、同意權之行使事項。惟經黨團協商結論（109年5月22日）決定事項：「一、針對第10屆第1會期第14次會議議程，有關同意權之行使定5月26日（星期二）上午進行『本院司法及法制委員會報告審查「行政院函送促進轉型正義委員會委員提名名單，更換提名專任委員楊翠為主任委員、葉虹靈為副主任委員，專任委員彭仁郁為兼任委員；另新提名王增勇、林佳範及陳雨凡等3人為專任委員，新提名徐偉群及蔡志偉等2人為兼任委員，請同意案」』投票表決；5月26日（星期二）下午改繼續進行討論事項。」[25]即將原列討論事項後之同意權之行使事項，變更順序為討論事項之前。

　　實務上對於自委員會抽出議案之提案，不論是否列入本次會議討論事項，皆於變更議程程序同時處理，惟如單純抽出而未列入本次院會議程者，其性質仍非變更議程。

---

24 《立法院公報》，第109卷，第2期上冊，院會紀錄，109年3月13日，173、182頁。
25 《立法院公報》，第109卷，第46期上冊，院會紀錄，109年6月11日，1頁。

五、變更議程之效力

變更議程之提議，不經討論，逕付表決。即不用經過討論程序，由主席逕行宣告有無異議？如無異議，則予以通過，如有異議，直接進行表決，表決通過，則變更議程。反之，則維持原議程。議事日程經變更議程後，即改變原先由程序委員會審定或院會確定之議事日程。惟在變更議事日程確定前，程序委員會審定之議事日程之效力不變。[26]

案例：

一、增列未列入議程之議案並完成三讀

立法院第9屆第7會期第6次會議（108年3月22日），變更議程增列交通委員會道路交通管理處罰條例之審查報告為當日議程討論事項第1案，院會通過後，於108年3月26日依當日協商結論，完成該案二、三讀程序。[27]

二、黨團協商決定變更議程

立法院第7屆第7會期第17次會議（100年6月10日）通過黨團協商結論（100年6月10日），決定事項：「一、本（第17）次會議院會處理變更議程，行政院函請審議『廣播電視法修正草案』、『有線廣播電視法部分條文修正草案』及『衛星廣播電視法部分條文修正草案』自委員會抽出逕付二讀、『有線廣播電視法修正草案』自委員會抽出逕付二讀、『衛星廣播電視法部分條文修正草案』自委員會抽出逕付二讀、原列第85案行政院函請審議『公司法部分條文修正草案』列為第48案、原列第91案委員劉建國等18人擬具『身心障礙者權益保障法第五十三條、第九十八條及第九十九條條文修正草案』改列為第49案、原列84案『冤獄賠償法修正草案』列為第50案、原列86案『國民體育法第十三條條文修正草案』列為第51案、原列87案『職業災害勞工保護法修正草案』列為第52案、『動物保護法部分條文修正草案』列入第53案、第113案行

26 蔡政順，《立法院議事規則逐條研究》，初版，大中國圖書，74年，163頁。
27 《立法院公報》，第108卷，第29期下冊，院會紀錄，108年4月22日，461、462頁。

政院函請審議『兵役法施行法第四十八條條文修正草案』改列第54案、行政院函請審議『性侵害犯罪防治條例部分條文修正草案』改列討論事項第55案、行政院函請審議『公共電視法修正草案』自委員會抽出逕付二讀。二、將原列討論事項第3案『中華民國100年度中央政府總預算案（含附屬單位預算及綜計表－營業及非營業部分）』改列為第16案。」[28]

問題討論：

一、報告事項得否適用變更議程

　　立法院第2屆第3會期第7次會議（83年3月17日），主席：「……協商的結果……報告事項第十七案現作以下兩點決議：一、退回程序委員會重新提出。二、根據本院委員廖福本等三十四人提議變更議程案，擬將行政院函請審議『中央政府預算執行暫行條例草案及中央政府建設公債發行條例部分條文修正草案』交付相關委員會審查，現作如下決定：『一、中央政府預算執行暫行條例草案交預算、財政、法制三委員會審查。二、中央政府建設公債發行條例部分條文修正草案交財政委員會審查。』」報告事項全部處理完畢。[29]

　　立法院第10屆第1會期第1次會議（109年2月21日）通過黨團協商結論（109年2月21日）：「一、各黨團同意行政院函請審議之『嚴重特殊傳染性肺炎防治及紓困振興特別條例草案』，及各黨團、委員提出之相關草案，如附表，增列納入第1次會議報告事項……。」立法院第10屆第1會期第1次會議（109年2月25日）通過黨團協商結論（109年2月24日）：「一、本日協商會議，新增併案協商之委員提案共4案，增列納入第1次會議報告事項，與2月21日（星期五）原列8案，併案逕付二讀……。」[30]

　　有關變更議程之處理時點於88年1月12日明定《立法院議事規則》第24條，係以報告事項畢，討論事項進行前，所以原則上不可能在報告事項之程序處理變更議程，惟例外經過黨團協商則可以。

---

28 《立法院公報》，第100卷，第49期上冊，院會紀錄，100年6月22日，57、58頁。
29 《立法院公報》，第83卷，第17期，院會紀錄，83年3月23日，11、12頁。
30 《立法院公報》，第105卷，第26期，院會紀錄，105年5月10日，38、39頁。

二、抽出法律案得否變更議程予以增列

立法院實務上，對於抽出法律案得否變更議程予以增列，分為二種情形，說明如下：

（一）議程已審定者

議事日程經程序委員會審定者，院會於處理抽出動議時，實務係比照變更議程之程序，即提案人須依《立法院議事規則》第24條規定，於進行討論事項前提出，院會於討論事項進行前予以處理，例如本院時代力量黨團針對第9屆第1會期第11次會議（105年4月29日）擬請變更議程，將「徐永明等17人擬廢止『中華民國紅十字會法』自社會福利及衛生環境委員會抽出，逕付二讀案」，增列為討論事項第18案。主席宣告，表決結果，贊成者多數，本案通過。[31]

（二）議程未審定者

議事日程未經程序委員會審定者，院會於處理抽出動議時，係於議事日程確認後，於變更議程程序處理之。惟因依例院會於確認議事日程後，是不會再進行變更議程，只會處理抽出動議，也就是當次會議討論事項因議事日程確定後，不再變更。抽出動議於變更議程程序，僅是單純地抽出，但不列入當次會議討論事項。即抽出動議同時欲列為當次會議討論事項，於立法院實務是不可行的。

立法院實務上以議事日程確定階段，本就可以提出增列或改列討論事項，所以無須於議事日程確定後，再進行變更議程討論事項，係基於時間之密接性。惟因抽出動議列入當次會議討論事項不能於確認議事日程討論事項予以處理，即不符上開理由，自無不許其於議事日程確定後，進行變更議程予以增列之理。否則，依上開理由，就應許其於議事日程確定討論事項之程序，予以增列。但立法院實務上，非但不允許於議事日程確認階段處理立法委員之抽出動議列為當次會議討論事項，更不准其於議事日程確定後，提出變更議程，等

---

31 《立法院公報》，第109卷，第2期上冊，院會紀錄，109年3月13日，9、10、173頁。

同完全剝奪立法委員之抽出動議列為當次會議討論事項之提案權，造成同樣是抽出動議列為當次會議討論事項，卻因院會議事日程是否審定而有差別待遇，應儘速調整為宜。例如立法實務上曾有1個案例是有顧及委員之提案權，並符合上開理由者，即立法院第9屆第6會期第9次院會（107年11月6日），主席宣告，現在開會，因程序委員會以本次會議議事日程草案送院會處理，現有時代力量黨團、國民黨黨團及民進黨黨團依本院議事成例分別對本次會議議事日程草案提出異議，現在進行處理並截止收案。於處理報告事項通過後，繼續處理討論事項部分，時代力量黨團提案2：「本院時代力量黨團針對第9屆第6會期第9次院會議事日程，建請將下表所列之提案自司法及法制委員會抽出逕付二讀，增列為討論事項第二案……。」[32]

---

32 《立法院公報》，第107卷，第103期上冊，院會紀錄，107年12月5日，1-3頁。

第十八條（議案順延）
議事日程所定議案未能開議，或議而未能完結者，由程序委員會編入下次議事日程。

沿革：

88年1月12日全文修正通過。

✍ 理由

■ 條次變更（原條次為第21條）。

說明：

　　議事日程所定議案係指程序委員會審定議事日程之議案，或未審定而經院會確認議事日程之議案，或經變更議程之議案等，如不能於當次會議討論完畢時，程序委員會應編入下次院會之議事日程中。實務上，本條所稱之未能開議或議而未能完結之議案，係指討論事項。

一、未能開議

　　議案未能開議，係指議案未能開始討論。即會議雖已開始，因故某些議案未能及時進行討論者。

二、議而未能完結

　　議事日程所定之議案，已進行討論但因故未能完成結束者。

三、編入下次議事日程

　　本次議事日程所定之議案，因未能開議或議而未能完結者，自須於下次會議續行處理，故應編入下次會議之議事日程。目前立法院院會係以星期五及次週星期二合併為1次會，所以本次院會議程由程序委員會於星期二中午召開審定後，於星期三寄出議程，星期五召開院會。而下次院會之議程收案於星期

四下午5時收案截止後，於星期五寄送議程草案予程序委員會委員。所以如果本次院會未能開議或議而未能完結者，因下次院會草案已編印寄送，所以議事處會預先將本次討論事項編入下次院會議程，於議事日程草案中附以說明，即「本案經提本院第○會期第○次會議未及討論，爰於本次會議提出繼續討論」，或「本案經提本院第○會期第○次會議討論未畢，爰於本次會議提出繼續討論」。並於次週星期二程序委員會開會時，主席會宣告：「議程草案討論事項，如與今日院會通過之議案，有重複列案者，授權議事處刪除。」

案例：

一、議事日程所定議案未能開議，排入下次議事日程

　　立法院第8屆第7會期第9次會議（104年4月24日、28日），討論事項第13案、「本院經濟委員會報告併案審查委員賴士葆等18人擬具『公司法第二百三十五條條文修正草案』及委員羅淑蕾等18人擬具『公司法部分條文修正草案』案。」於104年4月28日院會進行討論事項之前，因台聯黨團提出變更議程動議共200案，院會處理完第60案，主席宣告：「報告院會，本次會議議程事項處理到此為止，下午五時處理臨時提案，現在休息。」因該議案未能開始討論，乃排入下次議事日程，即立法院第8屆第7會期第10次會議（104年5月1日），討論事項第10案、「本院經濟委員會報告併案審查委員賴士葆等18人擬具『公司法第二百三十五條條文修正草案』及委員羅淑蕾等18人擬具『公司法部分條文修正草案』案。」決定：「完成三讀。公司法增訂第二百三十五條之一條文；並將第二百三十五條及第二百四十條條文修正通過。（二讀時，第四百四十九條維持現行法條文，不予修正，即二讀不通過，自毋庸進行三讀。）」

二、議事日程所定議案議而未能完結，排入下次議事日程

（一）議案進入實質討論未能完結

　　立法院第9屆第7會期第1次臨時會第2次會議（108年6月27日），討論事項

第5案、「本院司法及法制委員會報告併案審查司法院、行政院、考試院函請審議『法官法部分條文及第七十一條第二項法官俸表修正草案』、委員徐國勇等23人、委員顧立雄等21人、委員林爲洲等16人、親民黨黨團分別擬具『法官法部分條文修正草案』、委員王惠美等16人擬具『法官法第三十三條、第三十四條及第七十八條條文修正草案』、委員江永昌等16人擬具『法官法第十九條及第二十條條文修正草案』、委員李俊俋等17人擬具『法官法第八十九條條文修正草案』、委員陳其邁等19人擬具『法官法第二條及第八十九條條文修正草案』、時代力量黨團擬具『法官法第四十八條、第四十九條及第五十條條文修正草案』、委員林爲洲等16人擬具『法官法第三十六條條文修正草案』、委員羅致政等16人擬具『法官法第四十七條及第四十八條條文修正草案』、委員尤美女等20人擬具『法官法部分條文修正草案』、委員李俊俋等18人擬具『法官法第五十條條文修正草案』、委員周春米等24人擬具『法官法部分條文修正草案』及委員蔣乃辛等21人擬具『法官法第四十三條條文修正草案』案。」決定：「第三十九條以下條文，下次會議繼續進行二讀。」即本案於本次會議時間已屆，尚未能完成全案二讀程序，所以將本案議而未完結之部分，於下次會議繼續進行。[33]

（二）議案尚未進入實質討論未能完結排到處理完畢

立法院第10屆第5會期第10次會議（111年5月3日），討論事項第23案、「本院委員張廖萬堅等18人擬具『公路法第六十五條及第八十一條條文修正草案』，請審議案。」決定：「協商後再行處理。」即議案已進行，但未能完結，乃排入下次議事日程，即立法院第10屆第5會期第11次會議（111年5月10日），討論事項第6案、「本院委員張廖萬堅等18人擬具『公路法第六十五條及第八十一條條文修正草案』，請審議案。」決定：「協商後再行處理。」立法院第10屆第5會期第12次會議（111年5月17日），討論事項第5案、「本院委員張廖萬堅等18人擬具『公路法第六十五條及第八十一條條文修正草案』，請審議案。」決定：「協商後再行處理。」立法院第10屆第5會期第13次會議

---

33 《立法院公報》，第108卷，第64期上冊，院會紀錄，108年7月10日，532頁。

（111年5月24日），討論事項第5案、「本院委員張廖萬堅等18人擬具『公路法第六十五條及第八十一條條文修正草案』，請審議案。」決定：「完成三讀。公路法第六十五條及第八十一條條文修正通過。」

|第四章|
開會

沿革

88年1月12日全文修正通過。

✍ 理由
■章次修正（原章次爲第五章）。

說明

　　本章內容依序爲預備會議、院會開會期日、動議須以書面提出、異議之處理、議程之變更、會議進行之休息、散會及延長會議時間等。分別規定爲第19條至第27條，摘要如下：

　　第19條預備會議，每屆第1會期首日舉行預備會議，進行委員報到、就職宣誓、推選會議主席主持院長選舉、副院長選舉。

　　第20條開會期日，每星期二、星期五開會，必要時經院會議決，得增減會次，經黨團協商之同意，得合併若干日爲1次會議。

　　第21條動議以書面提出，更正議事錄、臨時提案、會議詢問、權宜問題、秩序問題或其他程序之動議，得以書面爲之。

　　第22條開會時間，院會日上午9時至下午6時。

　　第23條報告事項之異議及處理，出席委員提議，8人以上連署或附議，得對報告事項處理辦法提出異議，不經討論，逕付表決。

　　第24條變更議程之處理，於討論事項前。

　　第25條休息，主席得酌定時間。

　　第26條散會，議案議畢，或散會時間已屆，主席即宣告散會。或出席委員得提出散會之動議，經15人以上連署或附議，不經討論，由主席逕付表決。

第27條延長會議,散會時間已屆而議事未畢,主席得徵詢出席委員同意,酌定延長時間。

第十九條（預備會議）

本院每屆第一會期首日舉行預備會議，依下列程序進行之：

一、委員報到。

二、就職宣誓。

三、推選會議主席。

四、院長選舉：

（一）投票。

（二）開票。

（三）宣布選舉結果。

五、副院長選舉：

（一）投票。

（二）開票。

（三）宣布選舉結果。

前項第四款及第五款之選舉，如第一次投票未能選出時，依序繼續進行第二次投票。

第一項會議之時程，由秘書長定之。

沿革：

88年1月12日全文修正通過。

✍ 理由

■本條新增。

■明定每屆第1會期首日舉行預備會議，進行委員報到、就職宣誓、推選主席及選舉正副院長等事宜及其程序。

■明定前述會議之時程，由秘書長定之。

說明：

依會議準備之先後次序，可分為預備會議及正式會議，前者即為準備舉行後者之籌備會議。本條規定立法院預備會議之程序，即係為即將到來之正式會

議作準備。[1]

一、每屆第1會期首日

　　立法院之會期依憲法第68條規定，每年2次，第1次自2月至5月底，第2次自9月至12月底，復依憲法增修條文第4條第1項規定，立法委員任期4年，所以立法院每1屆共有8個會期，每年上半年為單數會期，即第1會期、第3會期、第5會期及第7會期；每年下半年為雙數會期，即第2會期、第4會期、第6會期及第8會期。立法院每屆第1會期報到首日舉行預備會議，進行委員就職宣誓及院長、副院長之選舉，其報到地點為議場，其餘會期報到日之場所，由立法院特別設置專門的報到處所，例如群賢樓101會議室，方便立法委員報到時，並同時登記個人質詢，於集中報到日後始報到者，則須分別至人事處（委員服務科）辦理報到，以及至議事處（議案科）登記個人質詢。

二、預備會議

　　依會議準備之先後次序，可分為預備會議及正式會議。所謂的預備會議，即為準備舉行正式會議之籌備會議。[2]

（一）預備會議時程之安排

　　《立法院職權行使法》第3條規定：「立法院每屆第一會期報到首日舉行預備會議，進行委員就職宣誓及院長、副院長之選舉。」其相關程序則於本條規定之，即預備會議之時程，由立法院秘書長安排定之。

（二）委員報到

　　立法院依憲法第68條規定，略以：每年自行集會2次，第1次自2月至5月底，第2次自9月至12月底，即上半年會期之首日為2月1日，下半年會期之首日為9月1日，故立法委員應分別於每年2月1日及9月1日起辦理會期報到。嗣後，

1　楊振萬，《天聲天存議政叢談》，初版，幼獅文化，88年，229頁。
2　同註1，29頁。

並將立法院會期之集會報到日，明定於《立法院職權行使法》第2條規定。

　　每屆第1會期報到時，委員於簽名本上簽名，第2會期以後之報到，則在單張簽名簿上簽名，1人簽1頁。第2會期以後單張簽到簿上報到號數欄位空白，係因有些委員要選號或不喜歡某些數字，故簽到簿上報到號數空白，以便報到委員依序簽到；另自第6屆第2會期起，配合政府政策將報到本改爲橫式書寫。[3]

　　因《立法院職權行使法》第3條規定，明定立法院每屆第1會期報到首日舉行預備會議，進行委員就職宣誓及院長、副院長之選舉。所以如遇假日仍應正常舉行，例如立法院第10屆第1會期報到日爲109年2月1日星期六，因屬第1會期，縱爲例假日，亦照常舉行，如表4-1所示。

表4-1　立法院第2屆至第11屆之第1會期首日（2月1日）星期明細表

第2屆	第3屆	第4屆	第5屆	第6屆
星期一	星期四	星期一	星期五	星期二
第7屆	第8屆	第9屆	第10屆	第11屆
星期五	星期三	星期一	星期六	星期四

資料來源：作者製表。

（三）就職宣誓

　　就職係指正式上任，宣誓係指某些成員爲忠實履行職務，公開聲明嚴守戒約的誓言。[4]立法委員就職宣誓係指經中央選舉委員會公告當選之立法委員到立法院指定地點，依《宣誓條例》第5條及第6條規定，宣讀誓詞，正式上任立法委員職務。

3　立法院議政博物館，數位典藏／文物導覽／具有歷史性意義之史料文物，https://aam.ly.gov.tw/P000051_03.do/1303，最後瀏覽日期：111年5月23日。

4　《漢書・卷八三・朱博傳》：「故事，二千石新到，輒遣吏存問致意，乃敢起就職。」《文選・李密・陳情表》：「臣具以表聞，辭不就職。」參閱教育部重編國語辭典修訂本，https://dict.revised.moe.edu.tw/index.jsp，最後瀏覽日期：111年10月31日。

（四）推選會議主席

　　《立法委員互選院長副院長辦法》第3條之1規定：「院長、副院長選舉會議，由委員互推一人擔任會議主席；其推選主席會議，由資深者主持，資同者以年長者任之。」即推選會議主席係指推選院長、副院長選舉會議之主席，由委員互推一人擔任，故須先進行「推選主席會議」，由資深者主持，資同者以年長者任之，由其主持「推選主席會議」選出「院長、副院長選舉會議」之主席，來主持「院長、副院長選舉會議」。至於如何進行推選主席會議之主持，實務上則由秘書長主持之。

（五）院長及副院長選舉

　　立法院院長及副院長選舉係依《立法委員互選院長副院長辦法》予以執行，詳後述相關法規。

表4-2　立法院第1屆至第11屆院長及副院長明細表

屆次	院長	副院長
1	孫科：37.05.17-37.12.24 童冠賢：37.12.24-38.10.07 劉健群：39.12.05-40.10.19 張道藩：41.03.11-50.02.20 黃國書：50.02.28-61.02.19 倪文亞：61.05.02-77.12.20 劉闊才：78.02.24-79.02.20 梁肅戎：79.02.27-80.12.31 劉松藩：81.01.17-82.01.31	陳立夫：37.05.17-37.12.24 劉健群：37.12.24-39.12.01 黃國書：39.12.05-41.03.11 （40.10.19-41.03.11代理院長） 　　　41.03.11-50.02.27 倪文亞：50.02.28-61.04.28 （61.02.22-61.04.28代理院長） 劉闊才：61.05.02-76.02.27 梁肅戎：78.02.24-79.02.27 劉松藩：79.02.27-81.01.16 沈世雄：81.01.17-82.01.31
2	劉松藩：82.02.01-85.01.31	王金平：82.02.01-85.01.31
3	劉松藩：85.02.01-88.01.31	王金平：85.02.01-88.01.31
4	王金平：88.02.01-91.01.31	饒穎奇：88.02.01-91.01.31
5	王金平：91.02.01-94.01.31	江丙坤：91.02.01-94.01.31
6	王金平：94.02.01-97.01.31	鍾榮吉：94.02.01-97.01.31

表4-2　立法院第1屆至第11屆院長及副院長明細表（續）

屆次	院長	副院長
7	王金平：97.02.01-101.01.31	曾永權：97.02.01-101.01.31
8	王金平：101.02.01-105.01.31	洪秀柱：101.02.01-105.01.31
9	蘇嘉全：105.02.01-109.01.31	蔡其昌：105.02.01-109.01.31
10	游錫堃：109.02.01-113.01.31	蔡其昌：109.02.01-113.01.31
11	韓國瑜：113.02.01-	江啟臣：113.02.01-

資料來源：立法院全球資訊網，https://www.ly.gov.tw/Home/Index.aspx，最後瀏覽日期：113年2月2日；作者製表。

案例

一、立法院正、副院長選舉會議主席經表決通過者

立法院第2屆第1會期選舉院長、副院長會議（82年2月1日），秘書長：「推選主席會議，由資深者主持，推舉劉委員松藩主持，不在場，第二位請蔡委員友土，不在場，第三位請謝委員深山，不在場，第四位請王委員金平，不在場，第五位請周委員書府，不在場，第六位請饒委員穎奇主持，現在請饒委員穎奇主持會議。」主席：「現在推舉第2屆正、副院長選舉會議的主席，因有4位委員被推舉，表決結果多數通過由洪委員昭男擔任正、副院長選舉會議的主席。」[5]

二、立法院正、副院長選舉會議主席經無異議通過者

立法院第9屆第1會期預備會議（105年2月1日），副秘書長：[6]「出席委員113人，已足法定人數，依據『立法委員互選院長副院長辦法』第3條之1之規定，院長、副院長選舉會議，由委員互推一人擔任會議主席；其推選主席會議，由資深者主持，資同者以年長者任之。現在請王委員金平主持，王委員謙

5　何弘光，《立法院實用法令及案例彙編》，初版，五南圖書，109年，6、7頁。
6　105年1月20日秘書長因案羈押，故由高副秘書長明秋代理。

讓，請柯委員建銘主持。」主席：「現在進行院長、副院長選舉會議主席的推選，委員推舉柯委員建銘擔任主席，院會無異議通過。」[7]

三、立法院院長、副院長選舉分為上、下午舉行

立法院第10屆第1會期預備會議（109年2月1日），會議時程：上午10時30分至12時投票選舉院長，12時至12時30分開票；下午2時30分至4時投票選舉副院長，4時至4時30分開票。主席：「請問院會，對以上會議時程有無異議？（無）無異議，通過。」

四、立法院選舉院長、副院長進行第2次之投票

（一）立法院第2屆第1會期選舉院長、副院長會議（82年2月1日），院長候選人得票者共21位，均未達出席過半數票數，依法就得票數較多委員2位進行投票，劉委員松藩得票86票，為比較多數，當選為立法院院長。[8]

（二）立法院第5屆第1會期預備會議（91年2月1日），主席：「委員江丙坤、洪奇昌得票數，均未達出席人數過半數之票數，依法就得票較多之委員江丙坤、洪奇昌重行投票。」休息後，因副院長選舉第2次投票的截止時間有爭議，進行表決，按鈴7分鐘，時間已到，主席表示因尚無座次表，不能使用表決器表決，所以改用舉手表決，贊成投票截止時間為2小時，多數通過，因有委員表示部分委員未計算在內，提議重付表決，主席宣告現在重新清點人數，重付表決通過投票的截止時間。現在已到投票截止時間，進行開票，委員江丙坤為比較多數，當選為立法院副院長。[9]

---

7 《立法院公報》，第105卷，第1期上冊，院會紀錄，105年3月1日，1頁。
8 何弘光，《立法院實用法令及案例彙編》，初版，五南圖書，109年，8頁。
9 《立法院公報》，第91卷，第13期上冊，院會紀錄，91年2月27日，3-5頁。

相關法規：

◎立法委員互選院長副院長辦法（37年5月15日通過，最新修正日期85年7月2日）

第1條（立法依據）
根據憲法第六十六條之規定，院長、副院長由立法委員互選之，全體立法委員均為當然候選人。

第1條之1（選舉期日）
院長、副院長之選舉，應於每屆立法委員選出之翌年二月一日報到、宣誓就職當日舉行。

✍備註
■立法院第7屆立法委員選舉日期為97年1月12日，第8屆立法委員選舉日期為101年1月14日，第9屆立法委員選舉日期為105年1月16日，第10屆立法委員選舉日期為109年1月11日，第11屆立法委員選舉日期為113年1月13日。準此，立法委員選舉後，均於「當年」之2月1日報到及宣誓就職，故上開規定之「翌年」2字，已不合時宜，應即刪除之。

第2條（出席人數）
院長、副院長之選舉，根據立法院組織法第五條之規定，須有立法委員總額三分之一出席，方得舉行。

✍備註
■本條所稱之《立法院組織法》第5條規定，應係指88年1月12日修正前之版本，即「立法院會議，須有立法委員總額三分之一出席，始得開會。前項立法委員總額，以每會期實際報到人數為計算標準。但依其他法令規定自願退職、解職或辭職者，應扣除之。」惟因88年1月12日《立法院組織法》全文修正時，已將該第5條開會人數之規定，移列至《立法院職權行使法》第4條：「立法院會議，須有立法委員總額三分之一出席，始得開會。前項立法委員總額，以每會期實際報到人數為計算標準。但會期中辭職、去職或亡故者，應減除之。」準此，本條應將「立法院組織法第五條」等文字修正為「立法院職權行使法第四條」。

第3條（分別舉行院長、副院長之選舉）

院長、副院長之選舉，分別舉行。

✍ 備註

■實務上院長、副院長之選舉，分別於上午及下午舉行之。

第4條（當選票數）

院長、副院長之選舉，均以得出席人數過半數之票數者為當選。

第一次投票如無人得前項所規定之過半數票數時，就得票較多之首二名重行投票，以得票比較多數者為當選，如第一次投票得票首二人以上同票數時，一併列入第二次之選舉票。

✍ 備註

■全體立法委員均為院長、副院長當然候選人，如各委員或黨團未先商定人選，則有可能產生多位立法委員均有得票之結果，也可能因此發生無人得票過出席人數之半數，所以須進行第2次投票，且為避免前述情形再次發生，因此本條明定以第1次投票首2名重行投票，並以得票比較多數者為當選，即得票數毋須過出席人數之半數。

第5條（選舉票）

院長及副院長之選舉票，各印列全體立法委員姓名，由立法委員各圈選一人。

舉行第二次投票時，其選舉票印列第一次得票較多之首二名及其同票數之人，由立法委員圈選一人。

第6條（投、開票監察員）

院長、副院長選舉時，投票監察員、開票監察員由立法委員擔任之。

第7條（另定投票及開票辦法）

立法委員互選院長、副院長投票及開票辦法另定之。

第8條（改選）

院長、副院長經全體立法委員三分之一以上人數提議，出席委員三分之二以上人數通過，得予以改選；其任期至原任之任期屆滿為止。

第9條（施行日）

本辦法經本院院會通過後施行。

✎ **備註**

■ 本辦法並未明定院長、副院長補選方式，宜增列或修正之。

◎ **立法委員互選院長副院長投票及開票辦法**（**37年5月15日通過，最新修正日期90年10月9日**）。

第1條（立法依據）

本辦法依立法委員互選院長副院長辦法第七條規定訂定之。

✎ **備註**

■ 本辦法之依據爲立法委員互選院長副院長辦法，故其用語應與上開立法依據之用語一致，惟其第4條以下之「選票」用語與上開辦法第5條之「選舉票」用語並不一致，應予以修正。

第2條（互推投、開票監察員）

互選院長、副院長之投、開票監察員，由出席立法委員（以下簡稱委員）互推四人擔任之。

第3條（投票匭）

投票時，就會場內設置投票匭四個。

第4條（投票監察員之職務）

投票監察員之職務如左：

一、於投票開始前，查點選票數目，監督發票員之分發選票。投票完畢後，查點發出數目及用餘票數，並填具報告書。

二、於投票開始前，當眾開驗票匭，並加鎖及封條。

三、糾察秩序，並監察投票程序有無疏略及違法情事。

發票員由本院議事處（以下簡稱議事處）派定，受投票監察員之指揮監督，辦理有關發票事宜。

第5條（憑證領票）

投票時，出席委員憑委員出席證或其他身分證件領取選票。

第6條（親自投票）

委員領取選票後，應即往圈票處圈選，並親自投入票匭。

第7條（投票監察員投票）

投票監察員，於投票截止時間屆止前十分鐘，再行投票。

✍ **備註**

■實務上投票監察員得於無人投票時段，進行領票及投票。

第8條（投票截止時間）

投票截止時間，由選舉會議主席宣布，並按鈴為號。

✍ **備註**

■立法院第9屆第1會期預備會議（105年2月1日），主席：「現在開始進行院長之選舉。投票截止時間為中午12時；但若所有委員於投票截止時間前均已投票完畢，隨即進行開票。……報告院會，現在全體委員均已投票完畢，依據『立法委員互選院長副院長投票及開票辦法』第8條規定，投票截止時間，由選舉會議主席宣布，並按鈴為號。現在請按鈴。」[10]

第9條（截止後不得投票）

委員於投票時間截止後到場者，不得投票。

第10條（開票作業）

開票作業，於投票時間截止後，隨即進行。

第11條（開票地點）

開票地點設於主席臺前適當位置，公開進行開票。

第12條（開票監察員之職務）

開票監察員之職務如下：

一、於開票前當眾驗明票匭封識，依次啟封取票。

二、查驗選票有關廢票，並將有效選票遞交開票員，轉交唱票員唱票。

三、監察唱票員唱名報數。

---

10 何弘光，《立法院實用法令及案例彙編》，初版，五南圖書，109年，13頁。

四、監察整理選票，依各候選人所得之票分摺記數，並轉告記票員記錄。

五、維持開票時會場秩序，並監察開票程序有無疏略及違法情事。

開票員、唱票員、記票員等，由議事處派定，受開票監察員之指揮監督，分辦有關開票事宜。

第13條（廢票認定及爭議處理）

開票監察員於開票時，對於廢票之認定應共同決定；有爭議時，由全體監察員表決之。表決結果正反意見同數者，取決於選舉會議主席。

前項廢票認定之標準如下：

一、不用選舉會議發給之選票者。

二、未加圈選者。

三、圈選兩名或兩名以上者。

四、不圈在候選人姓名上端，致不能確定被選舉人者。

五、記入其他文字及符號者。

六、圈後加以塗改者。

第14條（選舉報告書）

開票完畢後，開票監察員會同將開票情形及下列各項紀錄，造具報告書，送交選舉會議主席：

一、投票總額。

二、廢票數額。

三、各候選人之得票數額。

第15條（佩帶標識）

投、開票監察員及工作人員，均佩帶標識。

第16條（施行日）

本辦法經院會通過後施行。

◎**宣誓條例**（19年5月27日國民政府公布制定，最新修正日期109年6月10日）

第2條

下列公職人員應依本條例宣誓：

一、立法委員、直轄市議會議員、縣（市）議會議員、鄉（鎮、市）民代表會
代表。

二、立法院院長、副院長；直轄市議會議長、副議長；縣（市）議會議長、副
議長；鄉（鎮、市）民代表會主席、副主席。

三、中央政府各級機關政務人員、首長、副首長及簡任第十職等以上單位主管
人員。

四、司法院大法官、考試院考試委員、監察委員、監察院院長、副院長。

五、駐外大使、公使館公使、代辦、總領事、領事館領事或其相當之駐外機構
主管人員。

六、各級法院法官、檢察機關檢察官、行政法院法官及懲戒法院法官。

七、直轄市政府首長、委員及其所屬各機關首長。

八、縣（市）政府首長及其所屬各機關首長。

九、鄉（鎮、市）長。

十、各級公立學校校長。

十一、相當於簡任第十職等以上之公營事業機構或其所屬機構首長、董事、理
事、監察人、監事。

第3條

前條公職人員應於就職時宣誓。

前條第一款人員，因故未能於規定之日宣誓就職者，應另定日期舉行宣誓。

前條第二款至第十一款人員，因特殊情形先行任事者，應於三個月內補行宣
誓。

第4條

宣誓之監誓人，依下列之規定：

一、立法委員、立法院院長、副院長之宣誓，由大法官一人監督；直轄市議會
議員、議長、副議長及縣（市）議會議員、議長、副議長之宣誓，由同級
法院法官一人監督；鄉（鎮、市）民代表會代表、主席、副主席之宣誓，
由各該自治監督機關派員監督。

二、中央政府各機關政務人員、大法官、考試委員、監察委員、監察院院長、
副院長及駐外大使、公使館公使之宣誓，由總統監督或派員監督。

三、第二條其他人員，由各該機關首長或其監督機關首長監誓或派員監誓。

問題討論

一、預備會議之時程，如無秘書長時，如何處理

　　立法院第9屆第1會期預備會議（105年2月1日），因秘書長被羈押中，故由副秘書長依本規則第5條規定，代理秘書長定預備會議之時程。副秘書長報告，出席委員113人，已足法定人數，依據《立法委員互選院長副院長辦法》第3條之1之規定，院長、副院長選舉會議，由委員互推一人擔任會議主席；其推選主席會議，由資深者主持，資同者以年長者任之。現在請王委員金平主持，王委員謙讓，請柯委員建銘主持。主席：「現在進行院長、副院長選舉會議主席的推選，委員推舉柯委員建銘擔任主席，院會無異議通過。」[11]

二、院長及副院長之候選人得否發表政見

（一）院長、副院長候選人及其助選員作政見發表[12]

1. 立法院第1屆第85會期第1次會議（79年2月20日），主席：「民進黨籍推薦之院長候選人及助選人發表政見（1小時），國民黨推薦之院長候選人及助選人發言（半小時），無黨籍推薦之院長候選人及助選人發表（15分鐘）。」

2. 立法院第1屆第85會期第2次會議（79年2月27日），主席：「現在進行副院長選舉，副院長候選人有2人，經抽籤決定依序發表政見，先請劉委員松藩及其助選員（許委員武勝）發表政見。」

3. 立法院第1屆第88會期第39次會議（81年1月17日），主席：「依照第37次院會決議，選舉以前，候選人各發表15分鐘的政見。經過協商，每位候選人可邀請助選人1人發表10分鐘的政見。」

---

11 《立法院公報》，第105卷，第1期上冊，院會紀錄，105年3月1日，1頁。
12 《立法院公報》，第79卷，第15期，院會紀錄，79年2月21日，24頁以下；第79卷，第17期，院會紀錄，79年2月28日，7頁；第81卷，第7期下冊，院會紀錄，81年1月23日，585頁。

（二）主席表示候選人政見發表需徵得出席委員同意

立法院第2屆第1會期選舉院長、副院長會議（82年2月1日），周委員伯倫提案院長候選人政見發表，主席：「是否作政見發表，需要大家同意。」「由政黨推薦人選抽籤，有3位候選人，依抽籤序發表政見，時間為10分鐘，有無異議？」無異議，其間有陳委員水扁代表民進黨候選人抽籤。此外，副院長政見發表方式，由政黨推薦人選抽籤，有3位候選人，依抽籤序發表政見，時間為10分鐘。[13]

三、選舉票不可由投票人簽名成為記名選舉票

立法院第9屆第1會期預備會議（105年2月1日），時代力量黨團提案，立法委員互選院長副院長程序臨時動議，第9屆立法院院長、副院長之選舉，應於每張選票由立法委員簽名，以記名方式為之。惟因《立法委員互選院長副院長投票及開票辦法》第13條規定，記入其他文字及符號者為無效票，所以主席宣告照原規定辦理，有無異議？（無）無異議。[14]此外，亦可參酌本規則第35條第2項但書規定，有關人事問題之議案，不適用記名或點名表決方法，予以解決之。

四、監察員4人為法定額數不能增加人次

立法院第4屆第1會期預備會議（88年2月1日），進行副院長選舉時，新黨要求有一位監察員。主席：「根據院長、副院長選舉辦法，院長、副院長選舉時，推舉4人擔任監察員，因此只能有4人擔任監察員，且早上已經表決通過，因此現在不能處理，請各位多包涵，現在開始投票。」[15]

---

13 《立法院公報》，第82卷，第5期，選舉會議紀錄，82年2月17日，8-31頁。
14 何弘光，《立法院實用法令及案例彙編》，初版，五南圖書，109年，9頁。
15 《立法院公報》，第88卷，第8期，選舉會議紀錄，88年2月10日，11、12頁。

第二十條（開會次數）
本院會議於每星期二、星期五開會，必要時經院會議決，得增減會次。
本院會議超過一日者，經黨團協商之同意，得合併若干日為一次會議。

沿革：

88年1月12日全文修正通過。

✍ 理由
■為提高議事效率，確保議事之順暢，爰增訂第2項條文如上，以便於會議之進行。

說明：

本條規定立法院院會每週開會之次數及期日，還有增減院會會次之程序。另外，規定院會日得合併2日以上為1次院會之程序。

一、院會日

院會日係指立法院院會開會之期日，本條規定院會日為星期二及星期五之理由如下：

（一）平衡委員選區服務時間

區域立法委員，係由選舉產生，每位委員均有其選區之選民服務，特別是假日為旺日，所以星期一、星期四可作為交通往返之用，以不安排院會為宜。

（二）配合委員會之召開

《立法院各委員會組織法》第5條第1項規定，略以：立法院院會日期外，始能召開各委員會會議。而各委員會之主要工作，即為院會交付者，故須留置相當時間供各委員會開會之用。

（三）方便行政院會議之運作

執政黨中央常務委員會會議定期於每星期三召開，而行政院依《行政院會議議事規則》第6條規定，略以：行政院會議每週舉行1次，目前為每星期四舉行。所以立法院院會日因此排除了星期三及星期四之召開，可與執政黨中常會及行政院院會互相配合。[16]

二、增減會次

立法院每年上下會期均為4個月，所以會期中舉行之院會次數，除假日及合併院會日外，其會次應屬固定。惟如因特殊情況之需要，則有增減會次之必要者，須經院會議決通過，說明如下：

（一）增加會次

立法院增加會議次數之情形，多為配合有時間性之議案，例如急需完成之法律案或預算案等。增加會次的方式有二種，一為在原會期內，除原有的星期二及星期五開會2次外，另於特定之星期一或星期三或星期四增加開會次數；一為原有會期開會次數不變，而係依《立法院職權行使法》第5條規定，延長會期來增加開會次數。

（二）減少會次

立法院院會減少會次之情形，一為立法院各委員會會議依《立法院各委員會組織法》第5條規定，略以：於院會日期之外，由召集委員隨時召集之。即委員會如因審查議案之需要，有加開委員會會議之必要，此時如需借用院會日之時間，則只能經由減少院會會議次數來予以補足，即特定之星期二或星期五不開院會；一為如因特殊情況，有停開院會之必要，例如配合選舉活動，[17]於一定期間停開院會，即該期間之星期二或星期五因停開之故，亦屬減少會次。

---

16 蔡政順，《立法院議事規則逐條研究》，初版，大中國圖書，74年，172頁。
17 何弘光，《解讀立法院精選案例：了解立法院立法、修法的運作模式》，初版，五南圖書，112年，131-139頁。

三、合併若干日為1次會議

　　本條規定於88年1月12日前並無第2項規定之「合併若干日爲1次會議」，係由立法院實務發展出來的，例如立法院第2屆2會期第1次會議（82年9月24日），其他決定事項：「……五、總質詢期間，連續舉行數天之總質詢院會視爲一次會議，不受議事規則第二十二條之限制……。」[18]同屆第3會期第8次會議（83年3月18日），其他事項：「……二、總預算質詢院會，視爲一次會議，不受議事規則第二十二條之限制……。」[19]同會期第35次會議（83年7月5日），其他事項：「一、六月二十八日朝野協商結論，經決定如下：……（二）自七月一日起至十五日止所舉行之每週星期二、四、五院會，視爲一次會，不受議事規則第二十二條之限制……。」[20]嗣後，循例多以協商方式將多日視爲1次會。俟88年1月12日修正本規則時，正式將其納入本條第2項規定。

　　合併若干日爲1次會議，係將2個以上院會日合併爲1次會議，即院會日因合併而減少會次。但因本條第1項規定之減少會次，並未包括合併若干院會日，才會有上述協商之例，及增訂本條第2項規定，以資爲據。準此，本院會議單純減少星期二或星期五等院會日，係依本條第1項規定。反之，本院會議減少會次係因合併若干日爲1次會議者，則須依本條第2項規定。

案例：

一、增加會次（加開院會）

　　立法院第5屆第4會期第10次會議（92年11月18日），黨團協商結論：「92年11月26日（星期三）、92年11月27日（星期四）加開院會。」[21]

二、減少會次（停開院會）

　　立法院第1屆第83會期第44次會議（78年7月13日），討論事項2、「本院

18 《立法院公報》，第82卷，第51期下冊，院會紀錄，82年10月6日，444頁。
19 《立法院公報》，第83卷，第19期，院會紀錄，83年3月30日，561頁。
20 《立法院公報》，第83卷，第50期下冊，院會紀錄，83年7月16日，383頁。
21 《立法院公報》，第92卷，第53期上冊，院會紀錄，92年11月29日，522頁。

委員蔡中涵等23人臨時提案，爲本年底公職人員選舉，部分委員繼續參加競選活動，特建議第84會期，自78年11月1日起至12月2日止，立法院暫停開院會及委員會。是否有當？請公決案。」院會決議：「自78年11月1日起至12月2日止，本院停開院會及委員會。」[22]

三、合併若干日爲1次會議

（一）黨團協商同意

立法院第9屆第8會期第1次會議（108年9月17日），黨團協商結論（108年9月3日）：「各黨團同意……每週五及次週二視爲1次院會。」[23]

（二）表決通過

立法院第9屆第6會期全院委員談話會（107年9月14日），時代力量黨團提案：本院時代力量黨團有鑑於近日中國政府針對我國赴中民眾擬發放「居住證」一事，此議題攸關我國之國家人格，並影響我國國民權益甚鉅，政府應積極提出對於狀況掌握程度及應對做法等相關事項，向全國人民報告，爰此建請院會作成決議：「第九屆第六會期開議時間自今日（9月14日）下午2時開始，並邀行政院長賴清德率相關部會首長，於今日下午2時30分，赴立法院就進行專案報告。」是否有當？敬請公決。表決結果，贊成者少數，本案不通過。民進黨黨團提案：本院民進黨黨團，建請第9屆第6會期定於9月21日（星期五）舉行第1次會議（開議日），自9月21日（星期五）起，每週五及次週二視爲1次會；9月21日（星期五）邀請行政院院長率同各部會首長列席進行施政報告並答復質詢；9月25日（星期二）邀請行政院院長率同相關部會首長列席提出有關823中南部水災之治水機制專案報告並備質詢，質詢時間由民進黨黨團、國民黨黨團各2小時，時代力量黨團及親民黨黨團各45分鐘進行。是否有當，

---

22 《立法院議事先例集》，立法院秘書處編印，82年2月，10、11頁；《立法院公報》，第78卷，第56期下冊，院會紀錄，78年7月15日，423頁。其餘案例詳何弘光，《解讀立法院精選案例：了解立法院立法、修法的運作模式》，初版，五南圖書，112年，131-139頁。

23 《立法院公報》，第108卷，第66期上冊，院會紀錄，108年10月4日，3頁。

敬請公決。表決結果，贊成者多數，本案通過。[24]本案係因立法院尚未開議，所以無法經由院會議決合併若干日為1次會。但立法院相關規範並無「談話會」等規定，而《會議規範》第4條、第6條及第7條等「談話會」規定，係指開會不足額時為之，一旦足額時仍應繼續進行會議，又談話會如作成決議，仍須於下次正式會議，提出追認之。與上開立法院之「談話會」並不相同，或可視為國會自律，惟亦可解釋為院會既對談話會決議並無任何異議，應視為默示同意，以資補正。

四、合併若干日及加開為1次會議

立法院第6屆第5會期第4次會議（96年3月16日、20日、22日），通過黨團協商結論（96年3月22日）：「96年3月29日（星期四）下午加開院會，與3月23日（星期五）及3月27日（星期二）視為1次會。」[25]

立法院第8屆第2會期第2次會議（101年10月2日），通過黨團協商結論：「10月15日（星期一）加開院會，並與10月12日（星期五）及10月16日（星期二）視為1次會。」[26]

問題討論

一、合併若干日為1次會得否由院會決議之

本規則第2項明定，本院會議超過1日者，即合併若干院會日為1日，係改變同條第1項之單日1次會，所以須經由黨團協商之同意，始得為之。如黨團協商無法達成共識者，依上開規定，應不得合併若干日為1次會議，即仍須依該條第1項規定，維持單日1次會。

實務有不同意見，認為依《立法院職權行使法》第72條規定，略以：黨團協商結論於院會宣讀後，如有異議，由院會就異議部分表決，如宣讀通過或經異議表決結果，均不得再提出異議。即黨團協商結論還是須經院會通過，始生

---

24 《立法院公報》，第107卷，第79期，全院委員會談話紀錄，107年10月9日，279-283頁。
25 《立法院公報》，第96卷，第25期，院會紀錄，96年4月9日，276頁。
26 《立法院公報》，第101卷，第55期上冊，院會紀錄，101年10月18日，348頁。

效力，故依院會決議大於黨團協商結論之法理，解釋上仍得由院會議決之。而本條第2項規定之目的，係為議事和諧，將「黨團協商」界定為合併若干日為1次會之前置程序要件，即如無法經由黨團協商同意者，還是須回到院會決議。實務上甚至有以談話會通過合併若干日為1次會者，例如立法院第9屆第6會期全院談話會議（107年9月14日），主席：「現在處理民進黨黨團提案，請問院會，有無異議？（無）無異議，通過。」作以下宣告：「第9屆第6會期定於9月21日（星期五）舉行第1次會議（開議日），自9月21日（星期五）起，每週五及次週二視為1次會；9月21日（星期五）邀請行政院院長率同各部會首長列席進行施政報告並答復質詢；9月25日（星期二）邀請行政院院長率同相關部會首長列席提出有關823中南部水災之治水機制專案報告並備質詢，質詢時間由民進黨黨團、國民黨黨團各2小時，時代力量黨團及親民黨黨團各45分鐘進行。報告院會，本次談話會處理事項均已處理完畢，現在散會。」[27]

　　綜上，立法院實務上合併若干日為1次會議已成常態，似宜將本條配合實務修正之。

---

27 《立法院公報》，第107卷，第79期，全院委員談話會紀錄，107年10月9日，279-283頁。

> **第二十一條**（動議以書面為之）
> 本院舉行會議時，出席委員不得提出更正議事錄、臨時提案、會議詢問、權宜問題、秩序問題或其他程序之動議，但得以書面為之。

沿革：

88年1月12日全文修正通過。

✎ 理由

■ 本條新增。

■ 為提升議事效率，使施政報告等質詢會議得以順暢進行，以期妥善運用寶貴時間，爰規定出席委員不得提出更正議事錄、臨時提案、會議詢問、權宜問題、秩序問題或其他程序之動議，僅得以書面為之。

說明：

　　本條規定立法院會議有關更正議事錄、臨時提案及相關程序動議等，除以書面提出者外，一律不得提出之。

一、更正議事錄

　　更正議事錄，係指依本規則第54條規定，略以：每次院會之議事錄，於下次院會時，由秘書長宣讀，出席委員如認為有錯誤、遺漏時，應以書面提出更正，由主席逕行處理。

二、會議詢問

　　會議詢問，原文為Ask a Question，係指與會者不清楚議事規範或程序，而向主席詢問議事有關之資訊。《會議規範》第30條及第32條規定，略以：會議詢問係屬偶發動議，而偶發動議係對議事進行中偶然發生之問題，得提出之動議，且會議詢問是不需任何附議，即可提出之。

　　會議詢問一般可由主席直接答覆，亦可以由相關的權責單位代表答覆。

但詢問之內容為具有爭辯性或批評性之問題，則不屬於會議詢問，主席可以拒絕。[28]

三、權宜問題

權宜問題，又稱權利問題或特權問題，原文為Questions of Right或Questions of Privilege，包括與個人安全或大眾安全有關之問題。[29]《會議規範》第84條規定：「對於議場偶發之緊急事件，足以影響議場全體或個人權利者，得提出權宜問題。」（例如：議場發生喧擾，妨礙出席人之聽覺，出席人得提請主席制止是。）有謂權宜問題的提出，須同時具備三個要件，即（一）所指事件須影響會議本身的權利或個人與會權利；（二）須屬於緊急性質；（三）須與正在討論中的本題無關（即《民權初步》所稱的額外事件）。[30]

有謂權宜問題應遵守下列事項：（一）即時提出，並可於他人發言時提出；（二）不須附議，因為不是真正動議，而是請求；（三）由主席作決定，不須討論；（四）不能修正；（五）不須表決；（六）除散會及休息動議外，對一切動議，有優先的地位；（七）因為是請求，不能應用於其他動議；（八）除請求撤回外，其他動議，不能應用於權宜問題；（九）不能重提。[31]

根據《羅伯特議事規則》，權宜問題毋需附議，不可以討論、重提或修正，也不需要表決，由主席自行裁定受理與否及解決方式。在位階上，權宜問題特權優先，不需要經過主席排定發言次序就可提出。但不優先於散會及休息的動議。[32]惟《會議規範》第86條規定為權宜問題之順序，最為優先，秩序問題次於權宜問題，而先於其他各種動議。《民權初步》第121節散會動議，超乎各動議之先，但權宜問題及秩序問題，因具急要性質，雖於散會動議提出之時行之，亦合秩序。

28 鍾啟岱，《議事學理論與實務》，初版，高雄復文圖書，92年，118頁。
29 同註28，116頁。
30 蔡政順，《立法院議事規則逐條研究》，初版，大中國圖書，74年，314頁。
31 蔡文斌，《會議規範實用》，修訂4版，自版，100年，130-132頁。
32 亨利·羅伯特，王海蓮譯，《羅伯特議事規則》，1版，天津人民出版社，2017年，36、37頁。

四、秩序問題

秩序問題，原文為Questions of Order，原應翻譯為「次序問題」，即與議事次序有關，而與議場秩序無關。但《民權初步》是用文言文寫成，傳統文言文並無「次序」的說法，故翻成近似的秩序問題。[33]

秩序問題就是對會議的進行方式或議案的處理方法所提出的程序性意見。主席必須讓他優先發言，並立刻徵求在場議員的意見或自己決定接納與否。例如《會議規範》第85條規定：「對於議題進行中發生之錯誤，或其他事件，足以破壞議事之秩序者，得提出秩序問題。」（例如：發言超出議題範圍，出席人得請求主席糾正是。）

實務上秩序問題與程序問題常常混用，前者僅係後者之一種類型，如要區別的話，程序問題似應指秩序問題以外之其他程序動議。

五、其他程序之動議

本條規定之更正議事錄、臨時提案、會議詢問、權宜問題、秩序問題等項目，為例示性規定，尚有一概括性規定，即其他程序動議，也就是上述例示性項目外，其他有關程序性之動議，或稱程序問題，亦得以書面提出之。例如本規則第38條規定，與表決有關之程序問題。

六、以書面為之

提案是一種正式的書面提議，而動議係臨時在會場進行時以口頭方式提出者。本條規定立法院舉行會議時，有關更正議事錄、臨時提案、會議詢問、權宜問題、秩序問題或其他程序之動議，不得以口頭方式提出，而是限於以書面方式提出，即立法院會議僅受理書面提議。

七、條文格式

依立法院慣用詞及標點符號（二）標點符號第2點規定，本條但書規定前之標點符號應修正為句號「。」。

---

33 鍾啓岱，《議事學理論與實務》，初版，高雄復文圖書，92年，117頁。

案例：

一、更正議事錄：有關施政質詢日期

立法院第10屆第4會期第4次會議（110年10月8日），報告事項第1案、「宣讀本院第10屆第4會期第2次及第3次會議議事錄。（全文見本期議事錄）」主席：「報告院會，針對第4會期第2次及第3次會議議事錄作以下之宣告：一、第4會期第2次會議議事錄有關施政質詢部分，依110年10月5日朝野黨團協商結論予以更正外，其餘確定；二、第4會期第3次會議議事錄確定。」

立法院第10屆第4會期第3次會議（110年10月1日、5日），因政黨議事杯葛（議場開門時間之爭議），會議無法進行，以致同會期第2次會議議事錄無法在第3次會議予以宣讀並確定。從而，於同會期第4次會議時，一併宣讀第2次及第3次會議議事錄。但同會期第2次會議議事錄記載之行政院院長施政報告並答復質詢。（9月28日）因未舉行，而係依110年10月5日朝野黨團協商結論修正為10月8日。職是，同會期第2次會議議事錄有關施政質詢部分，乃依黨團協商結論予以更正之。[34]

二、其他程序問題：停開院會

立法院第1屆第60會期第15次會議（66年11月25日），吳委員延環提出程序問題，由於現在法案很少，議程上只有兩個案子，如果討論完了，一時沒有案子討論，提議今天下午院會停開，現在散會。無異議，通過。[35]

---

34 《立法院第10屆第4會期第2次會議議事錄》，110年9月24日、28日，17頁；《立法院公報》，第110卷，第74期，院會紀錄，110年10月19日，3頁；第110卷，第78期，院會紀錄，110年10月26日，1頁。
35 《立法院公報》，第66卷，第95期，院會紀錄，66年11月26日，29頁。

問題討論

一、為防議事杯葛得否提出不再處理不符合會議規範之權宜問題等動議

立法院第9屆第3會期第3次臨時會第2次會議（106年8月22日、24日、25日、28日），民進黨黨團提議，除符合會議規範所定權宜問題並經院會主席裁示者外，本次會議不再處理權宜問題、秩序問題、會議詢問等動議。院會記名表決結果，予以通過。[36]

二、本條規定得否限制適用

立法院第3屆第2會期第1次會議（85年9月6日），朝野協商結論（85年9月5日），決定事項：「一、本會期行政院長施政報告並備質詢定於九月廿四日（星期二）上午十時舉行，該次會議不得作議事錄、程序問題、權宜問題、秩序問題、會議詢問及臨時提案之發言……。」[37]

---

36 《立法院公報》，第106卷，第74期下冊，院會紀錄，106年10月12日，73頁。
37 《立法院公報》，第85卷，第40期第1冊，院會紀錄，85年9月11日，237、238頁。

第二十二條（開會時間）

本院會議開會時間為上午九時至下午六時。但舉行質詢時，延長至排定委員質詢結束為止。

出席委員得於每次院會時間上午九時起，就國是問題發表意見，時間不得逾一小時；依其抽籤順序，每人發言三分鐘，並應遵守立法委員行為法第七條第一項之規定。發言時間屆至，應即停止發言，離開發言台。

前項委員發言之順序，應於每次院會上午七時至八時四十分登記，並於上午八時四十分抽籤定之。

已屆上午十時，不足法定人數，主席得延長之，延長兩次，仍不足法定人數時，主席即宣告延會。

沿革

88年1月12日全文修正通過。

第二十二條

本院會議開會時間為上午九時至下午六時。但舉行質詢時，延長至排定委員質詢結束為止。

出席委員得於每次院會時間上午九時起，就國是問題發表意見，時間不得逾一小時；依其抽籤順序，每人發言三分鐘，發言時間屆至，應即停止發言，離開發言台。

前項委員發言之順序，應於每次院會上午七時至八時登記，並於上午八時抽籤定之。

已屆上午十時，不足法定人數，主席得延長之，延長兩次，仍不足法定人數時，主席即宣告延會。

✍ 理由

■條次變更（原條次為第23條）。

■增訂第1項，規定開會時間。

■規定每次會議上午9時起，得有1小時為委員自由發言時間，就國是問題發表意見，為使每位委員均有發言機會，並規定每位委員發言3分鐘，委員發言時間屆滿，仍繼續發言，影響其他委員正當發言機會，以及議事正常進行甚鉅，擬規定發言時間屆至，發言委員應即停止發言並離開發言台。並明定發言順序應先登記，並抽籤決定，以減少爭議，爰增訂第2項及第3項條文如上。

■配合第2項之增訂，原第2項條文酌予修正如第4項。

91年1月15日修正通過。

第二十二條

本院會議開會時間為上午九時至下午六時。但舉行質詢時，延長至排定委員質詢結束為止。

出席委員得於每次院會時間上午九時起，就國是問題發表意見，時間不得逾一小時；依其抽籤順序，每人發言三分鐘，並應遵守立法委員行為法第七條第一項之規定。發言時間屆至，應即停止發言，離開發言台。

前項委員發言之順序，應於每次院會上午七時至八時登記，並於上午八時抽籤定之。

已屆上午十時，不足法定人數，主席得延長之，延長兩次，仍不足法定人數時，主席即宣告延會。

✍ 理由

■為維護國會尊嚴，確立立法委員倫理風範及行為準則，立法委員就國是問題發表意見，仍應秉持理性問政，共同維護議場秩序，爰增訂發言時應遵守立法委員行為法第7條第1項之規定者。

91年11月29日修正通過。

第二十二條

本院會議開會時間為上午九時至下午六時。但舉行質詢時,延長至排定委員質詢結束為止。

出席委員得於每次院會時間上午九時起,就國是問題發表意見,時間不得逾一小時;依其抽籤順序,每人發言三分鐘,並遵守立法委員行為法第七條第一項之規定。發言時間屆至,應即停止發言,離開發言台。

前項委員發言之順序,應於每次院會上午七時至八時十五分登記,並於上午八時十五分抽籤定之。

已屆上午十時,不足法定人數,主席得延長之,延長兩次,仍不足法定人數時,主席即宣告延會。

✍ **理 由**

■ 依據第5屆第2會期第5次會議(91年10月18日)朝野黨團協商結論第4項修正如上。(朝野黨團協商結論第4項:出席委員登記國是論壇之發言,延至當日院會上午8時15分,並於上午8時15分抽籤定之,不受本院議事規則22條第3項規定之限制。並於院會討論議案時,優先修正該規則第22條。)

96年6月14日修正通過。

✍ **理 由**

■ 查本院院會國是論壇登記截止及抽籤時間已於91年11月29日第5屆第2會期第12次會議二讀修正通過,將國是論壇截止登記及抽籤時間延至上午8時15分,然對於中南部及東部地區之立法委員而言極為不便、不公,為維護立法委員公平發言權利,擬提案再予修正延長至8時40分。

說明

本條規定立法院院會開會時間、質詢延長開會時間、國是問題之登記發言,以及立法院院會延後開會事宜。

一、開會時間

本條第1項規定開會時間之前，並無法規明定院會及委員會開會時間，自立法院第1屆第1會期第1次預備會議起，即自上午9時開會，同屆第9會期第16次會議（41年4月11日），決定：「嗣後本院會議如下午繼續上午會議，下午開會時，不必再依議事規則第二十五條之規定查點人數，可由主席酌量實際情形宣告續議。」同屆第90會期第1次會議（81年9月25日），決議：「本院院會及委員會開會時間調整爲上午九時至十二時，下午二時三十分至五時三十分。」俟88年1月12日修正本規則時，才正式明定立法院開會時間爲上午9時至下午6時。實務上院會開會時間上午自9時至12時，下午則是自2時30分繼續開會至下午6時；委員會下午則是開會至5時30分。[38]

二、質詢延長開會時間

質詢就是民意代表對於行政首長就其政策的相關問題提出質疑及詢問，行政首長必須回答該問題，除法律另有規定外，不得拒絕回答。質詢依《立法院職權行使法》第18條規定，可分爲口頭質詢及書面質詢，前者係透過當面對話的方式，予以質問及詢答。口頭質詢之會議次數，同法第16條第2項雖明定由程序委員會定之，實則由議事處依同法第19條及第20條規定之黨團質詢人數及立法委員個人質詢之人數，分別排序，政黨質詢完畢後，再依《立法院組織法》第10條第1項各款順序進行議題分組之個人質詢。因質詢期間每次院會日排定之質詢人數，已載明質詢議程，所以必須於當日質詢完畢，縱使逾下午6時，亦同。從而，本條明定立法院院會舉行質詢時，當然延長至排定委員質詢結束爲止，不受開會時間下午6時之限制。

三、國是問題

因早期立法委員於確定議事錄時，爲偏離主題之發言，浪費院會時間，乃有立法委員倡議仿照美國國會「一分鐘演說」（One Minute Speech）取代之，

---

38 何弘光，《解讀立法院精選案例：了解立法院立法、修法的運作模式》，初版，五南圖書，112年，140-142頁。

該發言毫無範圍，可暢談天下大小事，發言之本身，並非提案。[39]立法院第2屆第4會期第4次會議（83年9月16日），通過朝野協商結論：「……星期五上午九時至十時爲委員論壇時間（官員須列席）……。」[40]自立法院第5次會議起實施，立法院第2屆第4會期第8次會議（83年10月6日），通過朝野協商結論：「……星期五上午九時至十時『國是論壇』……。」[41]嗣後改以國是論壇稱之。立法院第3屆第2會期第1次會議（85年9月6日），通過朝野協商結論：「……四、……國是論壇發言順序之登記、抽籤方式，依第一會期六月十八日起施行之『參加國是論壇須知』辦理，並將登記抽籤人數改以十八人爲上限……。」[42]88年1月12日將「參加國是論壇須知」內容修正納入本條規定，並將「國是論壇」修正爲「國是問題」，惟實務上仍習慣以「國是論壇」稱之。

　　本條規定出席委員得於每次院會時間上午9時起，就國是問題發表意見，時間不得逾1小時，即每次院會日上午9時至10時舉行國是論壇，每人發言3分鐘。實務上因將星期五及星期二合併爲1次院會，所以國是論壇舉行時間爲星期五，惟星期五如無法開會時，亦有改至星期二者。例如立法院第6屆第4會期第10次會議（95年12月1日）通過當日黨團協商結論，決定：「1. 95年12月8日（星期五）停開院會，國是論壇改於95年12月12日（星期二）上午9時至10時進行。」[43]

四、遵守《立法委員行為法》第7條第1項之規定

　　立法院院會係由全體立法委員共同參與，爲利議事程序順利進行，除主席主持議事運作外，尙須立法委員之配合，故本條明定立法委員於會議時，應遵守《立法委員行爲法》第7條第1項之規定，[44]秉持理性問政，共同維護議場及

39 郭登敖，《議事制度之比較》，自版，76年，63、64頁。
40 《立法院公報》，第83卷，第58期，院會紀錄，83年9月21日，63、64頁。
41 《立法院公報》，第83卷，第63期上冊，院會紀錄，83年10月12日，491、492頁。
42 《立法院公報》，第85卷，第40第1冊，院會紀錄，85年9月11日，237、238頁。
43 《立法院公報》，第95卷，第54期，院會紀錄，95年12月11日，40頁。
44 《立法委員行爲法》第7條第1項：「立法委員應秉持理性問政，共同維護議場及會議室秩序，不得有下列行爲：一、不遵守主席依規定所作之裁示。二、辱罵或涉及人身攻擊之言詞。三、發言超過時間，不聽主席制止。四、未得主席同意，插言干擾他人發言而不聽制

會議室秩序。另外，爲維護立法院議場之安全及秩序，立法院院長核定《立法院議場安全維護及管理要點》，該要點於90年1月6日施行，並於同年1月16日以（90）台立議字第0209號函函知立法院全體委員在案。惟因各政黨間議事攻防不斷，立法院秘書長乃於105年7月25日以台立院議字第1050704548號函再次檢送該要點予全體立法委員及各黨團，強調依該要點第7點規定，[45]爲維護本院議場之安全及秩序，請立法委員共同遵守，於會議時，不得攜帶與議事無關之物品進入議場。

五、延後開會

　　法定人數可分爲「法定出席人數」及「法定表決人數」二者。前者係指法令規定開會之最低出席在場人數，而後者則爲法令規定會議可決之最低人數。本條規定之法定人數爲前者，依《立法院職權行使法》第4條規定，略以：立法院會議，須有立法委員總額三分之一出席，始得開會，即目前立法委員依《中華民國憲法增修條文》第4條規定爲113人，故須38人以上出席，始得開會。但上述立法委員總額係以實際報到人數減除會期中辭職、去職或亡故者。

　　立法院院會之開會時間自上午9時開始，但因星期五上午9時至10時爲國是問題時間，所以當日會議時間例外自上午10時開始，惟如已屆上午10時，卻不足法定人數38人，主席得宣告開會時間往後延長之，延長2次，仍不足法定人數時，主席只能宣告延後開會，即流會。

止。五、破壞公物或暴力之肢體動作。六、佔據主席台或阻撓議事之進行。七、脅迫他人爲議事之作爲或不作爲。八、攜入危險物品。九、對依法行使職權議事人員做不當之要求或干擾。十、其他違反委員應共同遵守之規章。違反前項各款情事之一者，主席得交紀律委員會議處。」

45 《立法院議場安全維護及管理要點》第7點：「會議時，委員不得攜帶麥克風、旗杆、棍棒、噴漆、蛋類、汽油、刀械、武器、爆裂物等與議事無關之物品進入會場，並不得破壞議事設備。」

案例：

一、協商結論停止國是論壇

　　立法院第6屆第6會期第2次會議（96年9月14日），朝野協商結論（96年9月12日），9月21日（星期五）當次會議不處理國是論壇及臨時提案。[46]

二、延後開會

　　立法院第9屆第5會期第14次會議（107年5月25日），立法院上午10時應正式開會，但遲至上午10時38分，始由主席宣布開會。[47]

三、宣告延會

　　立法院第3屆第3會期第1次臨時會第1次會議（86年7月28日），出席人數不足，經朝野協商同意，延至8月11日再行召開。其間，8月1日之會議因未足法定人數，主席延至8月5日再舉行院會。8月5日仍未足法定人數，主席延至8月8日舉行院會。因8月8日仍未足法定人數，主席延至8月11日舉行院會。8月11日仍未足法定人數，主席：「本次會議無法舉行，臨時會結束。」[48]

問題討論：

一、本次院會未開會而順延者，如何計算會次

　　立法院第4屆第3會期第3次會議原定於89年3月24日，惟當日不足法定人數未開會，順延至89年3月28日召開第4屆第3會期第3次會議。[49]即本次院會未開會而順延者，日期雖往後延，但會次不變，即仍計入當次會議。

---

46 《立法院公報》，第96卷，第63期，院會紀錄，96年10月8日，20頁。
47 《立法院公報》，第107卷，第62期第1冊，院會紀錄，107年6月20日，1頁。
48 《立法院公報》，第86卷，第32期第8冊，附錄，86年9月17日，3245、3246頁。
49 《立法院公報》，第89卷，第13期，院會紀錄，89年4月1日，403頁。

二、立法院得否舉行視訊會議

立法院有關視訊會議之規定，僅有109年3月16日經院長核定修正之《立法院各委員會舉行公聽會兼採視訊方式辦理要點》。即視訊會議僅適用於「公聽會」，至於委員會「全體委員會議」是否採行視訊會議，尚乏明文規定，於是由程序委員會先作測試，即立法院程序委員會第10屆第1會期第4次會議（109年3月31日），為配合本院防疫措施規劃之時程，本日進行視訊會議測試，本會委員以視訊方式參加者，均視為親自出席本次會議。嗣後，其他委員會則陸續加入，例如立法院外交及國防委員會（111年4月27日），主席表示，本日會議有林昶佐委員申請視訊方式來質詢，這也是本會自疫情以來第1次的視訊詢答，因為林委員是本會的委員，且在視訊詢答之前要有一些連接訊號、準備裝置等工作，為了讓議程能夠順暢，我們將林委員詢答時間安排在本會委員大致詢答結束之後，會休息5分鐘，之後再來進行。[50]另外，視訊會議進行表決部分，則有立法院程序委員會第10屆第6會期第9次會議（111年11月15日），民進黨黨團（邱委員泰源）提議：針對第10屆第6會期第8次會議議事日程，建請僅限列議事日程草案報告事項、各黨團增列報告事項及質詢事項。決定：照案通過。〔經表決結果，在場委員17人（含視訊委員1人），贊成者9人（含視訊委員1人），反對者7人，棄權者1人；贊成者多數，通過。〕

立法院「院會」得否採行視訊會議，同樣亦無明文規定。立法院第10屆第3會期第13次會議（110年5月21日）立法院黨團協商結論（110年5月20日）決定事項：「……三、各黨團同意5月21日院會由主席擇定時段進行視訊會議表決功能測試。」立法院第10屆第5會期黨團協商會議（111年5月6日），主席表示，略以：「……疫情緊張，所以我們應該要談一下國會如何因應？依照職權行使法的規定，我們是三分之一就可以成會，就達到法定人數，目前是還不會影響開會。第三，我們視訊會議的整備，上一次已經試辦、試用，所以整備已經完成。第四，要向大家報告，就是今天要請大家幫忙提供寶貴意見，就是大家交換意見，我們應該要考慮接下來如果疫情緊急的時候，要不要視訊會議？大家研究一下，大家有一些共識，我們有所遵循。其次，發生到什麼時候，我

---

50 《立法院公報》，第111卷，第67期，委員會紀錄，111年5月26日，100、132、133頁。

們採取部分動員？因為三分之一就可以了，表示各黨都超過三分之一出席就可以輪班，我們要採取這個做法嗎？如果不要，就是大家共同做一個決定。法國和德國有法源；美國、日本、英國是沒有規定，沒有規定要怎麼處理？事實上我們是沒有這個問題，因為我們大法官會議有解釋，這個屬於國會自律事項，所以只要我們黨團協商就可以，就是沒有法源沒有關係，只要黨團大家覺得該停會就停會，或者部分動員就部分動員，或者要採取視訊就採取視訊，所以這個完全在我們黨團協商的職權範圍。我們已經把視訊完備，要開視訊都沒有問題，如果到時候真的要與病毒共存，視訊是不是可以跟實體一起做？有部分的人在家裡，譬如染疫確診的人在家裡，隔離的人也在家裡，剩下的可以來立法院，可以共用，至少委員會沒有問題。」[51]嗣後，院會仍無進行視訊會議。

立法院未來如須採行視訊會議，可參採比較立法例之方向，說明如下：

（一）加拿大

加拿大國會基於領土地廣人稀及撙節交通經費支出之原因，不論院會或各委員會召開會議時，皆可允許採用視訊方式開會，且不需要經過任何許可程序。雖然原則上院會或各委員會所召開任何形式之會議（包含審查議案會議及公聽會）皆可採用視訊會議，惟實務執行上視訊會議方式多出現於公聽會。曾有針對出席會議之國會議員倘若利用視訊會議方式參加委員會開會，是否可計入法定人數而引發爭議。[52]加拿大《下議院議事規則》第15條規定，[53]略以：議員可以親自或透過視訊會議參加眾議院及其委員會的會議，並按照法定人數計算，前提是遠端參與的議員必須是在加拿大。

---

51 《立法院公報》，第111卷，第65期下冊，黨團協商紀錄，111年5月24日，535-541頁。

52 游千慧，《加拿大國會採視訊會議方式制度簡介》，立法院法制局，議題研析，編號：R00181號，106年4月。

53 加拿大下議院議事規則，https://www.ourcommons.ca/procedure/standing-orders/index-e.html，最後瀏覽日期：112年11月24日。

（二）西班牙

西班牙《眾議院議事規則》第82條[54]及《參議院議事規則》第92條[55]等規定，略以：西班牙眾議院及參議院議員被允許通過遠端電子系統進行投票，但前提是由於某些正當理由而無法出席全體會議。例如懷孕、生育、流產、陪產或其他異常嚴重的情況，無法參加會議阻礙其職權行使，經議員請求並考量充分合理性情況下，可以授權經由遠端電子程序進行投票。

三、民主議會不應有反質詢

反質詢之定義，依《奧瑞岡式辯論比賽規則》第八章答辯規定第45條：「反質詢　答辯者對問題有不明確時，可以要求質詢者重述其問題，但不得因此對質詢者提出任何反問或反要求。」[56]復依《奧瑞岡三三三制辯論規則》第12條：「反質詢　答辯者不得對質詢者提出詢問，否則視為違規。答辯者提出反質詢時，質詢者得要求其停止，並拒絕回答。」[57]依上述規定，答辯者除因對問題不明確而要求質詢者重述其問題外，不得對於質詢者提出任何詢問、反問或反要求等「反質詢」，即不得「以問代答」來「閃躲問題」。違者，構成違規事由。

辯論規則之所以明定「反質詢」之禁止，係因辯論賽制，正反兩方基於平等競爭之地位，本來就互有質詢對方之權利及回答對方之義務，經由相互攻防之詢答結果，來評論勝負。反之，如果允許反質詢存在，將造成答辯者為閃避回答之義務，反而以質詢者姿態居之，混亂質詢者與回答者之角色，破壞辯論規則之公平性。所以反質詢的前提是本身具有質詢權，但為比賽公平考量而予以禁止。

議會之質詢，係指議員經由質詢以了解政府施政的內容與方針，並督促

---

54 西班牙眾議院／機構／規則／大會章程／眾議院議事規則，https://www.congreso.es/web publica/ficherosportal/standing_orders_02.pdf，最後瀏覽日期：112年11月24日。
55 西班牙參議院／開始／了解參議院憲法、法規和其他規範／參議院條例，https://www.senado.es/web/conocersenado/normas/reglamentootrasnormassenado/detallesreglamentosenado/index.html#t6c1s2，最後瀏覽日期：112年11月24日。
56 國際青年商會中華民國總會，http://www.taiwanjc.org.tw/，最後瀏覽日期：112年10月11日。
57 中華民國仲裁協會，http://www.arbitration.org.tw/，最後瀏覽日期：112年10月11日。

政府糾正官員的違法或失職行為，也就是說「質詢權」就是「監督權」，議員就是代表民意之監督者，而政府機關就是被監督者，二者不同於上述辯論雙方之競爭關係，即質詢權專屬於民意代表，政府官員並無質詢權，所以並無相互質詢之情事，自然也無明定反質詢之必要。即議員行使質詢權，就是代表民意監督政府機關，而政府官員對於議員之質詢有回答之義務，就是貫徹被民意監督之地位。如果允許政府官員反質詢議員，等同賦予被監督者質詢權，造成被監督者非但不受監督，反而可以對抗監督者之亂象，所以在民主國家中，議會根本不容許有反質詢之情事發生，自亦不待明文規定。惟實務上因政府官員之「反質詢」狀況不斷，以致立法院及部分地方議會迫於無奈而將其入法。

綜上，根本解決之道，還是要回歸憲政民主之真諦，即被質詢者（被監督者），並無質詢權，故除因對質詢問題不明確而要求質詢者重述其問題外，不得對於質詢者（監督者）提出任何詢問、反問或反要求等。[58]

---

58 參閱我在立法院／問題討論／議會是否適用反質詢？https://eva-ho.blogspot.com/search/label/%E5%95%8F%E9%A1%8C%E8%A8%8E%E8%AB%96，最後瀏覽日期：112年10月11日。

第二十三條（報告事項及異議）

議事日程所列報告事項，按次序報告之。

報告事項內程序委員會所擬處理辦法，如有出席委員提議，八人以上連署或附議，得提出異議，不經討論，逕付表決。如在場委員不足表決法定人數時，交程序委員會重新提出。

前項出席委員提出異議時，不足連署或附議人數，依程序委員會所擬處理辦法通過。

沿革

88年1月12日全文修正通過。

第23條

議事日程所列報告事項，按次序報告之。

報告事項內程序委員會所擬處理辦法，如有出席委員提出異議，經三十人以上連署或附議，不經討論，逕付表決。如在場委員不足表決法定人數時，交程序委員會重新提出。

✍ 理由

■ 條次變更（原條次為第24條）。

■ 第2項「十人」修正為「三十人」，並明定在場委員不足法定人數時之處理方式，以資明確。

91年1月15日修正通過。

第23條

議事日程所列報告事項，按次序報告之。

報告事項內程序委員會所擬處理辦法，如有出席委員提議，十五人以上連署或附議，得提出異議，不經討論，逕付表決。如在場委員不足表決法定人數

時，交程序委員會重新提出。

前項出席委員提出異議時，不足連署或附議人數，依程序委員會所擬處理辦法通過。

✍ 理由

■ 按動議之後，徵求出席委員之附議，本屬主席之權責。限制對於報告事項之異議，只得於獲得法定連署人數後始得提出，固可收減少對於報告事項異議之效，但同時亦排除即時查覺有異議必要時提出之機動性，且《民權初步》第36節雖認為動議均須附議，但亦有議事學者主張，出席人之動議均有被討論之權，不應以附議限制之，此際，如根本不為之徵求附議，是否有限制過度的後遺症，值得深思。

■ 連署或附議人數不足時，究應由程序委員會再行提出？抑或逕依程序委員會所擬處理辦法通過？按程序委員會對報告事項之建議處理方案，係院會處理之基準，如無成案之不同意見，自照程序委員會原擬之處理辦法通過；如雖有不同意見，但因連署或附議人數不足，亦應視之為不成案，自仍應照程序委員會原擬之處理辦法通過。

■ 《立法院職權行使法》第75條已明定，符合同法第33條規定之黨團，得以黨團名義提案，不受本法有關連署或附議人數之限制。故黨團提案不受第1項規定之限制，乃屬當然，為免贅述，因此未予明定。

96年11月30日修正通過。

✍ 理由

■ 配合立法委員人數減半，按比例酌減本條連署或附議人數半數。

說明

本條規定議事日程報告事項及其異議之處理方式。

一、報告事項按次序報告之

議事日程所列報告事項之處理，係按其編列次序，依序向會眾報告之。

二、程序委員會擬處理辦法

程序委員會對於議事日程所列報告事項，依相關法規擬定處理意見。即原則上係依《立法院程序委員會組織規程》第5條規定，以各常設委員會對應之政府機關各部會，予以分配議案之事務性管轄，無規定者則例外參考相關案例分配之。[59]另外，程序委員會依《立法院職權行使法》第8條及第60條等規定，分別予以建議交付審查或備查。但程序委員會不得於編列行政命令之議程時，逕行建議交付審查。[60]

三、異議

出席委員如對於報告事項內，程序委員會所擬處理辦法，提出不同意見者，即為異議。

（一）要件

出席委員對於程序委員會擬處意見，提出異議之要件，為須經8人以上連署或附議。但由黨團提出異議者，無須連署或附議。

（二）類型

出席委員對於程序委員會擬處意見，提出異議之類型，因其異議內容而有所不同。

1.退回程序委員會

出席委員如不贊成程序委員會擬處意見，應提出其他具體意見。惟實務上

---

59 何弘光，《解讀立法院精選案例：了解立法院立法、修法的運作模式》，初版，五南圖書，112年，312-319頁。
60 同註59，56-58頁。

往往係出於政治考量或杯葛緣故，要求退回程序委員會重新提出，其異議之內容即為退回程序委員會。

2. 改交其他委員會

程序委員會對該報告事項之擬處辦法為交付○○委員會，而出席委員有不同意見者，其異議之內容即為改交其他委員會。另外，改交其他委員會並不限於1個委員會，即2個以上委員會亦可。

3. 改交審查

程序委員會對該報告事項之擬處辦法為交付○○委員會，而出席委員有不同意見者，其異議之內容即為交付○○委員會「審查」。

4. 改交其他委員會審查

程序委員會對該報告事項之擬處辦法為交付○○委員會審查，而出席委員有不同意見者，其異議之內容即為改交其他委員會審查。另外，改交其他委員會審查並不限於1個委員會，即2個以上委員會亦可。

5. 逕付二讀

逕付二讀，係指議案一讀後不須經由交付委員會審查之程序，直接進入院會二讀程序。出席委員提議逕付二讀，性質上亦屬對程序委員會意見之異議，惟因《立法院職權行使法》第8條第2項但書有特別規定，即逕付二讀之連署或附議之人數為20人，無論從法位階、連署或附議之人數觀察，上開規定應屬本條之特別規定，故應優先適用。但立法院實務上，卻是先處理退回程序委員會之異議，如未通過才處理逕付二讀之異議。

（三）處理

本條有關異議之處理情形如下：

1. 不足連署或附議人數

出席委員之異議，如不足連署或附議人數，則依程序委員會所擬處理辦法通過。實務上異議提出者多爲黨團，故無連署或附議人數之問題。

2. 不足表決法定人數

所謂表決法定人數，係指法定最低可決人數，因出席開會人數達到出席法定人數時，即可開始進行會議，而會議中會眾來來去去，現場出席人數一定會有所增減，在沒有清點人數的狀況下，縱使現場人數低於出席法定人數，只要表決人數符合法定最低可決人數者，仍屬有效之表決。例如《立法院各委員會組織法》第3條規定：「立法院各委員會席次至少爲十三席，最高不得超過十五席。」同法第6條規定：「各委員會會議須有各該委員會委員三分之一出席，方得開會。」所以委員會開會之出席法定人數爲5人以上。同法第10條規定：「各委員會之議事，以出席委員過半數之同意決之；可否同數時，取決於主席。但在場出席委員不足三人者，不得議決。」因委員會之議事須以出席委員過半數之同意決之，所以出席人數即5人之過半，至少3人以上，始有可決之結果。準此，所謂的在場出席委員不足3人者，不得議決，此「3人」即爲表決法定人數，且爲最低可決人數，也就是指須贊成者3人，始爲可決而言。惟因院會係採用表決器進行表決，所以只會顯示出席人數而無表決人數，即實務上表決法定人數係以出席法定人數取代之。

不足表決法定人數時，則交程序委員會重新提出，例如立法院第10屆第3會期第11次會議（110年5月7日），報告事項第23案、「本院委員王定宇等18人擬具『台灣馬格尼茨基人權問責法草案』，請審議案。」程序委員會意見：「擬請院會將本案交司法及法制委員會審查。」主席：「國民黨黨團提議本案退回程序委員會重新提出。請問院會，有無異議？（有）有異議，進行表決……。」「報告院會，因不足表決法定人數，依立法院議事規則第二十三條規定，本案作如下決定：退回程序委員會重新提出。」[61]

---

61 《立法院公報》，第110卷，第53期上冊，院會紀錄，110年5月21日，3、4頁。

3. 進行表決

(1) 表決多數通過

　　表決多數通過，院會決定為退回程序委員會，即須待程序委員會重新排入院會議事日程，例如立法院第9屆第3會期第13次會議（106年5月12日），報告事項第9案、「本院委員徐榛蔚等27人擬具『前瞻基礎建設特別條例草案』，請審議案。」程序委員會意見：「擬請院會將本案交經濟、財政、內政、教育及文化、交通、社會福利及衛生環境六委員會審查。」主席：「民進黨黨團對本案有異議，建議退回程序委員會重新提出，請問院會，有無異議？（有）有異議。既有異議，交付表決。現在進行表決。」「報告表決結果……贊成者多數，本案退回程序委員會重新提出。」[62]

(2) 表決少數不通過

　　表決少數不通過，院會決定為依程序委員會意見，例如立法院第9屆第1會期第21次會議（105年7月15日），報告事項第5案、「本院委員楊曜等17人擬具『海岸巡防法第五條條文修正草案』，請審議案。」程序委員會意見：「擬請院會將本案交內政委員會審查。」主席：「請問院會，對本案照程序委員會意見處理，有無異議？（有）有異議。既有異議，交付表決。」「報告表決結果……贊成者少數，國民黨黨團提議不通過。」[63]

　　對於一個議案如同時存在上述事由時，實務上院會處理方式之順序為退回程序委員會、逕付二讀、改交○○委員會審查。其中一個通過，其餘均不予以處理。反之，一個未通過，則繼續處理下一個，至最後一個異議處理完畢為止，如果皆未通過者，則依程序委員會意見。

案例

一、提出異議退回程序委員會重新提出

　　立法院第10屆第6會期第3次會議（111年10月7日），報告事項第44案、

---

[62] 《立法院公報》，第106卷，第54期，院會紀錄，106年5月23日，7-9頁。
[63] 《立法院公報》，第105卷，第59期，院會紀錄，105年7月22日，7、8頁。

「本院委員游毓蘭等19人擬具『教育人員任用條例第二條及第三十一條條文修正草案』，請審議案。」程序委員會意見：「擬請院會將本案交司法及法制、教育及文化兩委員會審查。」時代力量黨團提議本案退回程序委員會重新提出，因無異議。主席宣告，本案退回程序委員會重新提出。[64]

立法院第10屆第5會期第1次會議（111年3月1日），報告事項第55案、「行政院函請審議『威權統治時期國家不法行爲被害者權利回復條例草案』案。」程序委員會意見：「擬請院會將本案交司法及法制委員會審查。」國民黨黨團提議本案退回程序委員會重新提出，因有異議，進行表決。針對國民黨黨團提議本案退回程序委員會重新提出進行表決，民進黨黨團、時代力量黨團要求記名表決，時間1分鐘，現在開始。主席宣告，報告表決結果：「出席委員68人，贊成者6人，反對者58人，棄權者4人，贊成者少數，不通過，本案照委員會委員會意見通過。」[65]

二、在場委員不足表決法定人數

立法院第10屆第5會期第11次會議（111年5月6日），報告事項第114案、「本院時代力量黨團擬具『中華民國刑法部分條文修正草案』，請審議案。」程序委員會意見：「擬請院會將本案交司法及法制委員會審查。」國民黨黨團提議本案退回程序委員會重新提出，因有異議，進行表決。主席宣告，現在針對國民黨黨團提議退回程序委員會重新提出進行表決。現有時代力量黨團要求記名表決。記名表決，時間1分鐘，現在開始。主席宣告，報告表決結果：「出席委員19人，贊成者15人，反對者3人，棄權者1人。報告院會，因出席表決委員不足法定人數，依立法院議事規則第二十三條之規定，本案作如下決定：退回程序委員會重新提出。」[66]

《立法院職權行使法》第4條規定，略以：立法院會議須有立法委員總額三分之一出席，始得開會，即立法院院會出席法定人數爲立法委員總額113

---

64 《立法院公報》，第111卷，第88期，院會紀錄，111年10月26日，5頁。
65 《立法院公報》，第111卷，第34期，院會紀錄，111年3月10日，10頁。
66 《立法院公報》，第111卷，第66期上冊，院會紀錄，111年5月25日，12、13頁。

人[67]的三分之一即38人，表決法定人數依同法第6條規定，略以：立法院會議之決議，原則上以出席委員過半數之同意，即立法院院會表決法定人數爲出席法定人數38人過半之20人。本案例出席委員19人即指在場委員19人，不足表決法定人數20人，所以院會決定退回程序委員會重新提出。惟實務上仍係採出席法定人數38人計算之。

問題討論：

一、程序委員會得否主動將退回法律案重新排入議程

　　法律案如經出席委員依《立法院議事規則》第23條第2項及第3項規定，對於程序委員會意見提出異議，並經8人以上連署或附議，或黨團提出異議，主席即宣告，不經討論，逕付表決，如果表決結果爲多數通過，院會決定爲退回程序委員會者，即該法律案一讀未通過，須待程序委員會重新排入院會議事日程。惟實務上程序委員會對於法律案因委員或黨團之異議而被退回程序委員會時，基於對委員或黨團之尊重，所以程序委員會原則上是不會主動再將該等議案重新排入議程，而係由黨團或程序委員會委員以提出增列院會議程草案，或由黨團或委員提出抽出動議，即自程序委員會抽出排入院會議程等方式爲之。但如未依上述實務方式處理者，該法律案將繼續躺在程序委員會，直到換屆爲止，依《立法院職權行使法》第13條規定之屆期不連續原則，而毋庸處理。

二、逕付二讀之法律案是否須交黨團協商

　　立法院第5屆第3會期第6次會議（92年4月4日），報告事項第18案、「本院委員高志鵬等79人擬具『公職人員選舉罷免法第六十九條條文修正草案』，請審議案。」經民進黨黨團及台聯黨團提議逕付二讀，院會決定，逕付二讀，並由民進黨黨團召集協商。[68]嗣後，院會決定逕付二讀之法律案，均循此例交

67 93年8月23日立法院通過憲法修正案，並於94年6月7日經國民大會複決通過，經總統於94年6月10日公布，立法委員自第7屆起更改爲113人，其中直轄市、縣市73人，每縣市至少1人；平地原住民及山地原住民各3人，全國不分區及僑居國外國民共34人。
68 《立法院公報》，第92卷，第17期上冊，院會紀錄，92年4月16日，5頁。

黨團協商，即逕付二讀之法律案，原則上法無明定須交黨團協商，而係例外經由黨團協商決定。從而，日後如對逕付二讀之法律案，於主席宣告依例交黨團協商時，因係「依例」，故如有異議者，仍可提出處理之，惟實務上逕付二讀之法律案如不循例交黨團協商者，仍係以黨團協商方式予以排除之，例如立法院第9屆第4會期第7次會議（106年11月7日），黨團協商結論，決定事項：「一、『有線廣播電視法第三十三條及第六十一條條文修正草案』（如後附草案），各黨團同意共同提案並列入第4會期第9次會議報告事項，院會處理時逕付二讀，並列爲同次會議討論事項第1案，並照提案內容通過，完成立法程序。」[69]

　　嗣後，立法院第11屆第1會期第15次會議（113年5月28日）三讀通過之《立法院職權行使法》增訂第74條之1規定：「依第八條所定逕付二讀之議案，應交付黨團協商，並由提案委員或所屬黨團負責召集，並適用本法第七十條至第七十四條之規定。」已將上開案例正式入法，並經總統於113年6月24日公布。

三、報告事項得否包裹方式處理

　　本規則第8條規定，略以：議事日程所列報告事項，按次序報告之，報告事項內程序委員會所擬處理辦法，如有出席委員提議，8人以上連署或附議，得提出異議，不經討論，逕付表決。準此，報告事項應按次序逐案報告及逐案處理之，不宜以包裹方式處理。惟實務上，如遇報告事項數量過多者，爲求議事簡便，近年來均採行包裹方式處理之。例如立法院第10屆第5會期第12次會議（110年5月13日），主席：「報告院會，第一三四案至第四四六案請依序宣讀，其中第一三八案、第一四二案至第一四六案、第一六九案、第一七二案、第一七五案、第一七六案、第一八一案、第一八六案、第一九八案、第一九九案、第二○八案、第三七五案、第三八五案、第四二九案，國民黨黨團提議改交審查；第一三五案、第一三八案、第一四三案、第一六三案至第一六五案、第二四七案、第二五○案、第二八四案、第三○九案、第三一九案、第三三六

---

69 《立法院公報》，第106卷，第90期，黨團協商紀錄，106年11月21日，562頁。

案、第三四四案、第三四五案、第三四九案、第三五一案、第三六五案、第三六六案、第三六九案、第三七〇案、第四二〇案、第四二一案、第四四四案、第四四五案，台灣民眾黨黨團提議改交審查；第一三七案、第一三八案、第一四〇案、第一四二到第一四六案、第一七三案、第一七四案、第一七七案、第一七九案、第一八一案、第一八五案、第二一一案、第二二一案、第二二二案、第二二四案、第二三六案到第二三八案、第二四七案、第二五四案、第二五九案、第三〇五案、第三一三案、第三四〇案、第三七三案、第三七五案、第三八三案、第三八五案、第三八六案、第四〇四案、第四二四案、第四二五案，時代力量黨團提議改交審查；宣讀後，以上提案均改交相關委員會審查，其餘議案均照議事處意見通過。請問院會，有無異議？」（無）無異議。宣讀後，通過。請宣讀。[70]

四、異議得否將議案以包裹式提出

報告事項原則上應按次序逐案報告及逐案處理之，所以異議亦逐案提出為宜。惟實務上亦採行以包裹式提出異議。試舉數案例如下：

立法院第4屆第1會期第16次會議（88年6月15日），提出報告事項第47案至第136案均退回程序委員會重新提出之異議。院會表決結果：均退回程序委員會重新提出。[71]

立法院第9屆第5會期第4次會議（107年3月20日），提出報告事項第7案至第188案及質詢事項均退回程序委員會之異議。院會表決結果：均退回程序委員會重新提出。[72]

立法院第9屆第8會期第12次會議（108年11月29日），提出報告事項第2案至第23案均退回程序委員會之異議，無異議通過。提出報告事項第25案至第212案及質詢事項均退回程序委員會之異議，有無異議？有異議，院會表決結果：均退回程序委員會重新提出。[73]

---

70 《立法院公報》，第111卷，第71期上冊，院會紀錄，111年6月1日，23、24頁。
71 《立法院公報》，第88卷，第40期第8冊，院會紀錄，88年9月25日，3097頁。
72 《立法院公報》，第107卷，第22期，院會紀錄，107年4月2日，17頁。
73 《立法院公報》，第108卷，第101期第4冊，院會紀錄，108年12月25日，194、195、216頁。

五、黨團得否對程序委員會報告事項之意見提出補充

　　立法院第6屆第4會期第2次會議（95年9月29日），報告事項第2案、「委員呂學樟等提出總統（陳水扁）罷免案」，程序委員會意見為交全院委員會審查，親民黨黨團提議本案處理如下：建請於10月11日（星期三）、12日（星期四）召開全院委員會審查，並於10月13日（星期五）提報院會記名投票表決，該提議經院會表決通過。[74]

六、委員提議退回報告事項，該委員之黨團得否提出異議

　　立法院第9屆第5會期第4次會議（107年3月20日），國民黨立法委員等對該次會議報告事項要求退回程序委員會重新提出，惟國民黨黨團對其委員退回之提議提出異議，而逕付表決，院會決定，對退回程序委員會之異議不通過。[75]

　　上開案例原先是國民黨黨團提出異議，退回程序委員會，再由該黨團委員對黨團提出異議，主席表示委員怎麼可以反對自己的黨團，請用個別委員提案，不要用黨團的名義。所以改由委員要求退回程序委員會重新提出，再由該黨團對退回程序委員會之提議，表示異議，而進行表決。

七、異議同時有退回及逕付二讀等2案之處理

　　立法院第9屆第7會期第6次會議（108年3月22日），主席：「針對（報告事項）第23案，國民黨黨團提議逕付二讀，表決結果，少數不通過。民進黨黨團提議退回程序委員會重新提出，贊成者多數，本案退回程序委員會重新提出。」本案之異議理由係因先處理逕付二讀後，再提出退回程序委員會，所以才不同往例先處理退回之異議，故本案例之處理順序為特例，卻是符合法制的方式。實務上異議有數個時，仍先處理退回之程序委員會重新提出。[76]

　　立法院第9屆第8會期第13次會議（108年12月6日），時代力量黨團擬具「財團法人法第七十五條條文修正草案」，請審議案。程序委員會意見：「交

---

74 《立法院公報》，第95卷，第38期，院會紀錄，95年10月13日，1、2頁。
75 《立法院公報》，第107卷，第22期，院會紀錄，107年4月2日，1-17頁。
76 《立法院公報》，第108卷，第26期上冊，院會紀錄，108年4月16日，5、6頁。

司法及法制委員會審查。」主席：「報告院會，本案現有兩項提議，一、時代力量黨團提議逕付二讀，由時代力量黨團負責召集協商。二、國民黨黨團提議退回程序委員會重新提出。循例先處理退回程序委員會重新提出部分，請問院會，對國民黨黨團提議退回程序委員會重新提出有無異議？（有）有異議，進行表決。」「報告表決結果：出席委員4人，贊成者1人，反對者3人，棄權者0人，因人數不足法定人數，依規定退回程序委員會重新提出。」「我們重新更正，因為人數不足，不是退回原來的案子，而是回歸到原來的案子，所以不是退回程序委員會，而是回歸到由程序委員會來處理。但是時代力量黨團提議逕付二讀，現在就處理時代力量黨團的提議。本案逕付二讀，由時代力量黨團負責召集協商，請問院會有無異議？（有）有異議，進行表決。」「報告表決結果：出席委員47人，贊成者3人，反對者44人，棄權者0人，贊成者少數，不通過，本案照程序委員會意見通過。」[77]

同一案之異議事由可能不限於1種，即退回程序委員會及逕付二讀均為異議事由之一種，應分別處理，其中一個通過，其餘均不予以處理。反之，一個未通過，則繼續處理下一個，至最後一個異議處理完畢為止，如果皆未通過者，則依程序委員會意見通過。

---

[77] 《立法院公報》，第108卷，第101期第1冊，院會紀錄，108年12月25日，11、12頁。

第二十四條（變更議程之處理）
報告事項畢，除有變更議程之動議外，主席即宣告進行討論事項。

沿革

88年1月12日全文修正通過。

✍ 理由

■條文中之「除有臨時動議外」修正爲「除有變更議程之動議外」。

說明

　　本規則第17條規定，主席或出席委員（加上15人以上之連署或附議）得提議變更議事日程，將未列入議事日程應先處理事項，增列至議事日程，或已列入議事日程而順序在後者，調整在前者。而變更議程之程序，係對於已經程序委員會審定的議事日程或院會確認之議事日程，進行增加或順序調整者，有關變更議程之提案，應於何時提出，法無明定。立法院第3屆第4會期第18次會議（86年11月11日），其他事項：「……二、委員於討論事項前所提變更議程議案，須於處理前提出，在處理中提出者不予處理。嗣後會議仍依此處理。」[78]準此，88年1月12日乃將變更議程之處理時間明定於本條規定。

問題討論

一、變更議程不足法定人數之處理

　　立法院第1屆第33會期第39次會議（53年8月4日），討論事項第1案、「本院內政、司法兩委員會報告併案審查行政院函請審議醫師法修正草案及考試函送對醫師法修正案有關條文修正意見案案。」吳委員延環提議變更議程先討論第2案，即將第2案改成第1案，因表決人數不足，主席表示在表決之前先

---

78 《立法院第3屆第4會期第18次會議議事錄》，86年11月11日，85頁。

討論第1案。[79]嗣後，即按上述成例處理，例如立法院第5屆第1會期第15次會議（91年5月17日），主席：「剛才台聯黨團提出變更議程動議，黃委員昭順表示有異議，因此須交付表決，在按鈴7分鐘後即進行處理，此時只要有人表示反對，就要以表決決定，現在請在場委員就座，我們再次清點人數。（清點人數）」「報告院會，現在在場委員人數58人，不足表決人數，本案暫不處理。[80]進行討論事項第1案。」

二、施政質詢期間得否變更議程

立法院第6屆第6會期第8次會議（96年10月26日）通過黨團協商結論（96年10月19日），決定事項：「一、同意第八次會議10月26日（星期五）對行政院院長施政報告質詢前，先行處理『公職人員選舉罷免法修正草案』。」[81]

立法院第8屆第2會期第8次會議（101年11月9日），依黨團協商結論，各黨團同意第8次會議報告事項第2案各黨團擬具「立法院組織法第三十二條條文修正草案」逕付二讀，列為本次會議討論事項第1案（原定討論事項順序依序遞延），該案並於11月9日（星期五）對行政院院長施政報告繼續質詢前先行處理。[82]

立法院第8屆第4會期第8次會議（102年11月1日），依黨團協商結論，各黨團同意第8次會議報告事項第91案行政院函請審議「海關進口稅則部分稅則修正草案」逕付二讀，列為當次會議討論事項；於11月5日（星期二）對行政院院長施政報告質詢後，隨即處理。[83]

三、得否自委員會大量抽出議案並變更議程

立法院第8屆第7會期第11次會議（104年5月12日），院會處理台聯黨團變更議程自第6案至第259案時，台聯黨團提散會動議，院會決定少數不通過。主席宣告，繼續進行台聯黨團提議變更議程至第262案，休息。處理臨時提案、

---

79 《立法院公報》，第53卷，第33會期，第19期，院會紀錄，53年8月14日，82-86頁。
80 《立法院公報》，第91卷，第35期上冊，院會紀錄，91年5月29日，29、30頁。
81 《立法院公報》，第96卷，第69期，院會紀錄，96年11月7日，80頁。
82 《立法院公報》，第101卷，第68期上冊，院會紀錄，101年11月21日，50頁。
83 《立法院公報》，第102卷，第65期上冊，院會紀錄，102年11月20日，348頁。

復議案，散會。[84]

四、協商結論得否將議案逕付二讀並變更議程增列為討論事項

立法院第6屆第5會期第2次會議（96年3月2日），通過黨團協商結論，「二二八事件處理及補償條例修正草案（行政院版）」由內政及民族委員會抽回院會逕付二讀，並列為本次會議討論事項第2案。[85]

立法院第8屆第8會期第1次會議（104年9月15日），通過黨團協商結論，本次會議報告事項「所得稅法部分條文修正草案」、「證券交易稅條例第二條條文修正草案」，院會處理時均逕付二讀，並增列為本次會議討論事項第1案及第2案。[86]

立法院第9屆第4會期第7次會議（106年11月7日），通過黨團協商結論，「有線廣播電視法第三十三條及第六十一條條文修正草案」，各黨團同意共同提案並列入第4會期第9次會議報告事項，院會處理時逕付二讀，並列為同次會議討論事項第1案，並照提案內容通過，完成立法程序。[87]

五、議程草案確認後，提議抽出並變更列入當次議程

立法院第8屆第5會期第11次會議（103年5月23日），議事日程確認後，於103年5月27日進行討論事項前，先處理變更議程之動議，民進黨黨團提議將委員陳其邁等21人擬具「全民健康保險法第二十七條條文修正草案」案，自委員會抽出，逕付二讀，列為本次會議討論事項第3案，並由民進黨黨團負責召集協商。經表決結果不予通過。[88]

六、議案草案確認後，得否處理變更議程

立法院第9屆第3會期第3次臨時會第2次會議（106年8月29日），主席宣告：本次會議議事日程草案經提報院會確認在案，變更議程提案均不予處

84 《立法院公報》，第104卷，第39期上冊，院會紀錄，104年5月20日，99-178頁。
85 《立法院公報》，第96卷，第21期，院會紀錄，96年3月21日，464頁。
86 《立法院公報》，第104卷，第58期上冊，院會紀錄，104年9月21日，68頁。
87 《立法院公報》，第106卷，第90期，黨團協商紀錄，106年11月21日，562頁。
88 《立法院公報》，第103卷，第43期第4冊，院會紀錄，103年6月9日，207、238頁。

理。[89]

　　實務上在院會確定議程草案後，提出自委員會抽出議案者，原則上僅允許其自委員會抽出，但不列入當次議程討論事項。

七、自委員會抽出逕付二讀，變更議程是否限全案抽回

　　立法院第3屆第6會期第5次會議（87年10月13日），委員吳克清等提案將農會法第20條之1、第25條之2及第46條之1等3條文由審查會中抽出，列為第3案，逕付二讀。經主席表示農會法修正案目前多案且均在委員會併案審查中，依照議事慣例，不能單獨抽出1案逕送院會討論，若要抽出必須全部抽出，因此委員同意撤回變更議程動議。[90]

八、程序委員會審定議程時得否變更議程

　　程序委員會進行審定立法院第8屆第5會期第8次會議議事日程草案時，委員陳其邁等8人提議，將議事日程草案原列「對行政院院長提出施政方針及施政報告，繼續質詢」變更為討論事項，並將民進黨黨團擬具之「邀請行政院院長江宜樺率相關部會首長就核四停建進行專案報告，並議決核四停建案」，列為討論事項第1案。程序委員會決定：「該提議未符立法院議事慣例，經協商未獲共識，嗣經表決結果，不通過。」

　　《立法院程序委員會組織規程》第4條第1項第2款規定，略以：程序委員會職掌關於議案之次序之變更。職是，該委員會在進行審定院會議事日程草案時，依職權本可調整或改定由秘書長編擬之議程草案中，有關議案之次序，並非變更議事日程。[91]所以並無未符立法院議事慣例之問題。

九、黨團協商得否限制變更議程之處理

　　立法院第9屆第3會期第7次會議（106年3月31日），通過黨團協商結論：

---

89 《立法院公報》，第106卷，第74期下冊，院會紀錄，106年10月12日，73頁。
90 《立法院公報》，第87卷，第40期上冊，院會紀錄，87年10月21日，30、31頁。
91 蔡政順，《立法院議事規則逐條研究》，初版，大中國圖書，74年，166-169頁。

「……五、本次會議不處理其他變更議程之提案及臨時提案。」[92]

十、處理變更議程禮讓在野黨之原則

　　立法院第9屆第4會期黨團協商會議紀錄（106年10月31日），主席：「要變更議程的話，就像我們處理議案時，在議案不多的情況下，我們都會優先處理最小黨的案子，這樣的意思是一樣的。如果一般的變更議程不超過10案，我們還是尊重。」[93]

　　此原則並非協商結論，實務上小黨變更議程不超過10案者，仍有依收案先後進行處理者，例如立法院第9屆第8會期第7次會議（108年10月29日），親民黨黨團提議變更議程，將「消防法部分條文修正草案」改列為本次會議討論事項第一案，因院會通過民進黨黨團變更議程提議，已列為第2案，故不再處理。[94]

十一、討論事項於議案順序之變更議程在表決確定前如何處理

　　立法院第1屆第33會期第39次會議（53年8月4日），討論委員吳延環提議將第2案所列內政、司法兩委員會報告審查之人民請願案改列為第1案，經委員張子揚表示請願案依其處理程序無法與業已討論之醫師法合併處理而主張不予變更。因在場人數不足以進行表決，主席宣告：「出席委員提議變更議程所列議案順序時，在表決確定前，議案之討論，仍照議事日程所列順序依次進行。」到處理第2案時，所以程序問題不再表決。[95]

　　議程既已進入討論事項，即不可能回頭進行討論事項之變更議程處理。再者，《立法院議事規則》於88年1月12日全文修正，其中第24條既已明定變更議程須在討論事項前處理，所以上述案例應不再適用。

---

92 《立法院公報》，第106卷，第29期上冊，院會紀錄，106年4月12日，1頁。
93 《立法院公報》，第106卷，第87期下冊，黨團協商紀錄，106年11月16日，301頁。
94 《立法院公報》，第108卷，第85期上冊，院會紀錄，108年11月19日，425頁。
95 《立法院公報》，第53卷，第33會期，第19期，53年8月14日，82-99頁。

十二、討論事項未依序處理是否為變更議程

　　立法院第10屆第4會期第15次會議（110年12月28日），討論事項第4案處理完畢，本應繼續進行第5案，惟主席宣告，依黨團共識，先進行第13案、「（一）本院社會福利及衛生環境委員會報告併案審查行政院函請審議『性別工作平等法部分條文修正草案』、……。」[96]

　　上開案例，形式上討論事項之案次並無變更，惟實質上討論事項第13案之處理順序已變更提前於第5案先處理，即原第5案以後之討論案，均依序遞延處理。此為特例，故係經由黨團共識始能為之。惟實務上亦有主席逕行宣告之案例者，例如立法院第10屆第8會期第12次會議（112年12月15日），討論事項第1案、「（一）報告彙總完成中華民國113年度中央政府總預算案審查總報告案（社會福利及衛生環境委員會）……。」主席：「報告院會，本案業已完成協商，俟協商結論簽名後，提出本次會議討論。進行討論事項第2案。」

96　《立法院公報》，第111卷，第19期上冊，院會紀錄，111年1月26日，92-123頁。

> **第二十五條**（休息）
> 院會進行中，主席得酌定時間，宣告休息。

沿革

88年1月12日全文修正通過。

✍ 理由

- ■條次變更（原條次為第26條）。

說明

本條規定立法院院會進行中，有關休息之程序。

一、休息

休息者，歇息[97]也。性質上屬於間斷會議之進行，與會議結束之散會並不相同。實質上就是停止開會至某時再行開會之一種，只是間隔時間較短而已。[98]

二、酌定時間

院會進行中之休息，主席不須經由院會同意，至於休息之條件與時間之長短並無規定，主席得隨時因應各種情形，自由裁量酌定休息時間，即休息決定權係屬主席之權利。除依議事日程所定事項處理完畢，提前休息外，原則上應宣告休息時間，以利會眾因應繼續開會之需。實務上，院會原則上採行上、下午各休息10分鐘，讓主席及議事人員放鬆一下。

97　《禮記・月令》：「勞農以休息之。」也作「麻息」。教育部重編國語辭典修訂本，https://dict.revised.moe.edu.tw/index.jsp，最後瀏覽日期：111年11月21日。

98　郭登敖，《議事制度之比較》，自版，76年，10頁。

案例：

一、休息10分鐘

立法院第10屆第6會期第7次會議（111年11月11日），主席：「報告院會，司法及法制組的質詢已經詢答完畢，休息10分鐘，休息之後進行社會福利及衛生環境組的質詢。現在休息。」[99]

二、中午休息

立法院第10屆第6會期第6次會議（111年11月4日），主席：「報告院會，上午質詢到此為止，下午2時30分繼續開會，進行經濟組之質詢，現在休息。」[100]

三、議事日程所定事項處理完畢至下一事項之休息

（一）立法院第10屆第6會期第6次會議（111年11月4日），主席：「登記國是論壇發言的委員都已經發言完畢，現在休息。」[101]
因本規則第22條規定，國是論壇時間為上午9時至10時，上午10時則須待符合法定出席人數時，始得開會。所以國是論壇如提前結束者，主席遂行宣告現在休息，而毋庸宣告休息時間。

（二）立法院第10屆第6會期第7次會議（111年11月15日），主席：「報告院會，本次會議議程所列討論事項均已處理完畢，下午5時處理臨時提案，現在休息。」[102]
本規則第26條規定，議事日程所列之議案議畢，主席即宣告散會，惟因本規則第9條規定，院會臨時提案於下午5時至6時處理之，所以在臨時提案尚未處理前，主席不得遂行宣告散會，只能宣告現在休息。但如能確定未有委員登記臨時提案者，則主席可遂行宣告散會。

---

99 《立法院公報》，第111卷，第101期上冊，院會紀錄，111年11月25日，57頁。
100 《立法院公報》，第111卷，第98期，院會紀錄，111年11月18日，73頁。
101 同註100，204頁。
102 《立法院公報》，第111卷，第101期上冊，院會紀錄，111年11月25日，308頁。

問題討論

一、出席委員得否提出休息動議

　　立法院第9屆第4會期第1次臨時會第2次會議（107年1月10日），國民黨黨團提案：「爲避免立法院議事人員、勞工、警察、記者們過勞，維護其權益及立法品質，建請院會休息至今日（十日）上午九點繼續開會。是否有當，敬請公決。」因有異議，進行表決，表決結果，少數不通過。[103]即仍維持1月9日至10日處理至討論事項第2案完畢再行休息。

二、出席委員得否提出不休息動議

　　立法院第3屆第2會期第12次會議（85年10月22日），本院委員盧修一等49人提議，本日中午不休息，繼續討論至第1案完竣爲止。因有異議，進行表決，表決結果，多數通過。委員要求重付表決，表決結果，多數通過。主席宣告，中午不休息，但是在不休息中，本席現在宣告休息10分鐘。[104]

---

103 《立法院公報》，第107卷，第19期第5冊，院會紀錄，107年2月13日，148、149頁。
104 《立法院公報》，第85卷，第53期，院會紀錄，85年10月30日，43-45頁。

第二十六條（散會）

議事日程所列之議案議畢，或散會時間已屆，主席即宣告散會。

會議進行中，出席委員得提出散會之動議，經十五人以上連署或附議，不經討論，由主席逕付表決。

沿革：

88年1月12日全文修正通過。

第二十六條

議事日程所列之議案議畢，或散會時間已屆，主席即宣告散會。

會議進行中，出席委員得提出散會之動議，經三十人以上連署或附議，不經討論，由主席逕付表決。

✍ 理由

■條次變更（原條次為第27條）。

■條文中之「除有臨時動議外」等字均予刪除。

■增訂第2項，將散會動議之處理予以明文規定。

96年11月30日修正通過。

✍ 理由

■配合立法委員人數減半，按比例酌減本條連署或附議人數半數。

說明：

本條規定會議進行中有關散會之要件。

一、散會

散會者，集會完畢，各自分散離去。[105]

二、散會之提出

本條規定之散會類型有二，一為會議議事日程所列之議案議畢，或會議時間已屆至，由主席提出散會；一為會議進行中，出席委員隨時得提出散會之動議，但須經15人以上連署或附議者，如由黨團提出散會動議者，則不須連署或附議。

實務上，主席宣告之散會尚有以下類型：

（一）改開秘密會議

立法院當次院會因有普通議案及機密議案，故同時編製二個議事日程，即公開會議之議程及秘密會議之議程。公開會議進行尚未完畢，因須先處理機密議案而改開秘密會議，所以主席只好宣告先行散會，以便進行秘密會議之議程。[106]

（二）避免議事程序停滯及緩解衝突

會議進行中，因議程或議案或其他事由等，造成委員間發生爭論，縱經協商仍無法解決者，為避免浪費時間或緩解彼此緊張對立之氣氛，主席只好宣告提前散會。

三、散會動議之處理

主席依本條規定自行宣告之散會，毋庸處理；如為出席委員或黨團提出之散會動議，不經討論，由主席逐付表決，表決額數因無特別規定，所以依本規則第2條及《立法院職權行使法》第6條規定，散會動議須過出席委員之半數同

---

105 教育部重編國語辭典修訂本，https://dict.revised.moe.edu.tw/index.jsp，最後瀏覽日期：111年11月21日。
106 蔡政順，《立法院議事規則逐條研究》，初版，大中國圖書，74年，193、194頁。

意，如未過半數，則爲少數不通過，應繼續開會。

案例

一、公開會議為改開秘密會議提前散會

立法院第1屆第52會期第24次會議（62年12月21日），主席宣告，今天的公開會議，俟第1案三讀通過之後，將第2案移列以後討論，然後即改開秘密會議。因無異議，決定：「……（二）今天公開會議討論事項第一案通過後，即改開秘密會議……。」準此，第1案之民用航空法修正草案於上午11時30分三讀通過時，爲了討論秘密會議議程之獎勵投資條例部分條文修正草案，公開會議提前散會，改開秘密會議。[107]

二、緩解議事衝突提前散會

立法院第9屆第5會期第1次會議（107年2月27日），事由：一、上午9時至10時進行國是論壇。二、行政院院長提出施政方針及施政報告並備質詢。三、下午1時50分至2時30分處理臨時提案。秘書長報告出席委員84人，已足法定人數。主席：「現在開會。因本日院會尚須進行相關溝通，現在休息（10時25分）。」「現在繼續開會。本日院會經溝通後，先到此爲止。現在散會（11時51分）。」[108]

當日爲立法院新會期開議日，因反年改團體衝撞立法院並發生退役上校繆德生摔落事件，國民黨籍立委在議場內爲繆德生祈福。

問題討論

一、何謂自動散會

自動散會，係指會議未經主席宣告散會，而係於會議時間屆滿時，不待

---

107 《立法院公報》，第62卷，第98期，院會紀錄，62年12月22日，4、16頁。
108 《立法院公報》，第107卷，第20期上冊，院會紀錄，107年3月19日，1頁。

主席宣告，自然產生散會之效果而言。例如立法院第9屆第3會期第11次會議（106年4月28日、5月2日），國民黨黨團認為「前瞻基礎建設特別條例草案」審查程序有疑義，占據主席台抗議。主席於106年4月28日下午3時21分宣告：「現在開會。報告院會，本次會議因前瞻基礎建設特別條例草案在委員會聯席審查過程中衍生了一些爭議，為了營造朝野之間的和諧、政黨對話的空間，我們現在休息，5月2日（星期二）上午9時繼續開會。現在休息。」惟至106年5月2日下午6時會議結束前，皆未能繼續開會，[109]故於5月2日下午6時之本次會議時間結束而自動產生散會之結果。

二、散會動議不足（表決）法定人數之處理

　　立法院內政及民族、預算及決算兩委員會聯席會議（89年11月30日），廖委員風德提議散會，清查人數。主席宣告，不足法定人數。葉委員宜津表示，不足法定人數，散會動議無效，就繼續開會，繼續審查預算。主席宣告，休息5分鐘。嗣後，因廖委員風德撤回散會動議，故繼續開會。[110]

　　立法院第6屆第3會期科技及資訊、經濟及能源兩委員會第2次聯席會議（95年4月19日），鄭委員運鵬提出散會動議，提出清點人數動議，由於出席委員人數不足，主席宣布散會。[111]

　　本條僅規定出席委員得提出散會之動議，經15人以上連署或附議，不經討論，由主席逕付表決，惟因本規則第41條規定，不足法定人數時，不得進行表決，即並非當然產生散會之效果。準此，散會動議因無法進行表決，該如何處理？因法無明定，實務上主席會先宣告休息，再視情況決定後續處理，所以才有上述實務之案例。但依本規則第2條準用《立法院職權行使法》第1條第2項規定，得適用其他法令之規定。從而，似可參照《會議規範》第7條規定，[112]

---

109 《立法院公報》，第106卷，第46期，院會紀錄，106年5月10日，1頁；第106卷，第51期，院會紀錄，106年5月17日，65頁。
110 《立法院公報》，第89卷，第75期下冊，委員會紀錄，89年12月30日，182、183頁。
111 《立法院公報》，第95卷，第21期，委員會紀錄，95年5月5日，327、328頁。
112 《會議規範》第7條：「會後缺額問題　會議進行中，經主席或出席人提出數額問題時，主席應立即按鈴，或以其他方法，催促暫時離席之人，回至議席，並清點在場人數，如不足額，主席應宣布散會或改開談話會，但無人提出額數問題時，會議仍照常進行。在談話會中，如已足開會額數時，應繼續進行會議。」

略以：清點在場人數，如不足額，主席應宣布散會或改開談話會。

三、散會後，主席得否為補充宣告

　　主席宣告散會或自動散會者，係指散會後，會議已經結束，會眾各自分散離去，並無任何會議形式可言。主席於散會後之無會議狀態，至主席台所為之補充宣告，並無任何意義，亦不產生任何法律效果。例如日本《眾議院規則》第107條規定，略以：主席宣告散會後，任何人不得就議事程序發言。[113]任何人當然包括主席，惟立法院實務上，於委員會會議散會後，偶因特殊情形，以致主席又回主席台為補充宣告，因當場已無會眾或無人異議，而事後及確定議事錄程序時，因無人異議，反而變成有效之奇特現象。

四、散會動議提出之限制

　　立法院第9屆第3會期第3次臨時會第2次會議（106年8月29日），主席：「現有民進黨黨團提議，因院會已決議本次會議延長至討論事項第1案及第2案審議完畢，建請本次會議不再處理散會動議。」因有異議，經表決後，贊成者多數，主席宣告：「本次會議不再處理散會動議。」立法院第11屆第1會期第15次會議（113年5月21日），主席宣告：「報告院會，現有國民黨黨團、台灣民眾黨黨團分別提議，因院會方才通過延長開會時間至討論事項第4案審議完畢，擬請本次會議不再處理散會動議。」因有異議，經表決後，贊成者多數，主席宣告：「本次會議不再處理散會動議。」

　　綜上，《民權初步》第121節散會動議，散會動議提出之限制有四種情形：（一）在會員得有地位之時；（二）在進行表決之時；（三）在表決停止討論之時；（四）在一散會動議否決之後，而無他事相間之事。所以防止少數人之擾亂。而立法院實務上創造第五種情形，即立法院院會決議通過延長開會時間。

---

113 日本《眾議院規則》第百七条：「議長が散会、延会又は休憩を宣告した後は、何人も議事について発言することができない。」參閱https://www.shugiin.go.jp/internet/index.nsf/html/index.htm，最後瀏覽日期：112年10月2日。

> **第二十七條**（延長會議）
> 散會時間已屆而議事未畢，主席得徵詢出席委員同意，酌定延長時間。

沿革

88年1月12日全文修正通過。

✎ 理由

■為提升議事效率，經參照外國立法例修正如上。條次變更（原條次為第28條）。

說明

本條規定會議時間延長之要件，即於散會時間屆至前，延後散會之時間。

一、延長會議

本規則第22條第1項規定，立法院會議開會時間為上午9時至下午6時。即立法院開會時間當日原則上，係開會到下午6時止，例外則為本規則第22條但書規定，略以：立法院會議舉行質詢時，會議時間延長至排定委員質詢結束為止。惟實務上，有時因議事日程所列之議案尚未討論處理完畢，而有延長當日會議時間之必要時，不得不有相應配套之措施。從而，本條乃明定縱使會議時間已經將屆至，但議案處理事宜等尚未完畢者，由主席徵詢出席委員同意，斟酌延長相當時間來處理之。

二、延長會議之提出

本條規定延長會議之提出，係由主席提出，並得酌定延長會議之時間，主要是因為主席須掌控會議議事之進行。但實務上則是由委員或黨團提出之，且提出延長會議不限於特定時間，亦有延長會議至處理特定議案結束為止。

三、延長會議之處理

提出延長會議，主席須徵詢出席委員同意，即同意則延長會議，不同意原則上不予延長會議。但實務上亦有以表決方式處理者，即表決結果，贊成者多數，則通過延長會議，贊成者少數，則不通過延長會議。

案例：

一、延長會議時間至特定議案畢

立法院第9屆第6會期第13次會議（107年12月18日），民進黨黨團提案：本院民進黨黨團針對本次會議12月18日之會議時間，因議事未畢，擬請院會同意延長時間，延長至討論事項第1案處理完畢，並請本次會議不處理臨時提案。院會（無異議）予以通過。[114]

二、延長會議時間至晚上12時

立法院第9屆第1會期第21次會議（105年7月15日），時代力量黨團及民進黨黨團分別提出延長開會時間動議至晚上12時止，院會無異議通過。[115]

三、延長會議以表決方式處理者

立法院第9屆第4會期第11次會議（106年12月5日），時代力量黨團提案：本院時代力量黨團針對第9屆第4會期第11次會議12月5日之會議，提出延長會議時間之動議，延長開會時間至處理完本次討論事項第2案公民投票法修正草案為止。表決結果，贊成者少數，時代力量黨團提議不通過；民進黨黨團提案：本院院民進黨黨團針對第9屆第4會期第11次會議12月5日（星期二）之會議時間，因議事未畢，擬請院會同意延長時間，延長至進行討論事項第2案，並請本次會議不處理臨時提案。表決結果，贊成者多數，照民進黨黨團提議通

過。[116]

問題討論

一、延長會議時間有無限制

　　立法院第9屆第1會期第1次臨時會第1次會議（105年7月26日），民進黨黨團針對第9屆第1會期第1次臨時會第1次會議於7月26日（二）至7月29日（五）期間會議時間之延長，擬請院會同意於7月26日（二）、7月27日（三）、7月28日（四）每日下午6時至次日上午9時，均繼續開會，7月29日（五）上午9時至下午6時之會議時間，再延長至7月29日晚上12時。院會無異議，通過。[117]準此，只要是當次會議，其延長會議時間是不受限制。

---

116 《立法院公報》，第106卷，第113期上冊，院會紀錄，107年1月3日，248-250頁。
117 《立法院公報》，第105卷，第65期中冊，院會紀錄，105年8月10日，53、54頁。

第五章

討論

沿革：

88年1月12日全文修正通過。

✍ 理由
  ■章次修正。

說明：

　　本章爲討論專章，包括第28條至第33條，共計6個條文。摘要如下：

　　第28條爲逐案討論，明定主席依議事日程所列議案次序，逐案提付討論。

　　第29條發言登記，規定委員發言登記應親自簽名登記，並依序發言，互調順序須經雙方同意。主席唱名3次仍不在場之委員，視爲放棄發言。主席得於適當時間，宣告截止發言登記。

　　第30條發言時間，由主席於委員發言前宣告之。逾時者，主席得中止其發言。

　　第31條發言次數，原則上每1位委員就同一議題，發言1次。例外說明提案之要旨，審查報告之要旨，質疑或答辯，不在此限。

　　第32條主席決定及異議，委員以書面提出權宜問題、秩序問題、會議詢問或其他程序之動議，由主席逐爲決定之宣告。委員對主席決定提出異議，須經15人以上連署或附議，不經討論，即付表決，未過半數，維持主席宣告。

　　第33條停止討論，主席徵得出席委員同意後，得宣告停止討論。委員提出停止討論之動議，經15人以上連署或附議，不經討論，逕付表決。

第二十八條 （逐案討論）

主席於宣告進行討論事項後，即照議事日程所列議案次序逐案提付討論。

沿革：

88年1月12日全文修正通過。

✍ 理由

■條次變更（原條次為第38條）。

說明：

　　會議進行至議事日程之討論事項程序時，程序之進行須依議事日程記載之議案順序，一案一案提付會議討論。

一、議事日程所列議案次序

　　議事日程進行到討論事項後，主席應依照議事日程所列討論事項之議案次序，依序進行。即從討論事項第1案開始，依序為第2案、第3案，除非經變更議程將原列討論事項之次序予以重新調整過。否則，不得任意變更討論事項之案次。

二、逐案提付討論

　　逐案提付討論，係指1次僅討論1個議案，不得將分列不同案次的2案以上，共同予以討論。

案例：

一、討論事項之數案修正理由相同，仍須逐一討論

　　立法院第1屆第63會期第9次會議（68年3月20日），討論事項第1案至第11案，即「藥物藥商管理法……」、「外國人應專門職業及技術人員考試條

例……」、「所得稅法……」、「麻醉藥品管理條例……」、「中央衛生實驗院組織條例……」、「化粧品衛生管理條例……」、「特種考試國軍退除役醫事人員執業資格考試條例……」、「少年輔育院條例……」、「監獄組織條例……」、「看守所組織條例……」及「少年觀護所條例……」等，均係爲求法律用語一致，將「藥劑師」修正爲「藥師」。吳委員望伋表示，上述11案，爲節省院會時間，全部一起宣讀通過就算了，省事也省時。主席表示，凡是法律條文有所修正，必須註明是民國幾年幾月幾日經過本院第幾次院會通過，因此這11個法律的修正分別提案、分別通過的程序是應該的，但由於各案的提案理由相同，提案人的說明可以省略，至於其他的各項程序都是必須的，必須逐案討論通過。[1]

問題討論

一、討論事項得否先處理後次序之議案

討論事項得否先處理後次序之議案，即未變更議程，先跳過待協商後再行處理。例如立法院第10屆第5會期第9次會議（111年4月26日），進行討論事項第5案、「本院委員張廖萬堅等18人擬具『公路法第六十五條及第八十一條條文修正草案』，請審議案。」主席：「本案經第5會期第8次會議決議：協商後再行處理。報告院會，本案因尚待協商，作以下決議：協商後再行處理。進行討論事項第六案。」[2]

1 《立法院公報》，第68卷，第23期，院會紀錄，68年3月21日，10-25頁；《立法院議事程序裁決案例彙編稿》，立法院第1屆第74會期第15次會議議案關係文書，73年11月7日印發，166頁。
2 《立法院公報》，第111卷，第57期下冊，院會紀錄，111年5月10日，109頁。

第二十九條（發言登記）

出席委員請求發言，應親自向主席台議事處簽名登記，並依登記順序發言，如經雙方同意者，得互調發言順序。

登記發言之委員，經主席唱名三次仍不在場者，視為棄權。

主席得於討論適當時間，宣告截止發言之登記。

沿革

88年1月12日全文修正通過。

✎ 理由

- ■條次變更（原條次為第39條）。
- ■為配合目前議事運作，第1項規定出席委員請求發言，改以親自向主席台議事處人員登記。並明定得經雙方同意互調發言順序。
- ■第2項明定登記發言委員如經主席唱名3次仍不在場，則視為棄權。
- ■授權主席於討論適當時間宣告截止發言登記，爰增訂第3項文字如上。

說明

本條規定出席委員發言之登記、順序及棄權。

一、主席台議事處

主席台議事處，係指主席台正下方之議事人員工作台。所以議事處並非指《立法院組織法》之議事處，應解釋為議事人員所在之處所，所以立法院院會時，係指主席台前議事處之議事人員，而委員會時，則係指主席台委員會之議事人員。

二、發言登記

主席台議事人員備有發言登記簿。立法院第9屆第2會期社會福利及衛生環境委員會第7次全體委員會議（105年10月31日），因發言登記時間產生爭議。

主席:「因爲主席還沒有宣布開會,你們就先登記了,我覺得程序有問題,你們可以重新登記一下嗎?」在場委員有異議,主席宣告,剛剛的登記是無效的。最後由陳委員宜民(在席位上)建議用那張登記表,再送1次就好了,[3]程序才開始進行。

三、發言順序

　　登記發言之委員每次僅能登記1次,即不可以1次登記2次以上,避免影響其他委員發言之權利。而且每位登記發言之委員,依登記簿登記之次序,輪流發言,不能自行調整發言順序。

四、互調發言順序

　　委員登記發言後,因不同委員會之發言順序相衝突,無法同時進行,故得商請其他委員同意,彼此互調其發言順序。實務上,請求互調發言順序之委員,應向主席台議事人員提出經委員雙方同意互調發言順序並簽名之書面即可。

五、發言不在場之棄權

　　委員發言係依登記順序進行,如輪到該委員發言時,其不在場,因會議仍須進行,故經主席唱名3次仍不在場者,依規定視爲棄權。不在場之委員之所以不能延後發言,係考量議事程序之穩定。但實務上亦有經主席詢問在場會眾同意者,例外同意其發言者。

六、發言登記截止

　　會議之議事日程有一定之安排,發言登記如無截止時間,一來主席無法掌控討論之時間,二來對於發言完畢後,始來登記發言者,易致議事延宕及爭議。準此,主席爲使討論發言程序順利進行,自得於討論適當時間,宣告截止發言之登記。實務上,通常於宣告第1位發言時,即宣告截止發言登記,或指

3　《立法院公報》,第105卷,第81期,委員會紀錄,105年11月18日,393、394頁。

定一定時間截止發言登記。

案例：

一、委員尚未簽到，不得登記發言

立法院第2屆第3會期第2次會議（83年2月25日），其他決定事項主席宣告：嗣後委員尚未簽到出席，不得登記發言。[4]

二、委員發言順序如有調整應親自簽名，不得以蓋章為之

立法院第2屆第3會期第26次會議（83年6月3日），其他事項會議決定，嗣後委員發言順序調整，當事人須親自簽名，如以橡皮章或印章提出者，一概不予受理。[5]

三、截止發言登記

（一）開始發言前，截止發言登記

主席：「本案完成立法程序後有委員登記發言，每位委員發言時間2分鐘，並截止發言登記。請尤委員美女發言。」[6]

（二）發言一段時間後，截止發言登記

主席：「報告院會，登記發言的委員已經有十幾位了，現在截止發言登記。請蘇委員盈貴發言。」[7]

---

4 《立法院公報》，第83卷，第12期，院會紀錄，83年3月5日，222頁。
5 《立法院公報》，第83卷，第40期，院會紀錄，83年6月11日，358頁。
6 《立法院公報》，第108卷，第101期第3冊，院會紀錄，108年12月25日，376頁。
7 《立法院公報》，第91卷，第45期第1冊，院會紀錄，91年7月3日，168頁。

問題討論：

一、黨團協商共識得否限制委員發言登記

　　立法院第10屆第5會期第9次會議（111年4月22日），討論事項第2案、「（一）本院教育及文化委員會報告併案審查行政院函請審議、委員賴品妤等17人、民眾黨黨團、委員吳思瑤等17人、時代力量黨團、委員張廖萬堅等21人、委員黃國書等22人、委員范雲等20人、委員陳秀寶等17人、委員林宜瑾等17人、委員林奕華等17人、委員李德維等18人及委員吳思瑤等17人分別擬具『私立高級中等以上學校退場條例草案』案。（二）委員周春米等17人擬具『私立高級中等以上學校退場條例草案』，請審議案。」

　　主席：「本案業經各黨團協商獲致一定共識，但未完成簽署，依協商共識進行處理，保留部分院會進行處理前，原則上由各黨團推派代表發言，每人發言時間為3分鐘。」主席於審查報告宣讀完畢後，宣告現在進行逐條討論，惟因有部分委員以黨團協商既未完成簽署，不應限制委員登記發言，主席乃宣告休息5分鐘。俟各黨團對發言登記有共識後，主席再宣告，依黨團共識，本案先進行廣泛討論，由各黨團推派代表1人發言；逐條討論時，各保留條文由各黨團各推派1人發言。

第三十條（發言時間）

委員發言之時間，由主席於發言前宣告之。

超過前項時間者，主席得中止其發言。

沿革

88年1月12日全文修正通過。

✍ 理由

■條次變更（原條次為第41條）。

■第1項明定發言時間，由主席宣告之。

■第2項中「限度」修正為「時間」，「終止」修正為「中止」。

說明

本條規定委員發言之時間長短及逾時之中止，均由主席宣告之。

一、發言時間

討論發言之時間，宜有所限制，避免一、二人專擅討論之地。所定之時，可長可短，如有發言超過其時者，主席當起立制止之。[8]此外，發言如無時間限制，縱然可以暢所欲言，但也易成為阻撓議事程序的手段。

二、發言類型之時間配置

本條規定並未就發言時間予以明文限制，僅由主席於發言前宣告之。實務上則因發言類型不同，而有不同之時間配置，說明如下：

（一）程序問題、權宜問題、會議詢問

有關程序問題、權宜問題、會議詢問等程序性發言，法無明定時間之

---

8 孫文，《民權初步》，6版，三民書局，78年，39、40頁。

限制，實務上則有所討論，即立法院第1屆第85會期第7次會議（79年3月13日），本院委員沈智慧、蕭金蘭等23人臨時提案，為提高本院議事功能建議：「（一）今後程序問題、權宜問題、議事詢問之發言時間，修改為三分鐘，必要時得延長二分鐘，以程序或權宜或議事詢問問題而發言者，其發言內容脫離主題，主席必須強制制止，制止不聽者，切斷電源。（二）臨時提案，以提案人一人為代表，至發言臺說明為限。」決定：「交程序委員會定期討論。」[9]但未有後續討論。嗣後，立法院第2屆第1會期第49次會議（82年7月15日），本院委員葉耀鵬等19人臨時提案（第7案至第15案），以國內政治腐敗，弊案連連，民怨叢生，立委既為民喉舌，理應善盡職責，故每人每次應可提臨時提案2案以上，其發言時間亦不應作任何限制，請公決案……。主席：「第七案至第十五案，作如下的決議：『請以復議動議方式提出。』請問院會，有無異議？」在場委員有異議。主席：「……本案有異議，俟下次處理臨時提案時，依序討論。」[10]但亦無後續之討論。

（二）提案說明

《立法院職權行使法》第8條第3項規定，立法委員提出之其他議案，得於提案人說明其旨趣。另外，《立法院各委員會組織法》第11條規定，各委員會審查議案，應以書面提報院會討論，並由決議時之主席或推定委員1人向院會說明。惟上開規定並未規定提案說明之時間，實務原則上以5分鐘為限。

（三）廣泛討論

《立法院職權行使法》第9條第3項規定，廣泛討論係指院會進行某議案之二讀會時，得就該委員會之審查意見或逕付二讀之原案要旨，進行發言，實務原則上以每人3分鐘為限。委員會因《立法院各委員會組織法》第21條規定，準用《立法院職權行使法》，故得於審查議案逐條討論前，先進行廣泛討論，至於發言時間由各委員會自行定之。

9　《立法院公報》，第79卷，第21期，院會紀錄，79年3月14日，48、49頁。
10　《立法院公報》，第82卷，第48期中冊，院會紀錄，82年7月21日，77、78頁。

（四）逐條討論

　　《立法院職權行使法》第10條規定，逐條討論係指院會進行某議案之二讀會時，得就該議案之個別條文，進行發言，實務原則上以每人3分鐘為限。委員會因《立法院各委員會組織法》第21條規定，準用《立法院職權行使法》，故於審查議案進行逐條討論時，得為逐條討論，至於發言時間由各委員會自行定之。

（五）立法程序完成後發言

　　立法程序完成後發言，如係法律案及預算案，亦有稱為三讀後發言。有關立法程序完成後之發言，並無相關法令規定，係由實務上發展而來，其發言時間原則上以每人2分鐘為限。

（六）委員會發言

　　委員會發言，係指委員於各該委員會之會議進行詢答或討論之發言，因其是否屬於該委員會之委員而有不同之發言時間限制，各委員會具體發言時間由主席決定，說明如下：

1. 委員會委員

　　委員會委員係指參加該委員會之委員，於該委員會會議召開時，為出席委員，須計入會議之出席人數，其發言時間一般為6分鐘，得延長2分鐘。

2. 非委員會委員

　　非委員會委員係指未參加該委員會之委員，於該委員會會議召開時，僅為列席委員，不須計入會議之出席人數，其發言時間一般為6分鐘。

（七）公聽會發言

　　公聽會發言，係指委員會舉行之公聽會會議，出列者之發言，因其身分不同而給予不同之發言時間限制。《立法院職權行使法》第56條規定，略以：

公聽會應依正反意見之相當比例邀請政府人員及社會上有關係人員出席表達意見，以不超過15人為原則。該等人員實務上稱為專家學者，其發言時間由主席決定，例如立法院第10屆第2會期司法及法制委員會「公證法部分條文修正草案」公聽會（109年11月26日），主席宣告，每位學者專家的發言時間為8分鐘，必要時得延長2分鐘，本院委員發言時間則為5分鐘，不再延長。[11]

三、中止發言

超過發言時間者，主席得中斷停止該委員繼續發表言論。實務上麥克風會自動消音。

案例：

一、發言時間由黨團協商結論定之

立法院第7屆第5會期第2次臨時會第1次會議（99年8月17日）通過黨團協商結論（99年8月16日），決定：「一、院會討論『海峽兩岸經濟合作架構協議』時，由國民黨黨團推派5人、民進黨黨團推派5人、無黨團結聯盟黨團推派1人逐條發言（每人發言3分鐘）；全部條文均經發言完畢後，依序處理，再全案進行表決。二、院會討論『海峽兩岸智慧財產權保護合作協議』時，由國民黨黨團推派6人、民進黨黨團推派6人、無黨團結聯盟黨團推派1人發言，每人發言3分鐘；發言後即全案進行表決。三、院會討論『海關進口稅則部分稅則修正草案』時，同意依例逐章討論，由國民黨黨團推派3人、民進黨黨團推派3人、無黨團結聯盟黨團推派1人逐章發言（每人發言3分鐘），各章均經發言完畢後，再進行逐章表決。四、院會討論『商標法第四條及第九十四條條文修正草案』、『專利法第二十七條及第二十八條條文修正草案』及『植物品種及種苗法第十七條條文修正草案』時，以上3案均各由國民黨黨團推派3人、民進黨黨團推派3人、無黨團結聯盟黨團推派1人發言，每人發言3分鐘，發言後逐案處理。」[12]

---

11 《立法院公報》，第109卷，第95期，委員會紀錄，109年12月18日，373-404頁。
12 《立法院公報》，第99卷，第50期，院會紀錄，99年8月30日，1、2頁。

二、說明提案旨趣為5分鐘

　　立法院第10屆第6會期第5次會議（111年10月28日），討論事項第2案，略以：本案國民黨黨團建請院會決議，要求疫情指揮中心、衛生福利部及中央選舉委員會應於2週內提出111年11月26日九合一大選新冠肺炎確診者及居隔者投票權益保障措施，以維護公民基本參政權益一案。主席：「依照立法院職權行使法第8條第3項之規定，本案經提案人說明提案旨趣，大體討論後即議決交付審查或逕付二讀，或不予審議。請提案黨團國民黨黨團代表曾委員銘宗說明提案旨趣。時間5分鐘。」[13]

三、詢答時間依本會或非本會委員而有不同發言時間

　　立法院第9屆第7會期交通委員會第10次全體委員會會議（108年4月22日）為例，[14]討論事項審查委員王榮璋等18人擬具「道路交通管理處罰條例部分條文修正草案」案，先由提案人王委員榮璋說明提案旨趣，再依序請交通部王次長（國材）、陳司長（文瑞）、衛福部蘇次長（麗瓊）報告。報告完畢後，主席：「現在開始進行詢答，先宣告以下事項：詢答時間出席委員為6分鐘，得延長2分鐘，列席委員為6分鐘。」

13　《立法院公報》，第111卷，第94期上冊，院會紀錄，111年11月11日，61、62頁。
14　《立法院公報》，第108卷，第43期，委員會紀錄，108年5月13日，379-419頁。

第三十一條（發言次數限制）
除下列情形外，每一委員就同一議題之發言，以一次為限：
一、說明提案之要旨。
二、說明審查報告之要旨。
三、質疑或答辯。

沿革

88年1月12日全文修正通過。

✎ 理由

■條次變更（原條次為第42條），並將前文中「左列」修正為「下列」。

說明

本條係規定議案討論時，發言次數原則以1次為限，例外則不受限制。

一、同一議題

同一議題，須依議案內容、目的、方法及理由等綜合因素判斷之，且屬國會決定之自律事項。

二、提案要旨

要旨係指重要的本意。[15]所以提案要旨係指該提案重要的本意，即提案人為說明提案之要旨，其發言次數不受1次之限制。

三、審查報告要旨

審查報告要旨為審查報告重要的本意，院會說明人即委員會作成該審查報

---

15 《清史稿‧卷一〇七‧選舉志二》：「三十三年，奏定女子師範、女子小學章程，以裨補家計，有益家庭教育為要旨。」也作「要指」。教育部重編國語辭典修訂本，https://dict.revised.moe.edu.tw/index.jsp，最後瀏覽日期：112年6月7日。

告決議之主席，為說明審查報告之要旨，其發言次數不受1次之限制。

四、質疑

質疑者，心中懷疑而向人提出問題。[16]原則上不受發言1次之限制，但應止於質其所疑，超過部分即不可為之。

五、答辯

答辯者，反駁別人的批評、指責或論斷。[17]原則上不受發言1次之限制，但應止於答其所問，超過部分即不可為之。

---

16 《漢書·卷九二·游俠傳·陳遵傳》：「竦居貧，無賓客，時時好事者從之質疑問事，論道經書而已。」同註15，最後瀏覽日期：112年6月7日。

17 同註15，最後瀏覽日期：112年6月7日。

第三十二條（主席決定及異議）

預備會議時，出席委員提出權宜問題、秩序問題、會議詢問或其他程序之動議時，主席應為決定之宣告。

院會時，出席委員提出權宜問題、秩序問題、會議詢問或其他程序之動議時，應以書面提出，由主席逕為決定之宣告。

前二項宣告，如有出席委員提出異議，經十五人以上連署或附議，不經討論，主席即付表決。該異議未獲出席委員過半數贊成時，仍維持主席之宣告。

沿革：

88年1月12日全文修正通過。

預備會議時，出席委員提出權宜問題、秩序問題、會議詢問或其他程序之動議時，主席應為決定之宣告。

院會時，出席委員提出權宜問題、秩序問題、會議詢問或其他程序之動議時，應以書面提出，由主席逕為決定之宣告。

前二項宣告，如有出席委員提出異議，經三十人以上連署或附議，不經討論，主席即付表決。該異議未獲出席委員過半數贊成時，仍維持主席之宣告。

理由

■條次變更（原條次為第43條）。

■為使院會順利進行，明定出席委員提出權宜問題、秩序問題、會議詢問或其他程序等動議時，須以書面為之，爰依預備會議及院會之區分，分別以兩項條文加以規定。

■將原第2項改列為第3項，並將「二十人」修正為「三十人」。

96年11月30日修正通過。

✍理由

■配合立法委員人數減半，按比例酌減本條連署或附議人數半數。

說明：

　　預備會議，請參閱本規則第19條規定。另外，權宜問題、秩序問題、會議詢問或其他程序之動議，請參閱本規則第21條規定。以下分別說明會議中主席對偶發動議處理之宣告，以及出席委員對該宣告如有異議之處理。

一、會議中偶發動議之處理

　　權宜問題、秩序問題及會議詢問等均屬於偶發動議，如於預備會議中提出者，不須以書面提出。但如於院會會議提出者，則須以書面提出。上開偶發動議，均由主席受理後，予以宣告會眾周知並為決定之宣告。

二、對主席宣告之異議及處理

　　出席委員如對主席之宣告，不予贊同者，得提出異議，並經委員15人以上之連署或附議，該異議即屬成立。主席毋庸將該異議提付討論，立即交付表決，表決結果如未獲出席委員過半數贊成時，為少數不通過，故仍維持主席原來之宣告。

案例：

一、會議詢問：國會議長對脫軌行為官員應秉公處置

　　立法院第10屆第4會期第5次會議（110年10月15日），主席：「……國民黨黨團所提會議詢問……：『本院國民黨黨團，有鑑於……行政院長今日脫序之舉若不導正，未來至立法院備詢之首長必定上行下效、有樣學樣，面對不想回答、企圖逃避政治責任時，都會藉此轉移焦點，迴避責任。為維護國會尊嚴、捍衛國家憲政體制、導正行政官員脫軌行為。爰此，要求院會針對行政官員未來在立法院涉及脫軌行為時國會議長應拿出國會議長之高度秉公處置，是

否有當？敬請 公決。』」

　　主席：「報告院會，議長主持會議應維持中立，法有明文規定，本席主持會議均依法處置，維持中立，無待黨團提議。作以下宣告：『國民黨黨團會議詢問不予處理。』國民黨黨團針對主席之宣告，依據『立法院議事規則』第32條第3項之規定提出異議。表決結果，贊成者少數，國民黨黨團提議不通過。」[18]

二、權宜問題：表決時間之限制

　　立法院第9屆第3會期第3次臨時會第2次會議（106年8月25日），主席：「現有國民黨黨團提出權宜問題（因本次會議交付表決提案數量龐大，為維護立委及相關議事人員之身心得到適當之休息，每日表決時間不得超過晚間10時，以保障參與表決之立委及議事人員之健康。是否有當，敬請公決。）」有異議，交付表決，表決結果，贊成者少數，本案權宜問題不通過。[19]

三、秩序問題：國是論壇之進行

　　立法院第10屆第2會期第5次會議（109年11月27日），主席：「現在開會。報告院會，本日國民黨黨團提出秩序問題，要求院會立即進行國是論壇。報告院會，因本日院會有黨團委員占據主席台及發言台，導致無法進行國是論壇。本席在此宣告，請各黨團委員秉持理性問政，共同維護議場秩序，遵守『立法委員行為法』第7條規定。」[20]

---

18 《立法院公報》，第110卷，第81期，院會紀錄，110年10月29日，10頁。
19 《立法院公報》，第106卷，第73期第1冊，院會紀錄，106年9月19日，17、18頁。
20 《立法院公報》，第109卷，第94期，院會紀錄，109年12月17日，1頁；《立法委員行為法》第7條：「立法委員應秉持理性問政，共同維護議場及會議室秩序，不得有下列行為：一、不遵守主席依規定所作之裁示。二、辱罵或涉及人身攻擊之言詞。三、發言超過時間，不聽主席制止。四、未得主席同意，插言干擾他人發言而不聽制止。五、破壞公物或暴力之肢體動作。六、占據主席台或阻撓議事之進行。七、脅迫他人為議事之作為或不作為。八、攜入危險物品。九、對依法行使職權議事人員做不當之要求或干擾。十、其他違反委員應共同遵守之規章。違反前項各款情事之一者，主席得交紀律委員會議處。」

問題討論

一、何謂程序發言

　　程序發言其實就是「秩序問題」或「程序動議」等程序性問題，即本規則於88年1月12日全文修正前，程序問題之提出是不需要以書面爲之，所以實務上都將「程序問題發言」簡化爲「程序發言」。惟本規則於88年1月12日全文修正後，其中第21條規定，「秩序問題」或「程序動議」須以書面提出，且同規則第58條規定，各種委員會列席委員不得提出程序問題。惟因立法委員們可能還不習慣上述的變革，以致實務上程序發言乙詞還是予以沿用。例如委員會常於討論事項進行前，開放由委員舉手或登記程序發言，皆不用另提書面，且不限於出席委員，即列席委員亦可。

　　本規則於88年1月12月全文修正後，立法院院會似再無程序發言的登記，原則上依本規則第21條規定，程序問題以書面提出，例外則容有未及提出書面者，亦有要求補提書面始得處理者。而各委員會之做法則不一，有採院會方式依本規則辦理者，亦有仍採修法前之做法。例如立法院第9屆第2會期社會福利及衛生環境委員會第7次全體委員會議（105年10月31日），主席：「現在進行程序發言，每位發言時間2分鐘，非本會委員會議詢問每人1分鐘。」[21]

二、立法院議事規則之有權解釋者

　　議事內規適用如產生疑義時，其解釋自屬國會自律範圍，不應假手其他機關，此爲多數先進國家所採。例如《德國聯邦議事規則》第127條規定，議事規則之解釋分爲普通解釋及原則解釋兩種，前者乃議長針對會議進行中關於議事規則之疑義，依個案解釋，後者由「選舉審查、言論免責與議事規則委員會」就議事規則爲與個案無關之一般性、原則性解釋。[22]日本《眾議院議事規則》第258條及《參議院議事規則》第254條等規定，對於議事規則有任何之疑義，應由主席決定之。但主席得諮詢議會後決定之。

---

21 《立法院公報》，第105卷，第81期，委員會紀錄，105年11月18日，393、394頁。
22 許宗力，《法與國家權力》，初版，元照，88年，315頁。

本規則適用上如發生疑義時，並未同上述國家規定有權解釋者，實務上亦尚未正視這個問題，以致解釋者紛歧，說明如下：

（一）主席

本規則對於條文適用之疑義，解釋權之歸屬並不明確。僅於本條第1項及第2項規定，出席委員提出權宜問題、秩序問題、會議詢問或其他程序之動議時，主席應為決定之宣告。而主席之宣告，當然包括對上述動議是否符合之解釋，例如立法院第9屆第3會期第3次臨時會第2次會議（106年8月22日、24日、25日、28日），民進黨黨團提議，除符合會議規範所定權宜問題並經院會主席裁示者外，本次會議不再處理權宜問題、秩序問題、會議詢問等動議。經院會記名表決結果，予以通過。[23]即是否符合會議規範之權宜問題之解釋權，係由主席為之。

（二）立法內部單位

1. 議事單位

委員詢問提出復議要按照《立法院議事規則》第42條規定，此復議動議是否符合之問題。主席請議事人員說明。議事人員表示根據我們過去實務的紀錄，我們所有的復議是以簽到委員且未曾發言反對即可提出復議。主席表示謝謝議事人員的說明。[24]即本件係由議事人員取得《立法院議事規則》第42條規定之解釋權。

2. 法制局

委員詢問委員會會議包括主席要有3個人，會議才能開始。但有委員表示議決時有3個人就行，其他應該沒有規定，請主席馬上要求法制局說明。但主

---

23 《立法院公報》，第106卷，第74期下冊，院會紀錄，106年10月12日，73頁。
24 《立法院公報》，第109卷，第34期，委員會紀錄，109年5月22日，181頁。

席並沒有請法制局作說明。[25]即主席並沒有將議事規範之解釋權交由法制局回答。

（三）建議

　　立法院內部單位之幕僚人員，係協助會議主席讓議事程序順利運作，故不宜動輒站上第一線。即如回答錯誤或與主席意見不一致時，只會增加爭議，且該等人員之解釋或說明如發生爭議，亦無相關處理之規定。所以會議進行中，如有議事問題之疑義，宜由主席逕行解釋說明，如有疑義得先詢問議事人員等意見後，再向委員說明。委員如對主席之說明有異議，可依本條規定提出異議，進行表決處理之。職是，為求議事程序進行順利，本規則之解釋權應統一由主席為之，避免解釋權被動由他人操作，且事權如不統一，易產生歧異之答案，迭生爭議。準此，建議本規則宜明定主席有獨立或得經其徵詢各黨團代表後，作本規則之解釋權，或採納上述外國立法例，由特定之委員會處理之。

三、主席應否回答假設性問題

　　《羅伯特議事規則》提到諮詢者（會議詢問）不需要取得發言權，而是起立並說：「主席先生，我有一項議事諮詢。」主席讓他說出詢問後，如果認為該諮詢是相關的，即作出回答。反之，主席則無須回答，即一般來說回答議事規則問題並非主席的職責，但主席有責任回答任何與待決事務有關的議事規則問題。[26]準此，主席並沒有回答假設性問題的責任。

---

25 《立法院公報》，第98卷，第36期，委員會紀錄，98年6月9日，352-357頁。
26 亨利‧羅伯特，王海蓮譯，《羅伯特議事規則》，1版，天津人民出版社，2017年，58頁。

第三十三條（停止討論）
主席對於議案之討論，認為已達可付表決之程度時，經徵得出席委員同意後，得宣告停止討論。
出席委員亦得提出停止討論之動議，經十五人以上連署或附議，不經討論，由主席逕付表決。

沿革：

88年1月12日全文修正通過。

第三十三條
主席對於議案之討論，認為已達可付表決之程度時，經徵得出席委員同意後，得宣告停止討論。
出席委員亦得提出停止討論之動議，經三十人以上連署或附議，不經討論，由主席逕付表決。

✍ 理由
■條次變更（原條次為第44條）。
■第2項中「二十人」修正為「三十人」。

96年11月30日修正通過。
✍ 理由
■配合立法委員人數減半，按比例酌減本條連署或附議人數半數。

說明：

本條規定議事停止討論之時機及要件。

一、議案達可付表決之程度

議案是否達到可以逕付表決之程度，係由主席予以裁量，如為肯定者，可

立即徵得出席委員之同意後，進行表決。反之，則否。

二、停止討論之提出與處理

停止討論係指對議案之討論，予以提前中止結束，立即提付表決者而言。

停止討論動議之提出，得由主席或出席委員為之。惟後者尚須徵得15人以上連署或附議。由主席提出之停止討論動議，其處理方式仍須徵得出席委員同意，而出席委員提出者，由主席逕行交付表決。

案例：

一、停止討論

立法院第1屆第77會期第41次會議（75年7月8日），朱委員如松等53人提出臨時提案，「立法院議事規則部分條文修正案」保留條文，擬請停止討論。因保留條文發言委員共達98人次，曠日持久，影響立法功能。舉手表決多數通過。[27]

問題討論：

一、停止討論表決前，得否繼續發言

立法院第1屆第51會期第35次會議（62年7月6日），討論教育部組織法修正草案。逐條討論第4條時，吳委員延環提出停止討論，由於本條尚有10多位委員未發言，且在場人數不夠表決。有謂提出停止討論的動議時，就不能再發言討論，有謂停止討論動議尚未表決前，應繼續討論。主席：「……既然是停止討論提付表決，就應該即付表決，如果不能即付表決，可以留待下次會議表決，因此，第四條就不能再討論了，應該討論第五條。」溫委員士源：「……主席提出徵詢院會的意見，有人表示異議，於是成了是否停止討論，還要留待

---

27 《立法院公報》，第75卷，第55期，院會紀錄，75年7月9日，12-15頁。

表決。由於在場委員不足法定人數，只有留待人數夠了再來表決。至於議案如何進行呢？也只好將第四條繼續討論下去了……。」鄧委員翔宇：「……出席委員不同意主席的裁定，還要提付表決。……請主席決定發表決通知，下次會議提付表決，在不足法定人數時，第四條還是可以討論，等到人數夠了，先作程序的表決，再作實質的表決。」主席：「表決通知一定要。本案是否停止討論，俟下次會議提付表決。現在繼續發言，下次會議也是繼續討論，直到可以表決的時候為止……。」[28]

二、宣告停止討論並定期表決後，得否再行討論

　　立法院第1屆第68會期第11次會議（70年10月16日），逐條討論幼稚教育法草案。討論第4條時，林委員通宏：「……第四條之討論已經進行了二次院會，……本席提出程序問題，是否可停止討論……。」主席：「……第四條停止討論，定期表決有無異議？（無）無異議，定期表決……。」吳委員延環提議將王委員清波等所提修正案之領銜人變更為洪玉欽後，再由主席徵詢院會無異議通過。惟部分委員認為，第4條既已決議停止討論定期表決，此時將修正案的領銜人變更後再行討論，與程序不合。主席裁決：「剛才既已宣布第四條留待表決，現在如果又重行討論，與議事程序不合……。」[29]

---

28 《立法院公報》，第62卷，第51期，院會紀錄，62年7月7日，29-31頁。
29 《立法院公報》，第70卷，第83期，院會紀錄，70年10月17日，14-19頁。

第六章
表決

沿革：

88年1月12日全文修正通過。

✍理由

■章次修正（原章次爲第八章）。

說明：

　　表決係會議成員對會議中所討論之問題，共同作一決定之一種特別手續。目的在反映最大多數意見及達成最理想決議之合法途徑，亦爲解決會場紛擾與議事手端之最直接有效方法。

　　本規則第六章爲表決專章，自第34條至第41條，共計8條。摘要如下：

　　第34條定期表決，主席如當場不能進行舉手表決、表決器表決、投票表決及點名表決時，應即宣告定期表決及表決日期。

　　第35條表決方法，計有口頭表決、舉手表決、表決器表決、投票表決及點名表決。前四種由主席決定，點名表決經委員提議，須25人以上之連署或附議。人事問題不適用記名或點名表決。採用表決器記名表決，須15人以上之連署或附議。

　　第36條表決結果，口頭表決無結果者，改用舉手或其他表決。舉手或表決器表決，不過半數時，應重行表決，以多數爲可決。投票或點名表決，不過半數時，本案不通過。

　　第37條修正動議表決，依序表決，可決時，後次序之修正動議，無須再討論及表決。修正動議提付表決時，連同未修正部分合併宣讀。

　　第38條表決程序動議之限制，宣告提付表決後，委員除與表決有關之程序

問題外，不得提出其他動議。

第39條重付表決，對表決結果有異議，15人以上連署或附議，得要求重付表決，以1次為限。投票或點名表決，非有足以明顯影響表決結果之重大瑕疵者，不得要求之。

第40條表決結果當場報告。

第41條清點表決人數，清點不足法定人數，不得表決，而非當然散會。

第三十四條 （定期表決）

討論終結或停止討論之議案，出席委員有異議時，主席得提付表決。如當場不能進行第三十五條第一項第二款至第五款之表決時，主席應即宣告定期表決及表決日期，並於表決前三日通知之。

沿革

88年1月12日全文修正通過。

✍ 理由

- ■條次變更（原條次爲第45條）。
- ■配合條次之修正，將「第四十七條」修正爲「第三十五條」。
- ■配合第35條表決方法之修正，將「第四款」修正爲「第五款」。
- ■明定定期表決日期及通知委員之期限。

說明

　　本條規定議案有異議之當場表決或定期表決等程序。

一、討論終結或停止討論議案之異議

　　議案討論完畢後，或依本規則第33條規定作成停止討論後，原則上該議案應照原案予以通過。惟如有出席委員反對該議案時，不須提出書面，亦無連署或附議人數之限制，只要口頭表示異議即可。

二、主席得提付表決

　　主席因出席委員對該議案表示異議，得宣告提付表決。但解釋上並非一定要進行表決程序，即有可能先休息進行協商，所以主席得裁量之。此外，出席委員如全體皆表示異議者，亦無進行表決之必要。

三、定期表決

主席宣告定期表決後，因尚未表決，主席不必馬上宣告表決方法，表決方法等待下次會議表決時再爲宣告。[1]如屆期表決時，經出席委員提議，並經院會同意，亦可再行討論。[2]

案例：

一、停止討論定期表決

立法院第1屆第75會期第23次會議（74年5月21日），討論事項第3案、「本院司法、法制兩委員會報告併案審查行政院函請審議『民法親屬編部分條文修正草案』暨『民法親屬編施行法修正草案』案及林咏榮請願書爲請修正『民法親屬與繼承』兩編一案暨本院委員方冀達等三十九人爲擬增訂民法親屬編第一千零十五條文之一及第一千零八十三條之一暨修正第一千零五十條條文案。」主席表示，現在散會時間已到，民法親屬編第1050條是否停止討論，留待下次會議提付表決。第1078條及民法親屬編施行法第6條、第8條，俟下次會議繼續討論。現在散會。[3]

問題討論：

一、決議定期表決後，得否恢復討論

復議動議之提出，須具有與原決議案不同之理由，即爲變更實質性質之決議，而定期表決之決議，係屬程序性質之決議，故毋須提出復議動議，僅由出席委員提出程序動議即可。[4]從而，議案雖經決議定期表決，惟於屆期表決時，經出席委員提議，並經院會同意，仍可恢復討論。例如立法院第1屆第32會期第4次秘密會議（52年10月1日），討論事項第1案、「本院預算委員會報

1　《立法院公報》，第66卷，第4期，院會紀錄，66年1月12日，6、7頁。
2　蔡政順，《立法院議事規則逐條研究》，初版，大中國圖書，74年，324、325頁。
3　《立法院公報》，第74卷，第41期，院會紀錄，74年5月22日，26-33頁。
4　胡濤，《立法學》，漢苑出版社，69年，135頁。

告專案討論關於調整軍公教人員待遇及台糖公司本年度盈餘超收暨臺灣金屬礦業公司應增加收入案案。」決議：「本案俟下次會議提付表決。」第5次秘密會議，牛委員踐初等102人動議，該案尚有詳加研討之必要，擬請恢復討論，經主席徵詢院會有無異議，無異議。旋恢復討論。[5]

5　蔡政順，《立法院議事規則逐條研究》，初版，大中國圖書，74年，325頁。

第三十五條（表決方法）

本院議案之表決方法如下：

一、口頭表決。

二、舉手表決。

三、表決器表決。

四、投票表決。

五、點名表決。

前項第一款至第四款所列方法之採用，由主席決定宣告之。第五款所列方法，經出席委員提議，二十五人以上之連署或附議，不經討論，由主席逐付表決。但有關人事問題之議案，不適用記名或點名表決方法。

採用表決器記名表決，須經出席委員十五人以上之連署或附議。

沿革：

88年1月12日全文修正通過。

第三十五條

本院議案之表決方法如下：

一、口頭表決。

二、舉手表決。

三、表決器表決。

四、投票表決。

五、點名表決。

前項第一款至第四款所列方法之採用，由主席決定宣告之。第五款所列方法，經出席委員提議，五十人以上之連署或附議，不經討論，由主席逐付表決。但有關人事問題之議案，不適用記名或點名表決方法。

採用表決器記名表決，須經出席委員三十人以上之連署或附議。

✍ 理由

■ 條次變更（原條次為第47條）。

■ 第1項前文「如左」修正為「如下」。

■ 為配合憲法增修條文第3條第2項第3款不信任案須以記名投票表決之規定，爰將第1項第4款修正為「投票表決」。

■ 第2項配合第1款表決方法之修正而作文字修正。

■ 表決器表決可分記名及不記名兩種，記名表決通常於議決重要事項時採用之，爰增訂採用此方式表決，須經30人以上連署或附議。

96年11月30日修正通過。

✍ 理由

■ 配合立法委員人數減半，按比例酌減本條連署或附議人數半數。

說明

　　本條規定表決之方法、要件及限制。第1項列舉5種表決方法，但第3項又增加1種表決方法為表決器記名表決。當然表決方法並非僅有上述6種，例如起立表決，[6]只是本規則明定立法院議案之表決方法限於上述6種法定表決方法，說明如下：

一、法定表決方法

（一）口頭表決

　　口頭表決又可分為徵詢有無異議之表決，以及估計正反應聲強弱視為裁

6　《民權初步》共分口頭（或用聲表決）、舉手或起立表決、分部表決、點名表決、投票表決等5種。會議規範為舉手表決、起立表決、正反兩方分立表決、唱名表決及投票表決等5種，西方國家一般議學的分類法，有口頭表決（Voice Vote vote by voice, viva voce vote）、舉手表決（show of hands）、起立表決（rising vote）、分部表決（voting by tellers）、點名表決（票表決）、機器表決（mechanical voting）、電子表決（electronic voting）、電子表決器表決等。參閱程明仁，〈立法院議事規則修正簡介〉，《法律評論》，第66卷，第10期，總期：1340，89年12月，39、40頁。

定通過與否之表決。[7]立法院之口頭表決，係由主席以報告院會有無異議，經會眾表示無異議來通過議案之方法，實務上絕大多數的議案表決方法均係採用此口頭表決無異議的方式通過，是立法院表決的常態。而美國國會之聽音表決，即主席將該議案宣付表決時，由贊成者與反對者以發出聲音表示之，主席依據雙方發出聲音之大小，宣告議案之通過與否。二者顯然有所區別。但為杜爭議，還是以無異議通過較為妥適，即慣例上口頭表決係與採用無異議認可同義。[8]

（二）舉手表決

立法院之舉手表決，係指主席將議案宣付舉手表決時，贊成者以舉手表示，統計人數後，反對者亦以舉手表示，同樣計其人數，比較二者人數，以決定議案是否通過。實務上於進行舉手表決時，會先清點人數。

（三）表決器表決

立法院目前僅有院會使用表決器表決，即議場中央之會場內，主席台兩側上方各有一面大型電視牆，顯示113位立法委員之名字。於進行表決器表決時，先按鈴7分鐘，並由會場幹事發放表決卡，每位委員將其表決卡插入讀卡槽後，按下出席鍵，再按贊成或反對或棄權鍵即可，如僅按出席鍵，於表決時間屆至，會自動顯現棄權。如採表決器記名表決，須經出席委員15人以上之連署或附議，始得行之，電視牆會同時顯現表決結果之委員姓名。反之，採無記名表決者，僅會顯現表決結果而無姓名。

立法委員之表決卡採記名式，故不可以交換使用，但可以插入不同位置之卡槽，惟電視牆螢幕顯示部分並不受其影響。

（四）投票表決

立法院採行投票表決者，依憲法增修條文第3條第2項第3款規定之不信任

7 郭登教，《議事制度之比較》，自版，76年，215頁。

8 蔡政順，《立法院議事規則逐條研究》，初版，大中國圖書，74年，331-333頁。

案（記名投票表決）；《立法院職權行使法》第14條規定之緊急命令追認案（無記名投票表決）、第29條規定之同意權案（無記名投票表決）、第34條規定之覆議案（記名投票表決）、第44條規定之彈劾案（無記名投票表決），以及第44條之1規定之罷免案（記名投票表決）。

（五）點名表決

　　立法院之點名表決，為表決方法中最為慎重之制度，且須記載贊成、反對及棄權者之姓名，責任亦最為明確。《立法院點名表決辦法》第2條規定，點名表決，應定期舉行。但會期終了之日或有預定時程最後1次舉行之會議，則不在此限。[9]惟實務上似未遵照該規定定期舉行。

二、法定表決之限制

　　法定表決之限制在於有關人事問題之議案，不適用記名或點名表決方法。係因對「事」之表決採記名為原則，對「人」之表決則以不記名為原則，其理由主要為保障人自由表決的權利，以免遭受不當的人情影響，再來就是為了選出適任的人選，不記名投票代表個人的理性選擇，為避免因記名投票後遭受他人不當之批評或報復。[10]《會議規範》第55條第2項規定，略以：除對人之表決應採無記名投票外，對事之表決，以記名投票表示負責為原則。

案例

一、舉手表決

　　立法院第1屆第89會期第25次會議（81年5月15日），委員黃主文等人、趙少康等人及王天競等人所提刑法第100條等條文修正案及委員陳水扁等人所提廢止刑法第100條案，採舉手表決，修正通過。[11]立法院第2屆第6會期第18次

9　周萬來，〈立法院議事規則釋論〉，《立法院院聞》，第32卷，第10期，總期：378，93年10月，82頁。
10　周良黛，〈從比較觀點看國會表決方法〉，《理論與政策》，第15卷，第1期，總期：57，90年3月，13、21頁。
11　《立法院公報》，第81卷，第40期，院會紀錄，81年5月16日，73、74頁。

會議（84年12月29日），處理變更議程提案，採用表決器表決，惟因表決器顯示人數與在場人數不一致，主席表示有權決定採行何種表決方式，乃改採舉手表決，表決結果，在場委員55人，贊成者49人，多數，通過。立法院第11屆第1會期第15次會議（113年5月17日），處理延長開會時間之動議，因有異議，主席宣告按鈴7分鐘，請議事人員分發表決卡，因現場混亂，主席乃改採舉手表決，在場委員108人，贊成人數60人，贊成者多數。

二、點名表決

　　立法院第1屆第67會期第29次會議（70年5月30日），主席：「現在黃委員河清等三十一人提議對行政院人事行政局『中央公教人員社區公共設施』乙案之表決方式，採用點名表決……。」表決結果不通過。主席：「本席在此說明：點名表決本院三十年來從未採行過，但此種表決方式在國會中是一種很負責的態度，雖較為麻煩，並無什麼不妥。」[12]

三、點名表決後，提出復議，再點名表決

　　立法院第9屆第3會期第2次臨時會財政、內政、經濟、教育及文化、交通、司法及法制、社會福利及衛生環境七委員會第1次聯席會議（106年7月19日），對前瞻特別預算第1期預算全案保留送院會處理之決議，有異議，主席採點名表決，照案通過。委員施義芳等提出復議，並請採點名表決方式處理，復議不通過。[13]

相關法規：

◎立法院點名表決辦法

中華民國45年4月27日立法院第1屆第17會期第17次會議通過。
中華民國89年12月15日立法院第4屆第4會期第23次會議修正通過全文11條。

---

12 《立法院公報》，第70卷，第44期，院會紀錄，70年6月3日，6-12頁。
13 《立法院公報》，第106卷，第71期下冊，委員會紀錄，106年8月8日，368頁以下。

第1條（適用範圍）

立法院議事規則第三十五條所規定之點名表決，依本辦法之規定。

第2條（舉行時間之原則及例外）

點名表決應定期舉行。但會期將了之日，或有預定時程最後一次舉行之會議，採用點名表決時，不在此限。

第3條（鳴鈴）

點名表決開始前，應鳴鈴三長聲。

第4條（簽到名簿為點名名冊）

點名表決，以當次院會出席委員簽到名簿為名冊。

第5條（依次唱名）

點名表決之實施，由主席依簽到名簿次序唱名。

第6條（唱名之答應）

在場委員於唱到姓名時，贊成者起立答曰：「贊成」，反對者起立答曰：「反對」，棄權者起立答曰：「棄權」；未答應者，應予重唱一次。

依次唱名序及主席姓名時，免予唱名。主席表決權之行使，依立法院職權行使法第六條後段之規定。

第7條（計算結果）

唱名完畢，應即進行計算，宣告結果。

第8條（參加表決）

未參加表決委員於表決結果宣告前到會者，得要求參加表決。

第9條（表決無效）

點名表決結果，依參加表決之人數計算。參加表決之人數未足法定人數時，其表決無效。

第10條（議事錄）

實施點名表決之院會議事錄，關於委員姓名之記載，除立法院議事規則第五十三條第三款至第五款規定辦理外，應將參加表決之委員依下列規定記入：

一、贊成者：記列贊成委員之姓名。

二、反對者：記列反對委員之姓名。

三、棄權者：記列棄權委員之姓名。

前項各款紀錄，應當場宣讀確定，如有委員認為有錯誤時，得即席請求更正。

第11條（施行日）

本辦法經院會通過後施行。

✍ 備註

■立法院第9屆第2會期第7次會議（105年10月21日），時代力量黨團曾提出廢止《立法院點名表決辦法》案，經表決通過交司法及法制委員會審查，但無後續處理。

問題討論 ▍

一、表決器表決前，須按鈴7分鐘

立法院第1屆第88會期第33次會議（81年1月3日），在進行表決器表決前，對於是否須按鈴通知委員進行表決乙事，盧委員修一詢問按鈴幾分鐘？主席表示5分鐘好不好？彭委員百顯認為從會館走到議場的時間根本不夠，主席以有委員主張10分鐘，又有人認為太長，所以主席折衷為7分鐘通過。[14]惟立法院第11屆第1會期第15次會議（113年5月24日）進行舉手表決時，第1次及休息後之第1次表決，均有按鈴7分鐘。即按鈴7分鐘已不限於表決器表決。

二、重新發放表決卡，須重新按鈴

立法院第7屆第5會期第9次會議（99年4月16日），主席：「報告院會，本條文已經發言完畢，現在進行表決。因為方才休息時已經將表決卡收回了，所以現在必須重新發放表決卡，依例按鈴7分鐘。」[15]

---

14 《立法院公報》，第81卷，第3期，院會紀錄，81年1月8日，36頁。

15 《立法院公報》，第99卷，第26期上冊，院會紀錄，99年4月27日，158頁。

三、點名表決相關問題

（一）點名表決之沿革

1. 42年規定點名表決之提議由院會通過採用

　　《立法院議事規則》第47條第2項（42年11月19日）規定，略以：點名表決經主席徵得院會同意，或由出席委員提議，20人以上連署或附議，表決通過採用之。但有關人事問題之議案，不適用之。

2. 44年規定點名表決之提議經30人以上贊成逕行採用

　　《立法院議事規則》第47條第2項（44年11月29日）規定，略以：點名表決經出席委員提議，30人以上之贊成，不經討論，由主席宣告採用之。但有關人事問題之議案，不適用之。

3. 88年規定點名表決之提議得否逕行採用

　　《立法院議事規則》於88年1月12日全文修正時，將上開第47條第2項變更條項為第35條第2項，略以：點名表決經出席委員提議，50人以上之連署或附議，不經討論，由主席逕付表決。但有關人事問題之議案，不適用之。其修法理由為配合同條第1項表決方法之修正而作文字修正，即配合將「無記名投票表決」修正為「投票表決」，其他則無任何修正理由，即該項規定縱使將點名表決除由「三十人以上之贊成」修正為「五十人以上之連署或附議」，「宣告採用」修正為「逕付表決」等文字外，並未表示點名表決之提議須回溯到42年版之先經院會通過。準此，本條項規定似仍應沿續44年版之立法意旨，即只要符合法定連署或附議人數者，主席逕行採用之。惟亦有認為該條項規定之「不經討論，由主席逕付表決」等文字，係指將點名表決之提議逕付表決。

　　另外，《立法院議事規則》第35條第2項規定於96年11月30日修正時，僅係配合立法委員人數減半，而予以減半連署或附議之人數為25人。

（二）點名表決之提議是否須先表決

立法院院會之做法，係採點名表決之提議，如有異議，須先進行表決，其理由為《立法院議事規則》第35條規定。但如上述沿革，該規定已刪除點名表決之提議須經院會通過等文字。至於立法院各委員會實務上針對點名表決之提議，是否須先處理？因有委員認為法規不明確，故各委員會做法亦有所不同，案例如下：

1. 肯定說

主席須先徵詢各位委員對點名表決之提議有無異議？無異議，則通過該提議，進行點名表決，例如立法院第5屆第1會期經濟及能源委員會審查「公營事業移轉民營條例第五條、第十四條及第十五條條文修正草案」案第1次會議（91年4月11日），進行第5條表決時，柯委員建銘要求唱名表決（即點名表決），主席宣告，請問各位，對柯委員建銘所提唱名表決動議，有無異議？無異議，通過。[16]有異議，則針對該點名表決之提議先進行表決，例如立法院程序委員會第8屆第3會期第8次會議（102年4月9日），蔡委員煌瑯等8人提議：「針對李委員貴敏提案，議程草案討論事項第25案、第28案至第31案等5案暫緩列案乙案，提請點名表決案」，表決結果，在場委員16人，贊成者8人，反對者8人，可否同數取決於主席；嗣經主席投反對票，本案少數不通過。[17]

2. 否定說

主席毋庸徵詢各位委員而逕行採用點名表決。例如立法院第5屆第2會期經濟及能源、交通、財政、法制四委員會審查本院黃昭順等107人擬具「高雄經貿自治港市條例草案」案第1次會議（91年11月7日），主席宣告，李俊毅等人提案依據《立法院職權行使法》第8條之規定，本案不予審議。黃昭順等人提議建請本案逕送院會處理。李委員俊毅要求點名表決，主席宣告開始進行不予審議之點名表決；[18]立法院第6屆第2會期內政及民族、預算及決算兩委員會聯

---

16 《立法院公報》，第91卷，第40期第4冊，委員會紀錄，91年6月15日，1、22頁。
17 《立法院程序委員會第8屆第3會期第8次會議議事錄》，102年4月9日。
18 《立法院公報》，第91卷，第75期第5冊，委員會紀錄，91年12月18日，275、314頁。

席會議審查95年度中央政府總預算案第1組第9次會議（94年11月16日），進行陸委會預算歲出部分的通案提案第1案，主席宣告，陳委員憲中提議採用點名表決方式，開始進行點名表決，張委員顯耀表示，要先徵詢在場委員的意見，主席表示只要連署人數足夠，就可以直接表決。[19]

　　綜上，退萬步言，縱因法規不明確，依《立法職權行使法》第1條第2項規定，本法未規定者，適用其他法令之規定，即依《會議規範》第55條第1項第4款規定，略以：唱名表決之方式，如經出席人數提議，並得五分之一以上之贊同，即應採用。反之，立法院如認為點名表決之提議，仍須經由院會通過，始能採用，似應回歸42年版之規定文字，以杜爭議。

（三）點名表決是否須先簽到

　　立法院第9屆第4會期社會福利及衛生環境、經濟兩委員會第2次聯席會（106年11月23日）：有關「勞動基準法」發言、討論時間之程序提案，進行點名表決時，因委員高志鵬尚未簽到，所以不計入點名表決。惟委員如已在場，且點名表決程序尚未終了前，應請委員先行簽到，再進行點名表決，畢竟簽到僅係作為委員出席之證明，不能明知委員已出席在會議場所，而以其尚未簽到為由，剝奪委員之權利。

---

19 《立法院公報》，第94卷，第73期下冊，委員會紀錄，94年12月9日，96頁。

第三十六條（表決結果之可決）

表決，應就可否兩方依次行之。

用口頭方法表決，不能得到結果時，改用舉手或其他方法表決。

用舉手或表決器方法表決，可否兩方均不過半數時，應重行表決；重行表決時，以多數為可決。

用投票或點名方法表決，可否兩方均不過半數時，本案不通過。

沿革

88年1月12日全文修正通過。

✎ 理由

■條次變更（原條次為第48條）。

■配合表決方法之修正，酌作條文修正如上。

說明

一、表決應就可否兩方依次行之

《民權初步》第69節，表決必兩面俱呈，由主席宣布結果，才算有效。即凡表決都要正反雙方進行表決，先表決正面，再表決反面。

二、如何產生表決結果

口頭表決係以聲音大小判定勝負之表決結果，舉手表決、表決器表決、點名表決及投票表決等，係以數字作為判定勝負之表決結果。

三、重行表決係解決「舉手」或「表決器」方法表決無結果之方法

依《立法院議事規則》第36條第3項規定，用舉手或表決器方法表決，可否兩方均不過半數時，應重行表決；重行表決時，以多數為可決。即舉手或表

決器方法表決，可否未過半數時，因其無表決結果，所以明定必須重行表決，經由重行表決後，縱使未過半數仍以多數爲表決之結果。

如係以口頭方法表決，不能得到結果時，依《立法院議事規則》第36條第2項規定，則改用舉手或其他方法表決，尚不能直接適用重行表決。

另外，依《立法院議事規則》第36條第4項規定，用投票或點名方法表決，可否兩方均不過半數時，本案爲不通過，既有表決結果，自不能適用重行表決。

案例

一、重行表決

立法院第8屆第2會期第16次會議（102年1月4日），報告表決結果，出席委員99人，贊成者41人，反對者46人，棄權者12人，贊成者少數，但是贊成跟反對雙方都沒有過半數，所以要重行表決。報告表決結果：出席委員96人，贊成者42人，反對者47人，棄權者7人，贊成者少數，本案不通過。[20]

本條規定之重行表決，雖以多數爲可決，但仍須符合《立法院職權行使法》第4條及第6條規定之最低數額，即委員總額爲113人時，最低出席人數爲38人，最低同意人數爲20人。

二、重行表決誤為重付表決

立法院第8屆第2會期第15次會議（101年12月28日），議事日程草案進行親民黨黨團提案第3案，報告表決結果：出席委員93人，贊成者40人，反對者43人，棄權者10人，贊成者少數，本案不通過。親民黨立法院黨團要求重付記名表決。[21]

本案肯否未過半，並非「本案不通過」，應進行重行表決，而非重付表決。

---

20 《立法院公報》，第102卷，第4期上冊，院會紀錄，102年1月23日，31頁。
21 《立法院公報》，第102卷，第2期第1冊，院會紀錄，102年1月10日，6、7頁。

三、點名表決可否同數取決於主席

立法院第10屆第3會期社會福利及衛生環境委員會第4次全體委員會議（110年3月18日），臨時提案第9案、「要求衛環委員會成立COVID-19（新冠肺炎）疫苗採購調閱專案小組」，在場委員表示異議，經委員廖國棟Sufin・Siluko等6位委員提議採點名表決，表決結果：此案採點名表決，在場出席委員10人（不含主席），未在場出席委員4人（莊競程、洪申翰、黃秀芳及楊曜）；贊成者5人（張育美、廖國棟Sufin・Siluko、蔣萬安、賴香伶及徐志榮）；反對者5人（賴惠員、蘇巧慧、吳玉琴、邱泰源及陳瑩）；正反票數相同，主席加入投票表示贊成，贊成者6人，贊成者多數，本案通過。[22]

問題討論

一、表決可否同數如何處理

（一）表決可否同數加主席1票過半數者

依《立法院職權行使法》第6條規定，立法院會議之決議，除法令另有規定外，以出席委員過半數之同意行之；可否同數時，取決於主席。即可否同數時，是否過半數，取決於主席之1票，如主席贊成者，則為贊成者多數通過，反之，主席反對者，則為贊成者少數，不通過。此為主席之特權，即依《民權初步》第九章第72節，若遇同數之表決，則為主座行使特權之候，彼可隨意左右祖，或加多1數，使案通過，或由之使自打消。準此，取決於主席之特權，即為最終表決結果，不得再對其提出重付表決。

如主席不願表態者，如何解決此僵局？如為舉手或表決器表決者，依《立法院議事規則》第36條第3項規定，可否同數等同可否未過半數，故應重行表決，採多數可決。惟重行表決如仍為可否同數時，主席得依《立法院議事規則》第34條規定，宣告定期表決，或依《會議規範》第58條第1項規定，以主席不參與表決，為否決。

---

22 《立法院第10屆第3會期社會福利及衛生環境委員會第4次全體委員會議議事錄》，110年3月18日，6-8頁。

表決方法採投票或點名方法表決者，如可否同數，而主席不願表態者，依《立法院議事規則》第36條第4項規定，即為可否兩方均不過半數時，本案不通過。

（二）表決可否同數加主席1票仍未過半數者

表決可否同數加主席1票仍未過半數者，即該表決結果無法取決於主席，此時，《立法院職權行使法》第6條規定之可否同數時，取決於主席，即無適用之餘地。

可否同數等同可否未過半數，故依《立法院議事規則》第36條第3項規定，應重行表決，採多數可決。惟重行表決如仍為可否同數時，及表決方法採投票或點名方法表決者，其處理方式同上述（一）。

二、會議得否進行重新表決

立法院相關法令並無重新表決之規定，實務上重新表決之案例如下：

立法院第5屆第5會期第1次臨時會第1次會議（93年8月11日），協商結論（93年8月9日）：「一、定於93年8月10日（星期二），舉行談話會決定召開第5會期第1次臨時會……等。」主席：「由於幾位委員反對黨團協商結論，進行表決，不足法定人數，重新投票，不足法定人數，表決不成，休息10分鐘，繼續開會，表決結果，多數通過贊成協商結論。」

立法院第6屆第4會期第17次會議（96年1月19日），主席：「有委員提議廣泛討論停止討論，逕付表決，報告表決結果，投票人數未足法定人數，沒有結論，所以我們現在重新表決，多數通過，現在停止討論。」[23]

立法院第9屆第8會期第15次會議（108年12月31日），主席：「本案因不足表決人數，我們要進行重新表決，因為只有出席8人、贊成8人，但是在場人數已經超過半數，我們再重新表決。報告表決結果，因為沒有超過半數（應是不足表決人數），本案依照過去的議事例（第5屆第1會期第15次會議變更議程），我們就不予處理。」[24]

23 《立法院公報》，第96卷，第16期，院會紀錄，96年2月5日，73、74頁。
24 《立法院公報》，第108卷，第106期，院會紀錄，109年1月14日，20、21頁。

實務上之所以採取重新表決之原因，不外是表決器顯示之出席人數與在場人數差異過大，或表決器故障無法顯示表決結果等因素。所以主席本諸維持立法院議事秩序，處理議事公平原則，宣告重新表決，即重來1次之表決，以杜爭議。[25]

三、表決人數應否扣除棄權者

本條規定，略以：表決，應就可否兩方依次行之，以過半數為可決。至於表決結果之計算應否扣除棄權者，以下說明之：

（一）棄權之原因

參加表決者，可能選擇棄權之原因如下：

1. 對議案不感興趣而不願表態。
2. 對議案之考慮尚未成熟而不願貿然表示意見。
3. 對議案猶豫不決而抱持隨緣的態度。
4. 個人理念偏離所屬政黨立場，而致立場尷尬。
5. 面對政黨與選民之不同壓力。[26]

立法院實務上採行表決器進行表決時，因表決器面板有出席、贊成、反對及棄權等4個按鍵，須先按出席鍵，才能選擇贊成、反對或棄權。但如僅按出席鍵而未選擇其他按鍵者，系統將自動歸入「棄權」，以致時有遭委員抗議情事，經解說係系統設置之故，委員大致上不會再有意見。

（二）扣除棄權人數

《羅伯特議事規則》指出過半數得票或三分之二得票，係指滿足法定人數出席的合法會議上，扣除空白票以外的投票數。[27]《聯合國大會議事規則》第86條規定，略以：本規則各條內「出席並參加表決的成員國」一語是指投贊成

---

25 何弘光，《解讀立法院精選案例：了解立法院立法、修法的運作模式》，初版，五南圖書，112年，230-232頁。
26 許劍英，《立法審查理論與實務》，4版，五南圖書，93年，306頁。
27 亨利‧羅伯特，王海蓮譯，《羅伯特議事規則》，1版，天津人民出版社，2017年，125-139頁。

票或反對票的成員國，棄權的成員國應被認為沒有參加表決。[28]《會議規範》第58條規定，略以：表決除本規範及各種會議另有規定外，以獲參加表決的多數為可決，參加表決人數之計算，以表示可、否兩種意見為準，如以投票方式表決，空白及廢票不予計算。

（三）不扣除棄權人數

《立法院職權行使法》第6條規定，略以：立法院會議之決議，除法令另有規定外，以出席委員過半數之同意行之。即以「出席委員」作為計算表決結果之總數，自然不能扣除棄權人數。例如出席委員60人，贊成者28人、反對者22人、棄權者10人，因贊成者28人未過出席委員60人之半數即31人，所以表決不通過。反之，如扣除棄權者10人，即參與表決為50人，贊成者28人超過參與表決50人之半數即25人，為表決通過。但後者明顯與該條文規定之「出席委員」相違背。

綜上，表決人數應否扣除棄權者，仍應視其會議規定而言，即採扣除棄權人數說，係以「參與表決人數」作為表決結果之計算標準，而採不扣除棄權人數說，則係以「出席人數」作為表決結果之計算標準。準此，二說各有其據，並無對錯之別，惟因立法院之表決計算數係採出席人數，故並無扣除棄權人數。

四、舉手表決是否應就可否兩方依次行之

立法院院會進行表決者，以採行表決器表決為原則，例外採行舉手表決者，較為少見，往往係因特殊情況下，無法或不易採行表決器表決時，方由主席決定採行舉手表決，又因該特殊狀況下，不易採行可否兩方依次行之，所以實務上均採贊成者單方呈現表決結果，案例參閱本規則第35條。但常設委員會

---

28 Rule 86: "For the purposes of these rules, the phrase 'members present and voting' means members casting an affirmative or negative vote. Members which abstain from voting are considered as not voting." 聯合國，https://www.un.org/en/ga/about/ropga/plenary.shtml，最後瀏覽日期：112年9月19日。

採舉手表決者，是有踐行可否兩方依次行之，例如立法院第11屆第1會期司法及法制委員會第20次全體委員會議（113年5月8日），針對散會動議，表決結果，在場出席委員11人，贊成者6人，反對者5人，贊成者多數通過。

第三十七條（修正動議之討論及表決）

修正動議討論終結，應先提付表決；表決得可決時，次序在後之同一事項修正動議，無須再討論及表決。

修正動議提付表決時，應連同未修正部分合併宣讀。

沿革

88年1月12日全文修正通過。

✍ 理由

■條次變更（原條次為第49條）。

■第2項後段「修正部分可決後，仍應連同未修正部分付表決」予以刪除，以符實況。

說明

　　修正動議之說明，參見本規則第11條規定。

　　修正動議如有數案時，依本條規定係採逐案討論及表決，即次序在先之修正動議，應先討論及提付表決，得可決時，次序在後之同一事項修正動議，無須再討論及表決。惟立法院實務之處理方式，則容有不同，即由主席先請宣讀員宣讀各個版本，待宣讀完畢後，主席即宣告依登記順序發言，係採同時討論，待討論終結。主席宣告登記發言的委員均已發言完畢，現在進行處理各版本，依序進行表決，如果其中有任何1案通過，即不再處理其他案，也就是毋庸再繼續進行其他修正動議之表決。

第三十八條（表決後提出動議之限制）
主席宣告提付表決後，出席委員不得提出其他動議。但與表決有關之程序問題，不在此限。

沿革

88年1月12日全文修正通過。

✍ 理由

■條次變更（原條次爲第50條）。

說明

本條規定主席宣告進行表決後，除有關表決之程序問題外，出席委員不得提出其他動議，以免干擾表決程序之進行。

一、宣告提付表決

議案經討論終結或停止討論，須進行表決時，主席會宣告「現在進行表決」，表決程序即開始進行。

二、不得提出其他動議

表決程序進行中，爲避免變相阻擾議案之表決，所以明定原則上不得提出其他動議。

三、與表決有關之程序問題

表決程序進行中，與表決有關之程序問題，即有關表決權之限制、表決之方法、表決方法之變換、表決之順序、重付表決及清點人數等動議，[29]例外得提出之。

---

29 蔡政順，《立法院議事規則逐條研究》，初版，大中國圖書，74年，371頁。

案例

一、表決權之限制：利益迴避

　　立法院第1屆第87會期第92次會議（80年5月28日），王委員志雄提議資深民代自願退職金優惠存款利息補助共3億6,446萬4,000元正應全數刪除，並依本院議事規則第46條規定，資深立委為本案當事人，不得參與表決。經主席裁決：所謂「立法委員對於關係其個人本身之議案，不得參與表決。」係指與立法委員個人之利益有關者，並非指與立法委員整體利益有關者。因此，資深立委不能參與本案之表決實無法律根據。[30]嗣後，立法院將上述第46條規定刪除，移列於88年1月25日制定公布之《立法委員行為法》第22條，並酌作修正為：「立法委員行使職權就有利益迴避情事之議案，應迴避審議及表決。」

---

30 《立法院議事先例集》，立法院秘書處編印，82年2月，21頁。

第三十九條（重付表決）

出席委員對於表決結果提出異議時，經十五人以上連署或附議，得要求重付表決。但以一次為限。

用投票或點名方法表決，非有足以明顯影響表決結果之重大瑕疵者，不得要求重付表決。

沿革：

88年1月12日全文修正通過。

第三十九條

出席委員對於表決結果，經三十人以上連署或附議，得要求主席重付表決。但以一次為限。

✍ 理由

■條次變更（原條次為第51條），將「二十人」修正為「三十人」，並酌作文字修正。

91年1月15日修正通過。

第三十九條

出席委員對於表決結果提出異議時，經三十人以上連署或附議，得要求重付表決。但以一次為限。

用投票或點名方法表決，非有足以明顯影響表決結果之重大瑕疵者，不得要求重付表決。

✍ 理由

■「點名表決」與「投票表決」，均為議題嚴肅、程序嚴謹、手續繁複之表決方式，一則因為均經反復稽核慎重將事，不易出現錯誤，再則如率

爾重付為之，不僅因程序更新，延宕議事，更必將形成議事爭議，因此非有足以明顯影響表決結果之重大瑕疵者，不得要求重付表決，爰修正如上。

96年11月30日修正通過。

✍ 理由

■配合立法委員人數減半，按比例酌減本條連署或附議人數半數。

說明：

本條規定對表決結果有異議時，得提出重新交付表決及其限制。

一、重付表決之標的

重付表決既為重新交付表決，其標的即為「表決結果」。如無表決結果，自不能提出重付表決，例如採用舉手或表決器方法進行表決，可否未過半數，並無表決結果，自不能對起提出重付表決。但如經重行表決產生表決結果者，則可對該表決結果提出重付表決。

二、重付表決之提出

出席委員對於表決結果提出異議時，須經15人以上連署或附議，始得提出重付表決。

三、重付表決之限制

重付表決之提出，以1次為限。

表決結果如係採用投票或點名方法進行表決者，出席委員對於表決結果提出異議，要求重付表決時，除須有15人以上連署或附議外，尚須提出有足以明顯影響表決結果之重大瑕疵，始可進行重付表決。否則，不得要求重付表決。

重付表決行使之方法與效力，原則上應與其原來之表決方法及效力相同，即原表決結果係以舉手方式者，重付表決亦以舉手方式為之，不得更換為其他表決方法。原表決結果如係重行表決之多數可決，即非過半數者，重付表

決之效力亦同採多數可決即可,即無重付表決未過半數,而須再採重行表決之情形可言。

案例:

一、點名表決,非有足以明顯影響表決結果之重大瑕疵者,不得要求重付表決

　　立法院第9屆第4會期社會福利及衛生環境、經濟兩委員會第2次聯席會(106年11月23日),有關「勞動基準法」發言、討論時間程序提案之點名表決結果,柯委員建銘要求重付表決,委員間爭執不下。[31]

　　本案係採點名表決,依《立法院議事規則》第39條第2項規定,須有足以明顯影響表決結果之重大瑕疵者,始可採行重付表決。所以如上開表決結果違反《立法院點名表決辦法》第8條:「未參加表決委員於表決結果宣告前到會者,得要求參加表決。」則得據此主張重付表決之。

相關法規:

◎會議規範

第61條

重行表決　出席人對表決結果,發生疑問時,得提出權宜問題,經主席認可,重行表決,但以一次為限。

✍ 備註

■該條之「重行表決」即為本條之「重付表決」。

---

31 《立法院公報》,第106卷,第113期下冊,委員會紀錄,107年1月3日,132、133頁。

問題討論

一、重付表決是否限同一方式為之

　　立法院第1屆第33會期第26次會議（53年6月12日），著作權法修正草案，鄧委員提出重付反表決改用點名表決，主席宣告定期點名表決，惟委員間對重付表決採用與原表決不同方式產生爭議，最後因提案委員撤回而結束爭議。[32]

　　立法院第8屆第4會期第14次會議（102年12月13日），民進黨黨團提變更議程增列討論事項（法院組織法刪除第63條之1條文草案），國民黨黨團提案重付表決，改採記名表決，主席宣告重付表決不能改變表決方式，故仍採無記名表決處理，本案贊成者多數通過。[33]

二、重付表決應即時為之

　　立法院第1屆第49會期第6次會議（61年3月7日），院會決議：「一、重付表決應於第一次表決後，即時續為之，不能定期表決。二、重付表決經清點不足法定人數時，仍以第一次表決結果為準。」[34]

---

[32] 《立法院公報》，第53卷，第33會期，第12期，53年6月18日，58頁以下；第53卷，第13期，53年6月26日，6頁。

[33] 《立法院公報》，第102卷，第80期，院會紀錄，102年12月20日，49頁。

[34] 《立法院公報》，第61卷，第20期，院會紀錄，61年3月11日，43頁。

第四十條（表決結果當場報告並記錄）
表決之結果，應當場報告，並記錄之。

沿革：

88年1月12日全文修正通過。

✍ 理由
■條次變更（原條次為第52條）。

說明：

一、表決結果

《立法院議事規則》第35條規定，表決方法有口頭表決、舉手表決、表決器表決、投票表決及點名表決等5種，惟再加上表決器記名表決，則有6種。不論採取哪一種表決方法，於表決時間終了，除未達法定人數外，皆會產出1個表決結果。

二、當場報告

表決結果應由主席於會議當場向會眾報告，不得保留於下次會議報告，亦不可以不為報告。會眾如對主席報告之表決結果，有疑義得提出權宜問題，主席應即處理之。

三、記錄

表決結果經主席當場向會眾報告後，議事人員會將該表決結果之事實記錄之。如出席委員對該表決結果有異議，應於當場提出，否則只能於下次會議對該表決結果之紀錄，認為有錯誤者，得依《立法院議事規則》第54條規定，對該次會議之議事錄，以書面提出更正，由主席逕行處理。

案例：

一、更正表決結果

　　立法院第9屆第3期第2次臨時會財政、內政、經濟、教育及文化、交通、司法及法制、社會福利及衛生環境七委員會第1次聯席會議（106年7月19日），主席：「請議事人員宣讀『中央政府前瞻基礎建設計畫第一期特別預算案』之委員提案，一共有126案。」宣讀畢，決議：「行政院函請審議中央政府前瞻基礎建設計畫第1期特別預算案，全案保留，送院會處理。另債務之舉借，隨同歲出審查結果調整，歲出政事別預算，隨同機關別審查結果調整。本案業已審查完竣，擬具審查報告，提報院會討論，須交由黨團協商，院會討論時，由本席補充說明。」請問各位委員，對以上決議有無異議？（有）有異議，既有異議，我們就點名表決。主席：「向聯席會報告點名表決結果：同意者55人，反對者2人，不在場及未表示意見者37人。」「周陳委員秀霞表示反對，現在更正表決結果：同意者55人，反對者3人，不在場及未表示意見者36人。」「時代力量黨團除林委員昶佐以外均表示反對，現在更正表決結果：同意者55人，反對者7人，不在場及未表示意見者32人，我們照案通過。」[35]

問題討論：

一、表決結果得否於會後補宣告

　　立法實務上，於委員會會議結束即散會後，有時因特定狀況，致主席跑回主席台補行宣告更正原決議、表決結果或其他事項等情事。惟因委員會會議散會後，已無會議形態，會眾也已離去，主席亦失去主持會議之地位，故實際上並不可能有「主席補宣告」之情形。縱使退萬步言，主席得以散會後，補行宣告作為更正表決結果，但散會後已離去之會眾根本無從得知，又如何當場表示意見。準此，實務上不宜再有主席於散會後補宣告更正表決結果之情事。

---

[35] 《立法院公報》，第106卷，第71期上冊，委員會紀錄，106年8月8日，293-372頁。

第四十一條（清點人數）

院會進行中，出席委員對於在場人數提出疑問，經清點不足法定人數時，不得進行表決。

沿革：

88年1月12日全文修正通過。

理由

■條次變更（原條次為第53條）。

說明：

　　本條規定立法院院會進行中，出席委員對於在場人數提出疑問之處理方式及效果。

　　法定人數可分為得議事之法定人數及得議決之法定人數二種。[36]前者為會議得否合法召開之出席法定人數，而後者則為會議能否為合法之決定（議）之表決法定人數。

　　主席宣布開會後到會議結束前，無論何時，出席委員取得發言權後，皆可提出，因清點人數並非動議，所以無須附議，即可進行，但屬主席之裁量權，即主席認為要求合理則進行之，反之，如現場人數明顯已足法定人數，意在拖延議事時間者，主席得以「在場人數顯然已達法定人數，要求駁回」，惟出席委員如不服主席決定，可以向院會「申訴（異議）」，經大會同意，仍應即進行清點人數。[37]

　　立法院清點人數之方式，實務上係採取舉手方式予以統計。但立法院院會表決方式如採表決器表決者，該表決器顯示之出席人數，即參與表決者為出席人數，等同清點在場人數。因本條規定清點人數後，如不足法定人數時，僅是

---

36 蔡政順，《立法院議事規則逐條研究》，初版，大中國圖書，74年，179-185頁。
37 鍾啟岱，《議事學理論與實務》，初版，高雄復文圖書，92年，52-54頁。

不得進行表決，即表決程序應予中止。[38]但並非當然散會，似乎仍可以繼續進行會議，只是不得進行表決，[39]所以本條規定法定人數應屬表決法定人數。與《會議規範》第7條規定並不相同，即依該規定，清點在場人數不足額時，其效果為散會或改開談話會，係屬出席法定人數。惟如有在場委員依本規則第26條第2項規定提出散會動議，仍須優先處理，不得因不足法定人數而進行其他程序。

案例：

一、清點人數不足法定人數，現在休息

　　立法院第7屆第5會期第16次會議（99年6月7日），處理國民黨黨團所提修正動議〔針對台糖公司研究發展費用編列2億9,679萬3,000元，除審查會已通過減列2,000萬元外，建議再行減列1,000萬元（科目自行調整）。〕時，因第1次表決結果，在場委員36人，不足法定出席人數，李委員俊毅請主席立即清點人數，主席表示在場委員來不及按表決器，現在進行重行表決。表決結果，在場委員35人，法定人數不足。主席宣告清點人數動議，在場委員34人，不足法定人數，現在休息。[40]

二、表決器清點人數不足，另定期處理

　　立法院第7屆第5會期第12次會議（99年5月11日），臨時提案第20案、「本院委員簡東明、孔文吉、林正二等14人，針對桃園機場原住民文化藝術展示館因交通部民用航空局桃園國際機場站與屏東縣政府之契約已終止，並委由民間廠商進行規劃、設計及管理等，故桃園國際機場欲收回該展示館之場域以及進行展示館拆除工程。本席為維護原住民族文化及手工藝技術之傳承，並積極推展台灣原住民族文化於國際間之能見度，開拓原住民族產品之行銷通路，

---

38 周萬來，〈立法院議事規則釋論〉，《立法院院聞》，第32卷，第10期，總期：378，93年10月，82頁。
39 許劍英，《立法審查理論與實務》，4版，五南圖書，93年，121頁。
40 《立法院公報》，第99卷，第46期上冊，院會紀錄，99年6月17日，105、106頁。

爰建請交通部民用航空局能繼續提供桃園機場部分場域予原住民文化藝術館繼續營運。是否有當，請公決案。」主席：「本案作如下決定：函請行政院研處。」請問院會，有無異議？（有）有異議。郭委員素春提議表決，清點人數。按鈴7分鐘。主席：「報告院會，在場人數未達法定人數，本案另定期處理。」進行第21案。[41]

相關法規

◎會議規範

第7條

會後缺額問題 會議進行中，經主席或出席人提出數額問題時，主席應立即按鈴，或以其他方法，催促暫時離席之人，回至議席，並清點在場人數，如不足額，主席應宣布散會或改開談話會，但無人提出額數問題時，會議仍照常進行。在談話會中，如已足開會額數時，應繼續進行會議。

問題討論

一、清點人數不足者得否逕行宣告散會

　　立法院第6屆第5會期財政委員會第26次全體委員會議（96年6月7日），討論事項、「繼續併案審查行政院函請審議『會計師法修正草案』案、本院委員余政道等42人擬具『會計師法第四條條文修正草案』案及本院委員柯淑敏等36人擬具『會計師法修正草案』案。」費委員鴻泰要求清點人數，因只剩下2個人，主席宣告再休息，惟費委員鴻泰表示已不足法定人數，不能再宣告休息了，主席乃宣告散會。[42]

　　立法院第9屆第3會期第15次會議（106年5月26日），「財團法人台灣郵政協會……104年度決算案照審查報告通過」。現有國民黨黨團建議本案清點人數表決處理。主席：「報告院會，在場人數6人。由於在場委員不足表決法定

---

41 《立法院公報》，第99卷，第34期，院會紀錄，99年5月17日，128、129頁。
42 《立法院公報》，第96卷，第55期，委員會紀錄，96年7月5日，39頁。

人數，本次會議進行到此為止，現在散會。」[43]

　　綜上，《立法院議事規則》第41條規定，清點不足法定人數時，僅係不得進行表決，並非當然成為散會之事由。上開案例1係因只剩2人不成會，故以散會結束，而案例2則係因在場人數只有6人，不足法定人數，無法進行表決，加上可能會議時間已到晚上7時47分，故主席主動宣告散會。

---

43 《立法院公報》，第106卷，第60期下冊，院會紀錄，106年6月7日，1258頁。

第七章
復議

88年1月12日全文修正通過。

✍ 理由

■ 章次修正（原章次爲第九章）。

說明：

　　復議之內涵未有明文規定，因復議動議爲特別主動議，依《民權初步》第77節，復議：「按之常例，凡動議一經表決之後，或通過，或打消，則事已歸了結矣。惟預料議員中過後或有變更意見，遂欲改其表決者，故議會習慣，有許可『復議之動議』，即推反表決而復行開議也，其作用則所以糾正草率之表決及不當之行爲也。」[1]復議在《羅伯特議事規則》爲reconsider，有謂復議宜譯爲「重新審議」，[2]另有謂應譯爲「再議」，才不至於與憲法第57條之「覆議」混爲一談而誤用。[3]

　　《立法院議事規則》第七章爲復議專章，自第42條至第45條，共有4個條文。摘要如下：

　　第42條規定，提出復議之要件。

　　第43條規定，復議提出及討論之時間。

　　第44條規定，對法律案及預算案提出復議之特別規定。

　　第45條規定，再提復議之禁止。

1　孫文，《民權初步》，6版，三民書局，78年，51頁。

2　亨利・羅伯特，王海蓮譯，《羅伯特議事規則》，1版，天津人民出版社，2017年，99-107、249頁。

3　蔡文斌，《會議規範實用》，修訂4版，自版，100年，125、126頁。

第四十二條 （復議提出要件）

決議案復議之提出，應具備下列各款：

一、證明動議人確為原案議決時之出席委員，而未曾發言反對原決議案者；如原案議決時，係依表決器或投票記名表決或點名表決，並應證明為贊成原決議案者。

二、具有與原決議案不同之理由。

三、二十人以上之連署或附議。

沿革：

88年1月12日全文修正通過。

第四十二條

決議案復議之提出，應具備下列各款：

一、證明動議人確為原案議決時之出席委員，而未曾發言反對原決議案者；如原案議決時，係依表決器或投票記名表決或點名表決，並應證明為贊成原決議案者。

二、具有與原決議案不同之理由。

三、四十人以上之連署或附議。

✍ 理由

■ 條次變更（原條次為第54條）。

■ 前文中「左列」修正為「下列」。

■ 第1款「點名表決」上增列「表決器或投票記名表決或」等字。

■ 將第2款中具有與原決議案「相反」之理由，修正為「不同」之理由。

■ 第3款「三十人」修正為「四十人」，以示慎重。

96年11月30日修正通過。

✍ 理由

■配合立法委員人數減半，按比例酌減本條連署或附議人數半數。

說明

本件規定提出復議之要件。

一、提出復議之要件

（一）出席委員

提出復議之人，限於原案議決時之出席委員，且該出席委員須未曾發言反對原決議案者。如原案議決時，係採表決器或投票記名表決或點名表決，並應證明該出席委員為贊成原決議案者。依《會議規範》第79條規定，復議提出人係屬於原決議案之得勝方面者。即原決議案如係贊成者通過，得勝方即為投贊成票者，反之，原決議案如係贊成者不通過，得勝方即為投反對票者。但得勝方非必為大多數方，即如須三分之二以上多數始得通過，縱使多數過半而未達三分之二者，少數之人仍為得勝之一方。

原案議決時，可能採表決器或投票等無記名表決，此時因無法證明復議提出人係贊成原決議案者，故原則上應認定其等均為贊成原決議案者，例外則是證明曾有發言反對原決議案之情形者，即不可提出復議。此外，立法院目前均採實況轉播會議情形，如採舉手表決者，似能從影片知悉原決議之贊成或反對者。

（二）具有與原決議案不同之理由

《會議規範》第78條規定，不同之理由係指議案經表決通過或否決後，如因情勢變遷或有新資料發現而認為原決議案確有重加研討之必要時。至於理由是否允當，則係屬討論該復議應否通過之問題，而非為本款之要件。但實務上復議之提出，卻往往未要求須附具理由，且易成為為及早確定決議案之操作工具。

（三）連署或附議

提出復議之出席委員，尚需20人以上出席委員之連署或附議。此外，實務上，原案議決時，如屬無異議通過，因為都是得勝方，所以毋須證明復議動議人之資格。因此，得以黨團名義提出復議。例如立法院第9屆第8會期第6次會議（108年10月22日），報告事項第26案、「本院時代力量黨團擬具『臺灣地區與大陸地區人民關係條例部分條文修正草案』，請審議案。」程序委員會意見：「擬請院會將本案交內政委員會審查。」無異議，通過。當日會議於排定質詢委員均已質詢完畢。繼續處理復議案，第1案及第2案，分別由國民黨黨團及親民黨黨團，針對立法院第9屆第8會期第6次會議報告事項第26案時代力量黨團擬具「臺灣地區與大陸地區人民關係條例部分條文修正草案」，院會所作決定，提出復議。[4]

二、不得提出復議者

（一）決議案已執行者

《會議規範》第79條第1項第1款規定原決議案尚未著手執行者，始得提出復議。有謂不可回復原狀者，亦不得提出復議，例如散會動議，一經表決通過，主席即宣告散會，會眾均已散去，自無法再提復議，[5]惟散會動議表決通過後，經主席宣告散會，無論會眾是否散去，該決議已完成執行，故仍屬已執行之決議，自不得提出復議。

（二）程序性事項

《會議規範》第82條規定，不得復議之事項，包括權宜問題、秩序問題、會議詢問、散會動議之表決、休息動議之表決、擱置動議之表決、抽出動議之表決、停止討論動議之表決、分開動議之表決、收回動議之表決、復議動議之表決、取銷動議之表決、預定議程動議之表決、變更議程動議之表決、暫時停止實施議事規則一部之動議之表決、討論方式動議之表決、表決方式動議之表

4　《立法院公報》，第108卷，第74期，院會紀錄，108年10月30日，3、189頁。
5　周萬來，〈淺談復議〉，《立法院院聞》，第23卷，第3期，總期：263，84年3月，44頁。

決。

（三）不復議同意書

　　復議程序為法定程序，本規則並無明文規定可以例外排除不予適用。惟實務上或基於該法律案具有時間之急迫性，或該法律案並無任何爭議等情況下，為節省復議時間，使決（定）議案儘早確定，而發展出由各黨團簽署不復議同意書，即放棄復議動議之提出，予以排除復議期間之適用。

（四）黨團協商結論決定不提出復議

　　實務上，各黨團為使決（定）議案儘早確定，得由黨團協商會議討論並決定，各黨團同意特定議案不提出復議。

案例：

一、復議提出人係原決議案之得勝方面者

　　《會議規範》第79條規定，復議提出人係屬於原決議案之得勝方面者。

（一）原決議案得勝方為投贊成票者

　　立法院第9屆第7會期第6次會議（108年3月22日），主席：「針對（報告事項）第23案，民進黨黨團提議退回程序委員會重新提出，贊成者多數，本案退回程序委員會重新提出。」「報告事項已處理完畢，現有柯委員建銘等，針對本次會議議程報告事項第23案院會所作決定提出復議，並請隨即處理。」院會：「無異議，通過。」

（二）原決議案得勝方為投反對票者

　　立法院第9屆第7會期第10次會議（108年4月19日），主席：「針對報告事項第47案，現有國民黨黨團提議退回程序委員會重新提出，有異議，進行表決，贊成者少數，不通過，本案照程序委員會意見通過。」「報告事項已處理完畢，現有本院柯委員建銘等人針對第47案院會所作決定提出復議，並請院

會立即處理。」決議：「復議案不通過，本案報告事項各案均照原作決定通過。」

二、各黨團同意提出不復議同意書

由各黨團對該法律案各別提出蓋有黨戳及負責人簽名之「不復議同意書」，或於同一張「不復議同意書」上，分別由各黨團蓋上黨戳及負責人簽名，送交議事處。不復議同意書為實務上常見排除復議期間之做法，該「不復議同意書」並無法定格式，只要載明「各黨團同意對○○法律案不提出復議」等文字即可。例如本院民主進步黨黨團、中國國民黨黨團、台灣民眾黨黨團、時代力量黨團，針對立法第10屆第8會期第10次會議報告事項時代力量黨團擬具「營養及健康飲食促進法草案」，同意不提出復議。

至於該「不復議同意書」得否事後撤回？實務上未有案例，解釋上只要議事單位尚未發文者，似乎是可以撤回。反之，如議事單位收到該「不復議同意書」而予以發文者，係屬解除復議期間之限制，即屬原決議案已著手執行，則無法再受理該黨團撤回之申請。

三、黨團協商決定不提出復議

立法院第9屆第3會期第7次會議（106年3月31日），黨團協商結論（106年3月31日）決定事項：「一、各黨團同意『前瞻基礎建設特別條例草案』交經濟、財政、內政、教育及文化、交通、社會福利及衛生環境六委員會審查，並不提出復議……。」主席：「請問院會，對以上朝野黨團協商結論有無異議？（無）無異議，通過。」[6]立法院第9屆第3會期第8次會議（106年4月7日），黨團協商結論：「各黨團同意年金改革法案，委員會於4月19日（星期三）開始進行審查，相關法案均不提出復議。」[7]

---

6 《立法院公報》，第106卷，第29期下冊，院會紀錄，106年4月12日，1頁。
7 《立法院公報》，第106卷，第37期，院會紀錄，106年4月24日，348頁。

四、復議案提出與原案相反之理由即可成立

立法院第2屆第6會期第15次會議（84年12月21日），本院委員廖福本、羅傳進、曾振農等35人爲公共債務法三讀通過第4條條文「各級政府在其總預算及特別預算內，所舉借之公共債務未償餘額，合計不得超過行政院主計處預估之前三年度名目國民生產毛額平均數的百分之四十」，就目前各級政府債務餘額核計，已超過4,562億元，已無法執行，爰依議事規則第54條（現爲第42條）規定提出復議，建議將前述「百分之四十」提高爲「百分之四十八」，並分配如附件擬議條文。雖有委員表示本復議案不成立或反對提出此復議案，但此復議案還是經過表決通過，並於二讀表決通過，進行三讀表決時，有委員對表決程序提出意見，主席乃向院會報告，依議事規則第54條規定，復議案只須與原案有相反意見即可提出。最後三讀表決通過。[8]

問題討論：

一、決定案得否成為復議之標的

復議案之標的，應否包括報告事項的「決定」案件，即得否適用《立法院議事規則》第54條（45年4月13日，現爲第42條）條之「決議」案件，現行法規並未明定，合先敍明。

立法院第1屆第34會期第21次會議（53年12月8日），討論事項第3案、「本院委員王大任等八十四位對於本會期第二十次院會議決議將考試院所提分類職位公務人員考試任用俸給考績四法交法制經濟交通財政四委員會審查一案提出復議並請依法及慣例仍交法制委員會審查案。」鄧委員翔宇表示，將報告事項中之決定意見，當作討論事項之決議案，提出復議案，與議事規則不符。同會期第22次會議（53年12月11日），列爲討論事項第1案，吳委員延環表示，決定的效力完全等於決議，符合議事規則復議案的條件。郭委員登敖表示，議事錄對於會議結果之記載有兩種，一是「決議」，一是「決定」，關於

8 《立法院公報》，第84卷，第64期，院會紀錄，84年12月27日，14、15頁；第85卷，第2期，院會紀錄，85年1月6日，12-23頁。

法律案、預算案、條約案等之議決是用「決議」；關於事務上程序問題之議決是用「決定」，依《立法院議事規則》第54條（45年4月13日，現為第42條）規定，復議之提出僅能對「決議」而為，並沒有規定可對「決定」提復議。某項法案交付那幾個委員會審查，是程序問題，是一個「決定」事項，對於決定事項如有不妥，而有更改之必要時，可以修改決定事項之方式來變更，不必經由復議的程序。最後，經由表決，決議：「本案不成立。」[9]所以立法院早期實務認為對立法院院會一讀決定是不能提出復議。

有謂依議事上之效力而言，決定事項與決議事項應屬一體之兩面，二者效力應屬一體，以復議動議變更原決定尚無不合。[10]因此，立法院對於報告事項之決定案件，如需改變，同意以復議程序處理，例如立法院第3屆第1會期第7次會議（85年4月12日），報告事項第6案、「行政院函，為修正『行政院開發基金收支保管及運用辦法』第8條條文，請查照案。」院會決定：「交預算、財政兩委員會。」主席：「繼續處理二項復議案。第2案、本院委員張俊宏等50人，對本次會議報告事項第6案『行政院開發基金收支保管及運用辦法』第8條條文，擬請復議，改交付預算、財政兩委員會審查。」「有異議，本案另定期處理。」[11]此亦為晚近立法院實務所採之。

二、黨團協商結論得否成為復議之標的

實務上對黨團協商結論之院會決定提出復議者，例如立法院第4屆第4會期第10次會議（89年10月31日），國民黨黨團、新黨黨團、親民黨黨團、無黨籍聯盟共同提案，為因政經情勢改變，針對上（9）次會議朝野協商所作決定，提請復議案，並經表決本復議案通過。[12]此外，實務上亦有經黨團協商同意始得提出復議之案例，例如立法院第7屆第1會期第19次會議（97年7月17日），黨團協商結論（97年7月17日）決定：「一、同意對97年7月16日朝野黨團協商

9 《立法院公報》，第53卷，第34期第8冊，院會紀錄，53年12月15日，81-83頁；第53卷，第34期第9冊，院會紀錄，53年12月22日，13-20頁。
10 曾濟群，《中外立法制度之比較》，初版，中央文物供應社，77年，352、353頁。
11 《立法院公報》，第85卷，第16期，院會紀錄，85年4月20日，4、29頁。
12 《立法院公報》，第89卷，第59期上冊，院會紀錄，89年11月4日，40-48頁。

結論所做決定提出復議。……。」[13]

　　實則上開成為復議標的之黨團協商結論，仍係透過黨團協商方式才可以提出復議，並非當然成為復議之標的。準此，如因政經情勢改變或其他內容有變而須異動黨團協商結論者，僅需以新的黨團協商結論變更舊的黨團協商結論即可，毋庸先以黨團協商結論同意提起復議，再經由復議改變黨團協商結論，畢竟黨團協商結論仍須經由院會決議通過始生效力，所以後黨團協商結論效力優於前黨團協商結論，實為後院會決議優於前院會決議所致，亦可避免復議凌駕黨團協商共識決之問題。

三、連署或附議之人應否限制其資格

　　連署或附議之人是否須與復議提出人同為原案議決時之出席委員，而未曾發言反對原決議案者，以及原案議決時，係依採點名表決，連署人是否亦應證明為贊成原決議案者，因法無明文規定，實務上乃產生爭議。即有主張動議人與連署人的身分不同，自無適用動議人資格限制規定的必要，惟亦有主張法條雖未明定連署人的資格要件，但連署人與提案人因為必須同一立場，所以兩者的資格自需一致。立法院實務上係採取後者，即復議之連署或附議人應與復議提出人資格相同。[14]

四、黨團得否提出復議

　　本規則第59條雖規定，黨團除法律另有規定外，其提案不受本規則有關連署或附議人員之限制。即不受本條第3款規定之20人以上之連署或附議之限制。但仍須符合本條第1款規定，復議動議之提出，須證明動議人確為原案議決時之出席委員，而未曾發言反對原決議案者；如原案議決時，係依表決器或投票記名表決或點名表決，並應證明為贊成原決議案者。故實務上以黨團名義提出復議者，限於該議案係無異議通過者，始適用之。[15]惟黨團基於各種考

---

13 《立法院公報》，第97卷，第48期上冊，院會紀錄，89年11月4日，283頁。
14 何弘光，《解讀立法院精選案例：了解立法院立法、修法的運作模式》，初版，五南圖書，112年，250-252頁。
15 何弘光，《立法院實用法令及案例彙編》，初版，五南圖書，109年，234頁。

量，針對報告事項所作決定的案件提請復議，致該議案無法立即付委或逕付二讀而造成議事的不確定性，即該復議案之提出已被黨團過於濫用。[16]

五、復議案得否撤回

立法院第9屆第6會期第5次會議（107年10月23日），通過黨團協商結論（107年10月22日），決定如下：「一、國民黨黨團針對『108年度中央政府總預算案』及『中央政府前瞻基礎建設計畫第2期特別預算案』之復議案，予以撤回。各黨團同意將上開預算案列入第6次會議報告事項第2案處理，……。」[17]

問題討論

一、議案執行之時點

立法院對於議案之決定或決議，目前實務上均肯認其等得成為復議之標的。[18]惟在未提出復議之前，該等議案得否執行，則無明文規定，以致實務上做法不一致，說明如下：

（一）未過復議期間之執行

本規則第七章第42條至第45條僅規定，復議案之提出要件、時限、範圍及限制等，並未規定經決定或決議之議案，須等到復議期間經過後，始能執行。從而，如基於某種考量，不想讓議案立即執行時，則須立即提出復議，復議動議一經提出，雖未討論及表決，然該決議當即暫停執行。[19]即該議案本可「立即」執行，係因復議之提出而無法立即執行。實務上議案經會議決定或決議尚未過復議期間前而予以執行者，例如院會將議案交付黨團協商之決定、委員

---

16 周萬來，《立法院職權行使法逐條釋論》，3版，五南圖書，108年，335頁。
17 《立法院公報》，第107卷，第87期，院會紀錄，107年11月14日，83、84頁。
18 何弘光，《解讀立法院精選案例：了解立法院立法、修法的運作模式》，初版，五南圖書，112年，246-249頁。
19 周萬來，〈立法院議事規則釋論〉，《立法院院聞》，第32卷，第10期，總期：378，93年10月，87頁。

會交付黨團協商之決議及院會每會期最後1次院會或有未過復議期執行之決議（包含但不限法律案、預算案）等。

（二）經過復議期間之執行

本規則第43條規定，略以：復議動議之提出，應於原案表決後之下次院會前。實務乃據此規定，認為於下次會議前，因有可能提出復議，所以在該復議期間經過前，該議案尚未確定而不得執行之。但又考量復議期間過長，影響議案之執行，實務乃發展出由各黨團提出「不復議同意書」、「黨團協商結論同意不提出復議」、「委員會先排入議程再附條件以如經提出復議者予以刪除」、「時間急迫」，以及為使議案提前確定之「無理由復議」等事由，提前避開復議期間之限制，予以執行之。否則，須待上述復議期限經過後，始能予以執行。

（三）小結

本規則對於會議之決定及決議並無明文規定須待復議期間經過後，始能執行。實務上雖認為仍須待復議期間經過後，始能執行。但又為避免此限制而創造出許多例外情形，甚至產生不一致之處理方式。反觀《會議規範》第79條規定，略以：提請復議之條件為原決議案尚未著手執行者。準此，原決議如已執行者，即不得提起復議，簡單明了，所以立法院之決定或決議是否一定須待復議期間經過後，始能執行，容有重新審視之必要，以解決實務之困境。

第四十三條（復議提出時間）

復議動議，應於原案表決後下次院會散會前提出之。但討論之時間，由主席徵得出席委員同意後決定之。

沿革：

88年1月12日全文修正通過。

✎ 理由

■條次變更（原條次為第55條）。

說明：

本條規定復議提出之時間與討論之時間。

一、復議提出之時間

原案表決後下次院會散會前，均可提出。惟如為多日1次會者，係以該次院會之最後1日散會前為提出復議之最後時限。此外，《會議規範》第79條規定，復議提出於同次會，須有他事相間。但實務上並無此限制。復議動議提出後，雖尚未討論或表決，該決議案當即暫停執行。[20]

二、復議討論之時間

復議提出之後，應於何時討論，並無規定，由主席徵得出席委員之同意即可討論，亦可定期討論，或授權程序委員會編列議程定期討論者。

---

20 同註19，87頁。

案例：

一、議案決定後立即提出復議並處理

　　立法院第10屆第4會期第1次臨時會第1次會議（111年1月5日），主席：「報告院會，報告事項（第1案至第6案）已經處理完畢，現有本院民進黨黨團針對本次會議議程報告事項第1案至第6案院會所作決定提出復議，並請院會立即處理。」「報告院會，現在處理本件復議案，請問院會有沒有意見？沒有意見，現在針對民進黨黨團所提復議案進行表決，按鈴7分鐘，並分發表決卡。（按鈴）」「現在進行表決。現有民進黨黨團要求記名表決，記名表決，時間1分鐘，現在開始。（進行表決）」「報告表決結果：出席委員62人，贊成者0人，反對者62人，棄權者0人，贊成者少數。」決議：「復議案不通過，報告事項第1案至第6案均照原作決定通過。」[21]

二、復議案提出立即處理

　　立法院第9屆第7會期第14次會議（108年5月17日），司法院釋字第748號解釋施行法草案完成立法程序後，主席：「所有登記發言的委員均已發言完畢。報告院會，現有本院民進黨黨團針對本次會議議程報告事項第15案院會所作之決定提出復議，並請院會立即處理。」民進黨黨團復議案：「本院民進黨黨團針對第9屆第7會期第14次會議報告事項第15案院會所作之決定提出復議，並請院會立即處理復議動議。是否有當，敬請公決。」主席：「報告院會，現在處理本件復議案。請問院會，針對民進黨黨團所提復議案，有無異議？（無）無異議，復議案通過。」本案報告事項另作決定。請重新宣讀報告事項第15案、「本院委員蔣絜安等26人擬具『公民投票法部分條文修正草案』，請審議案。」程序委員會意見：「擬請院會將本案交內政委員會審查。」主席：「民進黨黨團提議本案逕付二讀，並由民進黨黨團召集協商，請問院會，有無異議？（無）無異議，作以下決定：本案逕付二讀，並由民進黨黨團負責召集

---

[21]《立法院公報》，第111卷，第28期，院會紀錄，111年2月16日，3、4頁。

協商。」[22]

三、復議案之處理授權程序委員會編列議程定期討論

立法院第1屆第63會期第34次會議（68年6月29日），本院委員陳顧遠、牛踐初等128人，為對上次院會決議「土地稅法第三十四條條文毋庸修正」案，提出復議動議，並參照財政、內政兩委員會審查修正條文通過，是否有當？請公決案。本案決議：「交程序委員會編列議程，定期討論。」[23]

問題討論

一、質詢期間得否處理復議案

施政質詢期間，議事日程之安排，須依政黨質詢人數及立法委員個人質詢之人數，分別排序，時間非常緊湊，特別是《立法院議事規則》第22條規定，略以：當日會議舉行質詢時，延長至排定委員質詢結束為止。即施政質詢有其連續性，不宜分割，所以倘院會立即處理復議動議，非但與上述法規有違，且恐不易掌控會議時間，故多另定期處理。因此，立法院實務上關於施政質詢期間之復議動議，除經黨團協商同意立即處理外，均另定期處理。[24]例如立法院第5屆第2會期第4次會議（91年10月11日），黨團協商結論：「施政質詢期間所提復議案，除黨團協商同意立即處理外，均定期處理。」[25]

---

22 《立法院公報》，第108卷，第53期，院會紀錄，108年6月11日，132頁。
23 《立法院公報》，第68卷，第52期，院會紀錄，68年6月30日，2、3頁。
24 何弘光，《解讀立法院精選案例：了解立法院立法、修法的運作模式》，初版，五南圖書，112年，101-104頁。
25 《立法院公報》，第91卷，第59期，院會紀錄，91年10月23日，24頁。

第四十四條（*法律案預算案之復議*）
對於法律案、預算案部分或全案之復議，得於二讀或三讀後，依前兩條之規定行之。

沿革:

88年1月12日全文修正通過。

✍ **理由**

■條次變更（原條次為第56條），並將「法律案及預算案」修正為「法律案、預算案」。

說明:

　　本規則第42條規定，復議案之標的為「決議案」，而決議案原則上是須經過討論程序，惟立法院實務上已放寬對於院會之「決定案」，亦可提出復議。[26]此外，議案原則上不可分割，故僅能就其全案提出復議，惟本條特別規定針對法律案與預算案之復議，亦得提出部分或全案之復議，應係指對該法律案或預算案內容之部分或全部，提出復議，且得於法律案與預算案二讀或三讀後，提出之。

一、部分復議

　　法律案或預算案之部分復議，係指對於議事日程列入討論事項特定案次之法律案或預算案，經院會議決後，僅就法律案其中部分條文或單一條文，預算案其中部分項次或單一項次，[27]提出復議而言。

---

26 何弘光，《解讀立法院精選案例：了解立法院立法、修法的運作模式》，初版，五南圖書，112年，246、247頁。
27 立法院實務上對於預算案之審查（討論）係以「款」為準，處理（表決）係以「項」為準。

二、全案復議

法律案或預算案之全案復議，係指對於議事日程列入討論事項特定案次之法律案或預算案，經院會議決後，就該議案之全部提出復議而言。

三、二讀後之復議

法律案或預算案，於二讀通過後，二讀程序已完成，雖有二讀決議，但尚未確定，即得於下次會議前提出復議。如經提起復議，則須俟該復議動議討論有結果後，方能進行三讀。

四、三讀後之復議

法律案或預算案，依《立法院職權行使法》第7條規定，略以：法律案及預算案應經三讀會議決之。即法律案或預算案，於三讀通過決議後，三讀程序雖已完成，但尚未確定，仍得於下次會議前提出復議。而該復議動議未討論議決前，議案是不得咨請總統公布，例如立法院第2屆第4會期第31次會議（83年12月29日），討論事項第18案、「本院司法、財政兩委員會報告審查委員廖福本等23人擬具刪除『財務罰鍰處理暫行條例』第4條條文案。」三讀通過，決議：「財務罰鍰處理暫行條例第四條，刪除。」同次會議，委員彭百顯第31人，對該案提請復議。院會決定，本案另定期處理。從而，本議案未咨請總統公布。俟立法院第2屆第5會期第27次會議（84年6月13日），討論事項第2案、「本院委員彭百顯等31人，對『財務罰鍰處理暫行條例』刪除第4條條文乙案，提請復議案。」院會決定：「復議通過，照彭委員百顯等委員所提條文通過。」並完成三讀後，始咨請總統公布。[28]

---

[28] 《立法院公報》，第84卷，第2期，院會紀錄，84年1月7日，103、147頁；第84卷，第37期，院會紀錄，84年6月17日，38、39頁。

案例：

一、「二讀後」提出復議

　　立法院第6屆第2會期第12次會議（94年11月25日），本院國民黨團針對第11次院會討論事項第5案「法醫師法草案」院會所作二讀決議，提出復議。是否有當？敬請公決。主席：「另定期處理。」[29]

二、「三讀後」提出復議

　　立法院第4屆第6會期第11次會議（90年12月25日），討論事項第2案、「本院新黨黨團，針對第4次會議三讀通過之『內政部組織法』及『內政部役政署組織條例草案』，提請復議，請公決案。」因該黨團函請撤回，決議：「准予撤回。」[30]

三、部分復議

（一）二讀後

　　立法院第6屆第6會期第9次會議（96年11月2日），無黨團結聯盟黨團對第8次會議（96年10月26日），二讀通過之「公職人員選舉罷免法修正草案」之第26條提出復議。經黨團協商結論（96年11月6日），「公職人員選舉罷免法修正草案」第26條照現行法第34條通過。本案已全部經過二讀，現在繼續進行三讀，「公職人員選舉罷免法修正草案」三讀通過。[31]

（二）三讀後

　　立法院第2屆第5會期第27次會議（84年6月13日），本院委員彭百顯等31人，對三讀通過「財務罰鍰處理暫行條例」之刪除第4條條文乙案，提請復議案。主席：「本案經提本院第2屆第4會期第33次會議討論決議：另定期處理。

---

29 《立法院公報》，第94卷，第73期上冊，院會紀錄，94年12月9日，224頁。
30 《立法院公報》，第91卷，第2期，院會紀錄，91年1月5日，19頁。
31 《立法院公報》，第96卷，第76期，院會紀錄，96年12月5日，21、145、146頁。

爰於本次會議提出處理。……請彭委員百顯發言。……」「請問院會，對本復議案有無異議？（無）無異議，通過。」本案作如下決定：「復議通過，照彭委員百顯等委員所提條文通過。」現在繼續進行三讀。……本案決議：「財務罰鍰處理暫行條例第四條條文修正通過。請問院會，有無異議？（無）無異議，通過。」[32]

　　立法院第6屆第5會期第3次會議（96年3月13日），國民黨黨團對第2次會議（96年3月2日）三讀通過之「祭祀公業條例草案」之第56條條文提出復議。[33]立法院第6屆第6會期第11次會議（96年11月21日），復議通過，重新進行二讀及三讀之條文為「本條例施行以祭祀公業以外名義登記之不動產，具有祭祀公業之性質及事實，經申報人出具已知過半數派下員願意以祭祀公業案件辦理之同意書或其他證明文件足以認定者，準用本條例申報及登記之規定，財團法人祭祀公業亦同。前項不動產為耕地時，得申請更名為祭祀公業法人或以財團法人社團法人成立之祭祀公業所有，不受農業發展條例之限制。」[34]

　　本條雖規定對於法律案、預算案得提出部分之復議，但並未限制其他議案不能提出部分復議，故實務上有行政命令案提出部分復議者，例如立法院第1屆第10會期第30次會議（42年1月19日），討論事項第1案、「本院委員王澤民等191人為本院第10會期第29次會議通過之立法院議事規則尚有須重加考慮之處，提請復議第47條、第48條及第54條條文案。」表決多數通過，本案決議：「立法院議事規則第47條、第48條及第54條條文照案通過。」[35]

問題討論：

一、對於法律案之三讀決議提出復議，經復議通過後，得否重行二讀

　　法律案於三讀通過後作成之決議，經提出復議，且該復議通過後，原三讀

---

32 《立法院公報》，第84卷，第37期，院會紀錄，84年6月17日，38、39頁。
33 《立法院公報》，第96卷，第21期，院會紀錄，96年3月21日，263頁；第96卷，第80期，院會紀錄，96年12月12日，288、289頁。
34 《立法院公報》，第96卷，第80期，院會紀錄，96年12月12日，289頁。
35 《第1屆立法院第10會期第30次會議速記錄》，42年1月19日，3-5頁。

之決議即不存在，即回復到尚未作成三讀決議之狀態。此時，立法院院會應重行作出三讀決議，而非直接重行二讀，即二讀決議仍然存在，並未打消。惟實務上，法律案三讀決議經復議通過後，卻從二讀重行開始，例如上述案例「祭祀公業條例草案」。

實務做法，可能之理由如下：

（一）將復議包裹成二、三讀同時提出復議

提出復議之委員，其本意係要修正二讀決議通過之法律案，惟因該法律案已經三讀決議，即二讀決議已經執行而無法直接對二讀決議提出復議，乃以三讀併同二讀決議提出復議。但一來法無明定，二來文字亦未顯現其本意，以致產生如此奇特現象。

（二）以為三讀程序僅能作文字修正

《立法院職權行使法》第11條第2項規定：「第三讀會，除發現議案內容有互相牴觸，或與憲法、其他法律相牴觸者外，祇得為文字之修正。」即三讀會之法律案，是可以因議案內容有互相牴觸，或與憲法、其他法律相牴觸，而修正其內容，或純作文字修正等。復依本規則第11條規定，略以：修正動議及再修正動議得於原案三讀會中提出之，即三讀會是可以進行討論的，只是進行的討論僅限於實際存在於法案上的條文內容，不像在二讀時，就法案可能包括之範圍也可以加以討論。[36]例如立法院第1屆第56會期第26次會議（64年12月26日），討論事項第2案、「本院內政、經濟、交通三委員會報告審查行政院函請審議『建築法部分條文修正草案』案。」三讀修文後，有委員提出文字修正，主席：「吳委員延環對本案所提的文字修正意見，現在分別徵詢院會意見。」[37]

實務上早期於法律案三讀後，如無上開規定之提案，主席會依同法條第3項規定將全案付表決，即宣告：「本案全案完成三讀程序，現在付表決，贊

---

[36] 羅勃特・羅傑斯、羅德里・瓦特斯，谷意譯，《英國國會》，初版，五南圖書，98年，686頁。

[37] 《立法院公報》，第64卷，第104期，院會紀錄，64年12月27日，11-16頁。

成本修正通過者請舉手……。表決結果……通過。本案決議：實施耕者有其田條例草案修正通過。」[38]嗣後，演變爲主席於三讀後，僅宣告有無文字修正，即：「三讀條文已經宣讀完畢，請問院會，有沒有文字修正？（無）沒有文字修正。……本案決議：……。」職是，易令人誤解三讀後僅能就文字修正之提案，而不能爲實質之修正或進行討論，所以只好從新開始二讀。

綜上所述，實務上爲了避開上述疑義，已將對二、三讀之決議簡化爲對「本院之決議」一語帶過。但縱使明文記載針對法律案第三讀條文，提出復議，實務仍循例於復議通過後，重新進行二、三讀。例如立法院第10屆第8會期第11次會議（112年12月8日），民進黨黨團對第10次會議（112年12月1日）討論事項第5案、「『刑事訴訟法施行法增訂第七條之十五條文草案』案三讀條文提出復議。」復議案通過，重新進行二讀，並於二讀後繼續進行三讀通過。

二、部分復議係指本案之部分還是決議之部分

立法院第6屆第5會期第2次會議（96年3月2日），三讀決議：「祭祀公業條例草案修正通過。」同會期第3次會議（96年3月13日），國民黨黨團對三讀通過之「祭祀公業條例草案」之第56條條文提出復議。立法院第6屆第6會期第11次會議（96年11月21日），復議通過，重新進行該條文之二讀，繼續進行三讀，決議：「祭祀公業條例第五十六條條文修正通過。」[39]準此，本案之三讀決議究竟係1個，還是2個。

依實務之做法，似乎將「本案」之部分誤爲「決議」之部分，即部分復議通過僅係打消該部分之決議，未復議部分之決議仍屬存在。如此做法，恐有下述疑義：

---

38 《第1屆立法院第10會期第31次會議速記錄》，42年1月20日，第20頁。

39 《立法院公報》，第96卷，第20期上冊，院會紀錄，96年3月9日，314頁；第96卷，第21期，院會紀錄，96年3月21日，263頁；第96卷，第80期，院會紀錄，96年12月12日，289頁。

（一）決議是否得拆分

　　實務做法等同將1個法律案之三讀決議得拆成2個以上之決議，將衍生決議有無拆分上限之問題，且同一案之三讀條文決議通過日期可能發生不一致之情形。

（二）部分復議通過後得否對其他部分提出復議

　　本規則第45條規定，復議動議經表決後，不得再為復議之動議。惟本案決議之部分復議外，尚有未經復議之部分決議，所以對該未經復議之部分，於復議期間內，似得提出復議而無該規定之適用。

（三）部分決議確定得否先執行

　　對法律案提出1個部分復議，要求立即處理，並予以通過後，再對另1個部分決議，提出復議，要求定期處理，其他部分則保留原決議，即1個法律案之決議變成了3個決議。立法院得否將已確定部分復議之決議及未提復議而逾復議期之部分決議，先送總統公布，還是須等待另1個定期處理之部分決議。

　　綜上，依本條規定，法律案得為部分復議，似係指「本案」得為部分復議，而非「決議」得為部分復議。即該部分之內容應為復議之理由，係針對本案其中個別條文提出復議。但復議之標的仍為本案之決議，即復議通過後，原三讀決議打消，回到本案未作三讀決議之狀態。此時，因係部分理由復議，所以三讀會僅須處理該部分復議，即重新進行該條文之三讀，並於該條文三讀通過後，再將全案重新作成決議，所以本案自始至終只有1個三讀決議，如此處理，可能較符合本條規定之意旨，且可避免上述之疑義。例如上述「祭祀公業條例草案」之第56條條文部分復議案，重新操作程序為，國民黨黨團對該法律案第56條條文提出部分復議，復議通過後，該法律案之三讀決議打消，回到三讀程序，因僅對該單一條文提出復議，故僅須重新三讀該條文即可，該條文三讀通過後，連同未提復議之其他條文，作成三讀決議，決議：「祭祀公業條例修正通過。」

第四十五條（再復議之禁止）
復議動議經表決後，不得再為復議之動議。

沿革

88年1月12日全文修正通過。

✍ 理由

■條次變更（原條次為第57條）。

說明

復議動議表決後為可決者，其效力為回復該決議案未表決前之狀態。即此時原決議已不存在，原案重新進行討論，再作成新的決議，可能與原決議相同，亦有可能與決議不同。

復議動議表決後為否決者，可否再提出復議，本條規定即為再復議之禁止。即復議案如被否決，即維持原決議，該決議案即屬確定，不能再次提出復議，以維持院會議決案之穩定性，亦能避免重複提出復議作為議事杯葛之手段。[40]

---

40 何弘光，《立法程序之法制與實務》，電子書，初版，自版，Pubu電子書城，https://www.pubu.com.tw/，112年9月28日，258頁。

|第八章|
秘密會議

沿革

88年1月12日全文修正通過。

✍ 理由

■章次修正（原章次爲第十三章）。

說明

　　秘密會議，係指以不公開之方式舉行之會議。國會會議以公開舉行爲原則，必要時例外得開秘密會議。[1]

　　本章爲立法院秘密會議之專章，自第46條至第52條，共計7個條文。分別摘要如下：

　　第46條規定，召開秘密會議之要件。

　　第47條規定，秘密會議入場之限制。

　　第48條規定，秘密會議文件之處理。

　　第49條規定，秘密會議議事日程之調整。

　　第50條規定，秘密會議相關人員之保密義務。

　　第51條規定，秘密會議文件之解密條件。

　　第52條規定，違反第50條保密義務之罰則。

1　羅傳賢，《立法學實用辭典》，3版，五南圖書，103年，193、194頁。

相關法規：

◎立法院組織法

第5條

立法院會議，公開舉行，必要時得開秘密會議。

行政院院長或各部、會首長，得請開秘密會議。

除秘密會議外，立法院應透過電視、網路等媒體通路，全程轉播本院會議、委員會會議及黨團協商實況，並應全程錄影、錄音。

秘密會議應予速記、錄音，不得公開。但經院會同意公開者，不在此限。

有關透過電視轉播事項，編列預算交由財團法人公共電視文化事業基金會辦理，不受電波頻率不得租賃、借貸或轉讓之限制。

議事轉播應逐步提供同步聽打或手語翻譯等無障礙資訊服務，以保障身心障礙者平等參與政治與公共生活之權利。

◎立法院各委員會組織法

第9條

各委員會會議，公開舉行。但經院會或召集委員會議決定，得開秘密會議。

在會議進行中，經主席或各該委員會委員五分之一以上提議，得改開秘密會議。

應委員會之請而列席之政府人員，得請開秘密會議。

◎立法院職權行使法

第28條之1

立法院對於行政院或審計長向立法院提出預算案編製經過報告及總決算審核報告，其涉及國家機密者，以秘密會議行之。

第52條

調查、調閱報告書及處理意見未提出前，其調查人員、工作人員、專業人員、保管人員或查閱人員負有保密之義務，不得對調查、調閱內容或處理情形予以揭露。但涉及外交、國防或其他依法令應秘密事項者，於調查、調閱報告及處

理意見提出後，仍應依相關法令規定保密，並依秘密會議處理之。

第54條

各委員會爲審查院會交付之議案，得依憲法第六十七條第二項之規定舉行公聽會。如涉及外交、國防或其他依法令應秘密事項者，以秘密會議行之。

◎立法院行爲法

第10條

立法委員依法參加秘密會議時，對其所知悉之事項及會議決議，不得以任何方式，對外洩漏。

◎中央政府總預算案審查程序

第2條

總預算案函送本院後，定期由行政院院長、主計長及財政部部長列席院會，分別報告施政計畫及歲入、歲出預算編製之經過。

立法委員對於前項各首長報告，得就施政計畫及關於預算上一般重要事項提出質詢；有關外交、國防機密部分之質詢及答復，以秘密會議行之。

第4條

各委員會審查總預算案，有關外交、國防機密部分，以秘密會議行之。

第7條

年度總預算案審查總報告提報院會時，由各委員會各推召集委員一人出席說明；有關外交、國防機密部分，以秘密會議行之。

◎立法院兩岸事務因應對策小組運作要點

三、兩岸小組會議，由召集人視需要召開，或小組成員五分之一以上之請求時召開。

前項會議必要時得以秘密會議行之。

◎立法院秘密會議注意事項

一、立法院（以下簡稱本院）爲加強保密措施，以利秘密會議之進行，特訂定

本注意事項。

二、秘密會議之進行，立法院議事規則未規定者，依本注意事項之規定。

三、秘密會議列席人員，應與會議直接有關者為限。

四、舉行秘密會議時，本院議事處應通知警衛隊作必要之安全防護措施。

五、秘密會議之秘密文件應依序編定號數，標示於上，於會議時分送各委員簽收，如有收回必要者，應當場收回，不得攜出會場。

六、秘密文件之編印、保管及分發手續，由本院議事處會同秘書處依保密有關規定妥慎辦理，嚴格執行。

七、秘密會議開會時，秘書長應報告該次會議之注意事項，促請與會人員注意。

八、欲申請分發或調閱秘密會議議程有關資料時，應向有關單位登記，並呈請秘書長核定後，辦理簽收手續。

九、委員會會議，以秘密會議行之者，準用本注意事項之規定。

十、本注意事項未列入之其他保密規定，準用國家機密保護辦法有關規定。

十一、本注意事項經提報院會後施行。

◎立法院議場規則

第12條

會場四周門口設警衛人員崗位，對於不得進入會場人員有制止之責，於秘密會議時，警衛人員崗位移設於議場四周門口，依立法院事規則第四十七條之規定負責檢查進入議場人員之憑證。

◎立法院各委員會會議室規則

第7條

會議室門口懸示會議名稱並設簽到處。

委員會開會時，非有席位及會場服務人員不得進入會議室，秘密會議時，進入會議室人員依本院議事規則第七十四條之規定辦理，委員會開會時兒童不得進入會議室。

✍ 備註

■本條所稱之本院議事規則第74條規定，應係指45年4月13日修正之版本，惟因88年1月12日《立法院議事規則》全文修正時，已將該第74條規定，變更條次為第47條。準此，本條應將「本院議事規則第七十四條」等文字修正為「本院議事規則第四十七條」。

◎立法院會議旁聽規則

第10條

旁聽證於秘密會議不適用之。

第四十六條 （請開或改開秘密會議）

本院秘密會議，除討論憲法第六十三條所定各案，或經行政院院長、各部會首長請開者外，應於本院定期院會以外之日期舉行。但有時間性者，不在此限。

在公開會議進行中，有改開秘密會議之必要時，除法律另有規定外，得由主席或出席委員提議改開秘密會議，不經討論，逕付表決；出席委員之提議，並應經十五人以上之連署或附議。

沿革

88年1月12日全文修正通過。

第四十六條

本院秘密會議，除討論憲法第六十三條所定各案，或經行政院院長、各部會首長請開者外，應於本院定期院會以外之日期舉行。但有時間性者，不在此限。

在公開會議進行中，有改開秘密會議之必要時，除法律另有規定外，得由主席或出席委員提議改開秘密會議，不經討論，逕付表決；出席委員之提議，並應經三十人以上之連署或附議。

✍ 理由

■ 條次變更（原條次為第73條）。

■ 第2項中「經表決通過行之」修正為「不經討論，逕付表決」；「二十人」修正為「三十人」。

96年11月30日修正通過。

✍ 理由

■ 配合立法委員人數減半，按比例酌減本條連署或附議人數半數。

說明：

本條規定秘密會議舉行之條件及時間。

一、秘密會議之召開

（一）立法院自行召開

立法院為合議制，即以會議形式行使職權，至於會議是否公開或秘密，本屬其職權範圍，得自行決定之。

（二）行政院

行政院請立法院舉行秘密會議，仍須經立法院同意始得召開秘密會議。即立法院亦得否決之，例如立法第1屆第25會期第15次會議（49年4月19日），臨時報告第1案、「行政院函為准函囑本院院長偕同石門水庫負責首長列席報告石門水庫工程計畫變更問題並備質詢為求說明詳盡請開秘密會議案。」有委員認為沒有開秘密會議的必要，經表決多數通過仍舉行公開會議。[2]

（三）各部會首長請開

各部會首長請開秘密會議，係指中央二級機關首長就該次會議不宜公開者，請求立法院以秘密會議舉行之。

二、改開秘密會議

改開秘密會議，係指會議原屬公開形式，於會議進行中，因符合一定之要件，將原先之公開會議改為秘密會議繼續進行。所謂的一定之要件，如下：

（一）主席或出席委員提議

主席提議，毋須連署或附議。

出席委員提議原則上須15人以上之連署或附議，例外依法律規定，例如

2　《立法院公報》，第49卷，第25期第7冊，院會紀錄，49年5月3日，67、68頁。

《立法院各委員會組織法》第9條規定，略以：各委員會會議，經委員五分之一以上提議，得改開秘密會議。

（二）必要性

主席或出席委員提議改開秘密會議，不經討論，逕付表決。表決之判斷即在於其必要性，即有無必要改開秘密會議，如表決多數通過則具有必要性。反之，少數不通過，則不具必要性，自無須改開秘密會議。

三、秘密會議召開之時間

秘密會議舉行之日期，依本條第1項規定，應於立法院定期院會以外之日期舉行。即本規則第22條規定立法院院會係每星期二、星期五舉行，所以定期院會以外之日期為星期一、星期三及星期四。

如秘密會議召開係討論憲法第63條所定各案，或秘密會議係經行政院院長請求召開，或秘密會議係因各部會首長請求召開，或秘密會議之召開有時間性等。此時，秘密會議例外得於立法院定期院會日期舉行。

表8-1　立法院第7屆至第10屆院會及委員會秘密會議統計表

會議 ＼ 次數 ＼ 屆次	7	8	9	10
院會	6	6	4	4
內政	2	0	0	1
外交及國防	9	26	55	59
經濟	0	0	2	0
財政	10	4	3	4
教育及文化	0	1	0	0
交通	1	1	0	0
司法及法制	0	0	0	0
社會福利及衛生環境	1	0	0	2

資料來源：立法院議事暨公報資訊網，https://ppg.ly.gov.tw/ppg/、立法院全球資訊網，https://www.ly.gov.tw/Home/Index.aspx，最後瀏覽日期：113年1月4日；作者製表。

第四十七條（入場限制）

本院舉行秘密會議時，除立法委員及由主席指定之列席人員暨會場員工外，其他人員均不得入場。

立法委員憑出席證入場。列席人員及會場員工憑特別通行證入場。

秘密會議開始前，秘書長應將列席人員及會場員工人數、姓名、職別，一併報告。

沿革

88年1月12日全文修正通過。

✍ 理由

■條次變更（原條次為第74條）。

說明

本條規定立法院舉行秘密會議時，入場人員之限制。

一、立法委員

立法委員出席立法院秘密會議時，須出具出席證予以入場。但實務上並未嚴格執行，主要是因為出席證僅是佐證立法委員身分之證明。

二、主席指定之列席人員暨會場員工

主席指定之列席人員，其具體身分應視每次秘密會議之性質而定。即依秘密會議議事日程之報告事項或討論事項有關之主管機關首長，經其請求列席，或立法院邀請者。另外，會場員工係指立法會場之工作人員。

前述人員進入秘密會議之會場時，須出具特別通行證。

三、秘書長應將列席人員及會場員工人數、姓名、職別,一併報告

秘密會議開始前,立法院秘書長應將列席人員及會場員工人數、姓名、職別,一併報告。配合本規則第50條規定之保密義務。惟實務上似未踐行此程序。

案例:

一、秘密會議應遵守特定事項始得進入會場

立法院第10屆第8會期外交及國防委員會第4次全體委員會議(112年10月12日)臨時提案一、「鑑於近日各界對於立法院委員審查外交及國防機密事務之紛擾,爲確保國家安全,並提升委員問政品質,爰要求立法院外交及國防委員會(含國防部、外交部、國家安全局、僑務委員會等)進行機密會議時,應實行保密之責任,所有與會人員(含委員、官員及議事工作人員等,於實施機密預算報告、詢答及審查等程序時,應遵守下列事項,否則不得進入議事會場參與會議:1.會(議)場禁止攜入行動電話、攝(錄)影設備及通信電子器材(含電子手錶、手環、本院2哥大),相關設備或器材均應置於場外置物櫃存放,且不得抄錄機密內容攜出場外。2.所有與會人員均應接受立法院駐衛警人員以電子探測等設備檢查。3.所有與會人員均應簽具保密切結書。」決議:「照案通過。」[3]

相關法規:

◎立法院員工參與秘密會議應遵守事項(**112年11月30日院長核定**)

---

3 《立法院第10屆第8會期外交及國防委員會第4次全體委員會議議事錄》,112年10月11日。

第四十八條 *(秘密文件)*

秘密會議中之秘密文件，由秘書處指定專人蓋印、固封、編定號數，分送各委員簽收；其有收回必要者，當場分發，當場收回，不得攜出會場。

關於繕印、保管、分發秘密文件之手續，及指定負責辦理此等事項員工之管理，由秘書處另定辦法，嚴格執行。

沿革：

88年1月12日全文修正通過。

✍ 理由

■條次變更（原條次為第75條）。

說明：

本條規定秘密會議中之秘密文件之分送及收回。

一、秘密文件及其處理程序

秘密會議中之秘密文件，由秘書處指定專人蓋印、固封、編定號數，分送各委員簽收。但秘密文件如有收回之必要者，則於會議當場分發，處理完畢，當場收回，不得攜出會場。

二、秘書處另定辦法

本條第2項規定於88年1月12日全文修正前，內容相同，即關於繕印、保管、分發秘密文件之手續，及指定負責辦理此等事項員工之管理，由秘書處另定辦法。所以秘書處依規定提報立法院第1屆第89會期第18次會議（81年4月21日），報告事項第11案、「秘書處擬具『立法院秘密會議應行注意事項』業經院長核定報請院會查照案。」

嗣後，因本規則雖於88年1月12日全文修正通過，但本條第2項規定並無修正，即仍授權秘書處另定辦法執行，惟實務上提報單位卻由秘書處改為法

制局，提報立法院第4屆第4會期第23次會議（89年12月15日），報告事項第17案、「本院法制局函，為修正『立法院秘密會議注意事項』，請查照案。」明顯與本條第2項規定不合。

相關法規：

◎立法院秘密會議注意事項（**81年1月21日通過，最新修正日期89年12月15日**）

第四十九條（秘密會議議事日程）

秘密會議議事日程中，政府首長報告案，必要時得列入報告事項第一案。

沿革

88年1月12日全文修正通過。

✍ 理由

■條次變更（原條次爲第76條）。

說明

　　本條規定秘密會議之議事日程，政府首長有優先報告權。

　　議事日程報告事項第1案，原則上均爲宣讀上次會議議事錄，於議事錄確定後，始繼續進行其他之報告事項。所以政府首長報告案原則上係列於報告事項第1案後。

　　政府首長報告案，必要時得列入報告事項第1案，係表示對政府首長之尊重與禮遇，及秘密會議之報告常與國防、外交事務有關，爲爭取時效，乃准其享有特權。[4]惟是否列入報告事項第1案，仍要考慮有無必要性，即如經院會決定或黨團協商結論同意，則由程序委員會審定議事日程時，排入報告事項第1項。如程序委員會未審定議程時，由院會於確認議程時，斟酌之。

4　蔡政順，《立法院議事規則逐條研究》，初版，大中國圖書，74年，549頁。

> **第五十條**（保密義務）
> 秘密會議之紀錄及決議，立法委員、列席人員及本院員工，不得以任何方式，對外宣洩。
> 關於秘密會議，如須發表新聞時，其稿件應經院長核定之。

沿革

88年1月12日全文修正通過。

✍ 理由

■條次變更（原條次爲第77條）。

說明

本條規定參與秘密會議人員之保密義務，與秘密會議新聞發表之限制。

一、保密義務

秘密會議之紀錄及決議，在未解密前，立法委員、列席人員及立法院員工，均負有保密義務，即不得以任何方式，對外宣洩。

二、秘密會議之新聞稿，須經院長核定

依《立法院分層負責明細表》（112年9月22日院長核定修正施行），立法院新聞稿之製發事項，權責劃分就是由院長核定。即不限於秘密會議之新聞稿。

第五十一條（解密條件）

秘密會議文件，除法令另有規定者外，於全案通過，總統公布後，得予公開。但有關國防、外交及其他機密文件已失秘密時效者，得由院長於每會期終了前，報告院會解密之。

沿革

88年1月12日全文修正通過。

✍ 理由

■ 條次變更（原條次為第78條），並於「秘密會議文件」下增列「除法令另有規定者外」；「即行公開」修正為「得予公開」，句末「應由院長於每會期終了前，報告院會決定公開之」修正為「得由院長於每會期終了前，報告院會解密之」。

說明

本條規定秘密會議文件之公開與解密之要件。

一、秘密會議文件之解密條件

立法院秘密會議之文件，原則上於該議案全案通過，並經總統公布後，即予以解密，得予公開。但法令另有規定者，不在此限。

二、秘密會議文件逾時效者

立法院秘密會議之文件，逾時效者，當然解密。但有關國防、外交及其他機密文件，雖已逾時效者，得由院長於每會期終了前，報告院會解密之。

第五十二條（罰則）

立法委員違反本規則第五十條規定者，應付紀律委員會議處；本院員工違反者，由院長依法處分之；列席人員違反者，由本院函各該主管機關依法辦理。

沿革

88年1月12日全文修正通過。

理由

■ 條次變更（原條次為第79條），另配合內文條次變更，爰將條文中「第七十七條」修正為「第五十條」。

說明

本條規定違反本規則第50條有關秘密會議之保密規定者之處罰，依違反者之身分，分別處理之。

一、立法委員

立法委員違反本規則第50條保密義務規定者，應付紀律委員會議處。即依《立法委員行為法》第10條及第30條規定，略以：立法委員違反秘密會議之保密義務，立法院紀律委員會應主動調查、審議，作成處分建議後，提報院會決定之。前述處分係指同法第28條第1項規定之口頭處分、書面道歉、停止出席院會4次至8次，及經出席院會委員三分之二以上同意，得予停權3個月至半年。

二、立法院員工

立法院員工違反本規則第50條保密義務規定者，由院長依法處分之。此處之「處分」，係指行政上之處罰，例如警告。但如涉及刑責者，仍須依法處理。

三、列席人員

　　列席人員違反本規則第50條保密義務規定者，由立法院函各該主管機關依法辦理。即由各機關依其違規情節，分別予以行政或刑事裁罰等。

|第九章|
議事錄

沿革┇

88年1月12日全文修正通過。

✍ 理由

■章次修正（原章次爲第十四章）。

說明┇

　　議事錄係會議過程之正式紀錄，舉凡會議經過之情形、會議場所中之一切活動、議案討論之過程、議案表決之結果、選舉結果與情形，以及選舉票數等均須翔實記載，以爲日後有所爭執時，以此爲據者。[1]本章爲立法院會議議事錄專章，自第53條至第56條規定，共計4個條文。摘要如下：

　　第53條規定，議事錄應記載之事項。

　　第54條規定，議事錄之宣讀，以及錯誤、遺漏之處理。

　　第55條規定，議事錄之印送及登載公報。

　　第56條規定，速記錄之印送。

1　楊振萬，《天聲天存議政叢談》，初版，幼獅文化，88年，210頁。

第五十三條（記載內容）

議事錄應記載下列事項：

一、屆別、會次及其年、月、日、時。

二、會議地點。

三、出席者之姓名、人數。

四、請假者之姓名、人數。

五、缺席者之姓名、人數。

六、列席者之姓名、職別。

七、主席。

八、記錄者姓名。

九、報告及報告者姓名、職別，暨報告後決定事項。

十、議案及決議。

十一、表決方法及可否之數。

十二、其他事項。

沿革

88年1月12日全文修正通過。

✍ 理由

■ 條次變更（原條次為第80條）。將前文中「左列」修正為「下列」；第1
款「會次」上增列「屆別」二字，第12款「其他必要事項」中「必要」
兩字刪除。

說明

本條係規定立法院各會議議事錄應記載之內容，說明如下：

一、議事錄

　　議事錄即為議事紀錄，也就是會議全部過程內容的書面憑證，[2]本條規定議事錄應記載之事項，共計12項。

二、出席者、請假者、缺席者之姓名、人數

　　本條第2款至第5款規定之出席者、請假者、缺席者之姓名、人數。請假者之記載，須符合本規則第4條規定辦理請假者。

三、颱風假之記載

　　立法院院會目前為多日1次會，立法委員於當次院會之任一院會日均可簽到，而且只須簽到1次即可。惟如院會最後1日為颱風假，因不須請假，所以對於當次院會未簽到之委員，院會議事錄並未列入缺席名單，僅以颱風事由註記。

四、列席者之姓名、職別

　　本條第6款規定之列席者之姓名、職別。實務上之記載依序為職別、姓名，如係政府官員係將政務委員列名在行政院部會首長之後。如依《立法院職權行使法》第26條規定請假者，於其姓名後記載之。

五、主席

　　本條第7款規定之主席，院會或全院委員會係指立法院院長，如院長因事故不能出席時，依《立法院組織法》第4條第2項規定，以副院長為主席。院長、副院長均因事故不能出席時，由出席委員互推1人為主席，惟實務上不易發生。常設委員會或其他委員會之主席，則係指輪值之召集委員，如輪值召集委員不能出席時，則由另1位召集委員擔任，或指定他人代理之。

---

2 教育部國語辭典簡編本，https://dict.concised.moe.edu.tw/search.jsp?md=1，最後瀏覽日期：111年10月25日。

六、記錄者姓名

本條第8款規定之記錄者姓名，實務上院會係記載議事處處長、副處長、編審、科長，以及公報處處長等姓名；委員會則係記載秘書、科長及專員等姓名。

七、報告及報告者姓名、職別，暨報告後決定事項

本條第9款規定之報告者姓名、職別，依作業上之慣例均已併入「列席者之姓名、職別」，是以本款中之「報告者姓名、職別」等文字似可刪除之。[3]另外，報告暨報告後決定事項之記載，例如立法院第10屆第4會期第6次會議（110年10月22日），對行政院院長、主計長、財政部部長列席報告「111年度中央政府總預算案」編製經過繼續質詢（10月22日上午）。決定：「一、111年度中央政府總預算案（含附屬單位預算及綜計表營業及非營業部分），交財政委員會依分配表及日程分送各委員會審查。二、將各委員發言紀錄及書面質詢函送行政院，請就未答復部分予以書面答復。三、已提出之書面質詢，尚未登載公報者，一律補刊。」[4]

八、議案及決議

本條第10款規定之議案及決議，二者缺一不可，即該議案如無決議者，則不記載議事錄。

九、表決方法及可否之數

本條第11款規定之表決方法及可否之數，係指當次會議所採行本規則第35條規定之各種表決方法，及各該表決方法所產生可決數或否決數之表決結果。

十、其他事項

本條第12款規定之其他事項，並無一定之範圍。包括議事日程草案通過、

---

3 蔡政順，《立法院議事規則逐條研究》，初版，大中國圖書，74年，561、562頁。
4 《立法院第10屆第4會期第6次會議議事錄》，112年10月15、19日，37頁。

變更議程、黨團協商結論所作之決定、共同聲明、權宜問題、秩序問題，及外國元首、總統及國會議長等國賓蒞臨院會發表演說等。[5]

問題討論：

一、議事錄得否成為復議之客體

立法院第7屆第5會期第2次會議（99年3月2日），主席：「對民進黨黨團針對第7屆第5會期第1次會議報告事項第一案所作之決定提請復議，本席宣告如下：議事錄係對會議經過及議案決議所為之記載，議事錄本身及議事錄的確定並非本院議事規則第四十二條所定復議的客體。議事錄於宣讀後出席委員如認為有錯誤或遺漏時，應依議事規則第五十四條之規定處理。且該次會議議事錄所記載之決議業已著手執行，亦不得再提復議。本席依議事規則第四十二條及第五十四條之規定裁定本項復議動議不予處理。」[6]

5　88年3月26日上午11時25分至12時3分，哥斯大黎加共和國總統羅德里格斯閣下蒞院發表演說，參閱《立法院第4屆第1會期第4次會議議事錄》，88年3月23日，91頁。
6　《立法院公報》，第99卷，第11期，院會紀錄，99年3月15日，440頁。

第五十四條（宣讀與處理）

每次院會之議事錄，於下次院會時，由秘書長宣讀，每屆最後一次院會之議事錄，於散會前宣讀。

前項議事錄，出席委員如認為有錯誤、遺漏時，應以書面提出，由主席逕行處理。

沿革

88年1月12日全文修正通過。

✍ 理由

■ 條次變更（原條次為第81條）。

■ 每屆最後一次之院會議事錄，應於散會前宣讀，爰修正第1項。

■ 立法院進行議事錄發言時，發言委員時有超出議題範圍，迭受與會委員抗議，影響議事正常進行；且經第2屆、第3屆按修正條文運作，均未引起爭議；爰將第2項條文修正如上。

說明

本條規定分為二個部分，一為議事錄之宣讀時間，一為議事錄之處理程序。以下分別說明之：

一、議事錄之宣讀時間

立法院每1次院會之議事錄，均列載於下次院會議事日程報告事項第1案，於主席宣布開會，進行報告事項時，先請秘書長宣讀上次會議議事錄。惟每屆最後1次院會之議事錄，如仍依上開規定，於下次院會時宣讀，因換屆之委員亦有所不同，且由新任立法委員去確認上屆立法委員之議事錄，並不妥適。準此，本條明定每屆最後1次院會之議事錄，於散會前宣讀，即本屆的議事錄由本屆來完成確認，以杜爭議。

二、議事錄異議之處理

（一）宣讀後更正

　　立法院第4屆第1會期第16次會議（88年6月15日），報告事項第1案、「宣讀本院第4屆第1會期第15次會議議事錄。」主席：「針對第四屆第一會期第十五次會議議事錄，張委員福興認爲上次會議議事錄在表決結果名單中有遺漏之處，即在『農會法逕付二讀並列爲討論事項第一案』部分，張委員福興係按『贊成』，特此更正，列入紀錄。第十五次會議議事錄更正後確定。」[7]

（二）部分確定

　　立法院第4屆第1會期第9次會議（88年4月27日），報告事項第1案、「宣讀本院第4屆第1會期第8次會議議事錄。」主席：「蔡委員明憲對議事錄中主席在上次會議的裁示有異議，並提出書面意見。本席作如下裁示：第四屆第一會期第八次會議議事錄，除『其他事項』第二項暫行保留外，其餘均先行確定。」[8]

（三）表決

　　立法院第3屆第1會期第9次會議（85年4月23日），報告事項第1案、「宣讀本院第3屆第1會期第8次會議議事錄。」主席：「議事錄並非討論事項，但可由委員表決決定是否予以確定。」「議事錄內容不需要重新討論，僅能看其紀錄內容有無錯誤。現在針對議事錄是否確定進行表決。曹委員爾忠等三十一人提議本案採記名表決。……多數，通過。議事錄確定。」[9]

（四）定期處理

　　立法院第4屆第6會期第5次會議（90年10月23日），進行報告第4屆第6會期第4次會議議事錄時，因劉光華委員要求朝野協商結論另定期處理，對議事

7　《立法院公報》，第88卷，第37期，院會紀錄，88年6月30日，1頁。
8　《立法院公報》，第88卷，第21期，院會紀錄，88年5月5日，3頁。
9　《立法院公報》，第85卷，第18期，院會紀錄，85年4月27日，5、6頁。

錄其他部分並未反對，主席為何將其視為整體處理？主席表示，議事錄當然是全案處理。本件議事錄主席已裁示將另定期處理。[10]立法院第4屆第6會期第6次會議（90年10月30日），報告事項第2案、「宣讀本院第4屆第6會期第4次會議議事錄。」主席：「報告院會，第四屆第六會期第四次會議議事錄在上次會議已經宣讀過，如無其他意見，第四次會議議事錄確定。」[11]

相關法規：

◎司法院釋字第342號解釋（議事錄未確定）

立法院審議法律案，須在不牴觸憲法之範圍內，依其自行訂定之議事規範為之。法律案經立法院移送總統公布者，曾否踐行其議事應遵循之程序，除明顯牴觸憲法者外，乃其內部事項，屬於議會依自律原則應自行認定之範圍，並非釋憲機關審查之對象。法律案之立法程序有不待調查事實即可認定為牴觸憲法，亦即有違反法律成立基本規定之明顯重大瑕疵者，則釋憲機關仍得宣告其為無效。惟其瑕疵是否已達足以影響法律成立之重大程度，如尚有爭議，並有待調查者，即非明顯，依現行體制，釋憲機關對於此種事實之調查受有限制，仍應依議會自律原則，謀求解決。其曾否經議決通過，因尚有爭議，非經調查，無從確認。依前開意旨，仍應由立法院自行認定，並於相當期間內議決補救之。若議決之結果與已公布之法律有異時，仍應更依憲法第七十二條之規定，移送總統公布施行。（理由書：其通過各該法律之議事錄，雖未經確定，但非議事日程上之討論事項，尚不涉及憲法關於法律成立之基本規定，亦即並非足以影響各該法律成立之重大瑕疵。）

問題討論：

一、下次院會有無包括臨時會

本規則第54條規定，略以：每次院會之議事錄，於下次院會時，由秘書長

---

10 《立法院公報》，第90卷，第51期，院會紀錄，90年11月3日，2頁。
11 《立法院公報》，第90卷，第53期，院會紀錄，90年11月10日，1頁。

宣讀。即宣讀時間點僅規定下次「院會」，當然不包括下次全院「委員會」。至於下次「院會」，是否包括下次「臨時會院會」？實務案例如下：

（一）常會議事錄不能於下次臨時會院會宣讀

立法院第4屆第5會期第1次臨時會第1次會議（90年6月26日），報告事項「一、總統咨，請召開臨時會案。」[12]

（二）臨時會議事錄於下次常會院會宣讀

立法院第4屆第6會期第1次會議（90年9月20日），報告事項「一、宣讀本院第四屆第五會期第十七次會議議事錄及第一次臨時會第一次會議議案錄。」[13]

綜上，本規則第54條規定，並無對「下次院會」作任何限制。而實務上做法一致如上述案例，即常會之議事錄不能於臨時會院會宣讀。似係因《立法院組織法》第6條第1項規定，略以：立法院臨時會，以決議召集臨時會之特定事項為限。準此，議事錄如非該特定事項，即不能納入臨時會。

第五十五條（印送與登載）
議事錄應印送全體委員，經宣讀後，除認為秘密事項外，並登載本院公報。

沿革：

88年1月12日全文修正通過。

✍ 理由

■ 條次變更（原條次為第82條），另刪除「確定」二字，以配合現行條文
第55條之修正。

說明：

　　本條規定議事錄應印送全體委員，顯係指立法院院會及全院委員會之議事錄。議事錄，主要記載上次會議開會決定與決議之內容，以作為本次會議繼續議事之基礎，係立法院內部之文書。

　　議事處（議案科）作成議事錄並陳核秘書長後，交公報處（印刷所）印製成冊，與議事關係文書一起備於議場簽到處，議事處（會務科）會場幹事會將相關資料檢齊置放委員會場桌上供閱。本次院會開會時，主席宣告請立法院秘書長宣讀議事錄，宣讀後，主席宣告報告院會，針對第○會期第○次會議議事錄，並無委員或黨團提出錯誤或遺漏之處，作以下宣告：第○會期第○次會議議事錄確定。反之，如有委員或黨團提出錯誤或遺漏之處，經院會可後予以更正之。最後，除秘密事項外，登載立法院公報，即資訊公開。

第五十六條（速記錄）

院會中出席委員及列席人員之發言，應由速記人員詳為記錄，並將速記錄印送全體委員。

沿革：

88年1月12日全文修正通過。

✍ 理由

■條次變更（原條次為第83條）。

說明：

本條規定院會發言，一字一句，全部照錄，由速記人員作成速記錄。

一、速記人員

《立法院組織法》第24條規定，略以：立法院置速記員40人至60人，職務均列委任第五職等或薦任第六職等至第七職等，復依《立法院處務規程》第6條規定，略以：公報處第一科至第三科分掌立法院會議、委員會會議及黨團協商之速記事項。準此，立法院公報處配置速記人員約40人至60人。

二、速記錄

立法院院會中出席委員及列席委員之發言，由現場速記人員當下翔實記錄，並於完成記錄後，將該速記錄印送全體委員，至於何時送全體委員？法無明文。此外，立法院之速記錄文書停留在42年，[14]即42年後已無速記錄文書，而是依《立法院會議議事文書印製辦法》第7條規定：「委員口頭質詢或發言之速記錄，經刊印公報初稿後分送發言人，發言人如有文字修正，應於三日內

---

14 立法院公報影像檢索系統，https://lis.ly.gov.tw/lygazettec/gazettetp?ID=2&SECU=1659120679&PAGE=gazette/gazette_content&ACTION=TZ,gzcontent_bw+gazette,session_gz，最後瀏覽日期：111年10月25日。

通知更正，屆期未通知者，即照初稿編印立法院公報，按期發行。前項速記錄如有爭議，以錄影或錄音準。」即立法院實務上係以「公報初稿」取代「速記錄」，並於公報初稿刊印後分送發言人，實務上公報初稿出版日期為會議後1日。

　　本條之「速記錄」依「法律統一用字表」（附錄一），名詞用「紀錄」，動詞用「記錄」，即應為「速紀錄」。另外，本條之速記錄係印送「全體委員」，而公報初稿係印送「發言人」。上述立法院法制與實務不一致處，似應予以修正。

|第十章|
附則

沿革:

88年1月12日全文修正通過。

✎理由

■章次修正（原章次爲第十六章）。

說明:

附則，係指附於法律或規章後，說明施行與修訂等有關事項的條文。[1]

一、委員會特別規定

本章第57條、第58條、第60條及第61條均爲委員會之特別規定。即第57條第1項明定各委員會會議適用本規則有關連署或附議人數時，其人數應按五分之一比例爲之，同條第2項則排除各委員會委員發言次數之限制；則第58條限制列席委員在各委員會之權限；第60條明定各委員會委員發言之登記事項；第61條規定各委員會之旁聽，須經會議主席同意。

二、黨團特別規定

本章第59條明定立法院黨團提案，有關連署或附議之人數，除法律另有規定外，不受本規則之限制。

---

1 教育部國語辭典簡編本，https://dict.concised.moe.edu.tw/search.jsp?md=1，最後瀏覽日期：111年11月9日。

三、子法授權規定

有關立法院會議之旁聽規則及採訪規則，本條規定授權由立法院院長訂定。

第五十七條（委員會會議連署或附議人數）

各種委員會會議關於連署或附議人數，應依本規則所定人數五分之一比例行之。

各種委員會會議得不適用本規則第三十一條之規定。

沿革：

88年1月12日全文修正通過。

第五十七條

各種委員會會議關於連署或附議人數，應依本規則所定人數五分之一比例行之。

各種委員會會議得不適用本規則第三十一條之規定。

✍ 理由

■條次變更（原條次為第87條）。

■「十分之一」修正為「五分之一」，使議案審查更為慎重。

■配合條次變更，將第2項中「第四十二條」修正為「第三十一條」。

■「各委員會」均修正為「各種委員會」。

■第3項移列於第58條。

96年11月30日修正通過。

第五十七條

各種委員會會議關於連署或附議人數，應依本規則所定人數五分之一比例行之。但臨時提案、修正動議之提出，須經三人以上之連署或附議。

各種委員會會議得不適用本規則第三十一條之規定。

✍ 理由

■配合立法委員席次減半，有關委員會連署或附議人數仍依現行五分之一比例行之，但為免臨時提案、修正動議之提出門檻過低，爰增列但書明定須經3人以上之連署或附議，始得成立。

97年12月26日修正通過。

✍ 理由

■刪除但書規定。

> 說明：

本條係規定各種委員會會議關於連署或附議人數，應依本規則所定人數五分之一比例行之，即人數按其比例縮減，以及不適用本規則第31條規定。說明如下：

一、各種委員會會議

各種委員會會議係指特別委員會、常設委員會、特種委員會及全院委員會。

二、五分之一比例

本規則有關連署或附議人數係適用於立法院院會，而各委員會因其人數遠不及於院會，故本條明定各委員會會議之連署或附議人數，按本規則規定之數減少為五分之一，以符合比例原則。表10-1為有關立法院院會及委員會適用本規則之連署或附議人數簡表。

表10-1　立法院議事規則連署或附議人數簡表

條次	內容	人數	
		院會	委員會
8	法律提案（連署）	15	-
8	其他提案（連署）	10	2

表10-1　立法院議事規則連署或附議人數簡表（續）

條次	內容	人數	
		院會	委員會
9	臨時提案（連署）	10	2
11	修正動議（二讀會廣泛討論後或三讀會中）	10	2
14	委員會不予審議之議案應列報告事項如改列討論事項（表決）	15	3
17	變更議事日程（不經討論）（表決）	15	3
23	對報告事項內程序委員會之處理辦法有異議者（不經討論）（表決）	8	2[2]
26	散會動議（不經討論）（表決）	15	3
32	對主席為決定之宣告提出異議（不經討論）（表決）	15	3
33	停止討論動議（不經討論）（表決）	15	3
35	點名表決（不經討論）（表決）	25	5
35	表決器記名表決（逕行採用）	15	3
39	重付表決（1次為限）	15	3
42	復議動議（表決）	20	4
46	出席委員提議改開秘密會議（不經討論）（表決）	15	3[3]
57	委員會人數為上述五分之一比例		
59	黨團名義不受人數限制		

資料來源：作者製表。

三、各種委員會會議得不適用《立法院議事規則》第31條

　　本規則第31條規定：「除下列情形外，每一委員就同一議題之發言，以一次為限：一、說明提案之要旨。二、說明審查報告之要旨。三、質疑或答

[2] 蔡政順氏認為在委員會似可準用於「對召集委員會會議所擬處理辦法有異議」，參閱蔡政順，《立法院議事規則逐條研究》，初版，大中國圖書，74年，596頁。
[3] 《立法院各委員會組織法》第9條已有明文規定，經主席或各該委員會委員五分之一以上提議，得改開秘密會議。

辯。」在本規則88年1月12日全文修正通過前，條次為第42條。

　　本條規定於本規則88年1月12日全文修正通過前，條次為第87條。立法院第1屆第66會期第26次會議（69年12月26日），本規則第87條增訂第2項規定：「各委員會會議得不適用本規則第四十二條之規定。」其修正意旨，係因委員會人數較少，為議案的審查周詳，自不宜比照院會之規定，即容許委員於委員會中之發言，不限1次，可對同一議題作多次發言。

第五十八條（委員會會議列席委員權限）
各種委員會會議列席委員得就議案發表意見或詢問。但不得提出程序問題及修正動議。

沿革：

88年1月12日全文修正通過。

✍ 理由

■原第87條第3項改列為本條，並修正如上。

說明：

　　本條規定係專門規範參與各種委員會之列席委員，可以參與的方式或限制。說明如下：

一、列席委員

　　立法委員為各種委員會之成員後，關於參與該委員會會議時，係屬出席委員，非該委員會之委員而參與該委員會會議時，則為列席委員。例如內政委員會委員參與經濟委員會會議者，即為經濟委員會之列席委員。反之，亦同。

二、發表意見或詢問

　　發表意見，簡而言之，就是發言，即列席委員會得參與討論，或登記程序發言。
　　詢問，係指會議詢問。

三、不得提出程序問題及修正動議

　　各種委員會會議之列席委員，因非屬各委員會之委員，即不是該委員會會議之出席人員，自不能行使出席委員之權能，所以不得提出程序問題及修正動議。所謂的程序問題，無明確之定義，以致委員於討論議中意欲插入其他問題

之發言時，皆名之爲程序問題，[4]即泛指所有的程序性動議。另外，修正動議係包括再修正動議等。

4 郭登敖，〈修正立法院議事規則芻議〉，《立法院院聞》，第18卷，第5期，總期：205，79年5月，19頁。

第五十九條（黨團提案）

符合立法院組織法第三十三條規定之黨團，除法律另有規定外，得以黨團名義提案，不受本規則有關連署或附議人數之限制。

沿革：

88年1月12日全文修正通過。

第五十九條

符合跨越政黨門檻之政黨，除法律另有規定外，得以黨團名義提案，不受本規則有關連署或附議人數之限制。

✎ 理由

■明定符合跨越政黨門檻之政黨提案，免受連署或附議人數之限制。

89年5月12日修正通過。

✎ 理由

■原條文於執行時，對於「符合跨越政黨門檻之政黨」，難符合立法院政黨生態之變化，易衍生爭議，且本院組織法對於黨團之設置已有限制，經本院同意成立之黨團也具相當之民意支持度，應予平等權益，爰提案修正如修正條文。

說明：

　　本條特別規定「黨團」得以其名義提案，且不受本規則有關連署或附議人數之限制。但法律另有規定者，不在此限。

一、《立法院組織法》第33條規定之黨團

　　《立法院組織法》第33條規定之「黨團」沿革如下：

（一）88年1月12日修正，1月25日公布

　　立法委員依其所屬政黨參加黨團，每1黨團至少須有5人以上，政黨席次不足5人或無黨籍之委員得合組5人以上之聯盟。立法理由係鑑於黨團在議會政治之重要性，以及部分委員提案，促使黨團法制化，爰予黨團在立法院組織法上有所依據。

（二）90年10月30日修正，11月14日公布

　　立法委員依其所屬政黨參加黨團，每1黨團至少須有8人以上，立法委員選舉得票比率已達5%以上之政黨不在此限，以及未能組成黨團之政黨或無黨籍之委員，得加入其他黨團，或合組8人以上之政團，政團準用黨團之規定。立法理由係為有效提升立法院黨團運作功能。爰將黨團或政團組成條件，提高為立法委員總額的5%，即8人。以防止少數人無端阻撓議事程序，以改善立法院議事效率。並參照《公職人員選舉罷免法》第65條第3項第6款規定，立法委員選舉得票比率達5%以上之政黨，得分配全國不分區及僑居國外國民代表之席次，是為同時兼顧立法院少數權之保障，健全政黨政治之發展。

（三）91年1月15日修正，1月25日公布

　　黨團之組成要件並未修正。

（四）94年1月21日修正，2月2日公布

　　立法委員依其所屬政黨參加黨團，每1黨團至少須有6人以上。但於立法委員選舉得票比率已達5%以上之政黨，不在此限。未能組成黨團之政黨或無黨籍之委員，得加入其他黨團，或合組6人以上之政團。立法理由係鑑於黨團在國會政黨政治運作之重要性，為維護黨團協商機制，並充分保障少數席次政黨及弱勢族群權益，爰將組成黨團及合組政團人數由現行8人修正為6人。

（五）96年12月7日修正，12月26日公布

　　每屆立法委員選舉當選席次達3席且席次較多之5個政黨得各組成黨團；席次相同時，以抽籤決定組成之。立法委員依其所屬政黨參加黨團。每1政黨以

組成1黨團為限；每1黨團至少須維持3人以上。未能組成黨團之政黨或無黨籍之委員，得加入其他黨團。黨團未達5個時，得合組4人以上之政團，以席次較多者優先組成，黨（政）團總數合計以5個為限。立法理由為修正黨團門檻之規定。

（六）100年1月10日修正，1月26日公布

黨團之組成並未修正。

二、法律另有規定

法律另有規定不得以黨團名義提案者，係指《立法院職權行使法》第36條規定之不信任案，即對行政院院長提出不信任案，須經全體立法委員三分之一以上連署。此外，本規則亦有依其性質不適合以黨團名義提案者，例如本規則第42條第1款規定之復議提出，即決議案復議之提出，須證明提案人確為原案議決時之出席委員，而未曾發言反對原決議案者，如原案議決時，係依表決器或投票記名表決或點名表決，並應證明為贊成原決議案者。準此，黨團提出復議，並不符合上述要件，惟立法院實務上，如該決議案係無異議通過者，在場委員均屬贊成原決議案者，故例外允許黨團以其名義提出復議案。

相關法規

◎立法院組織法

第33條

每屆立法委員選舉當選席次達三席且席次較多之五個政黨得各組成黨團；席次相同時，以抽籤決定組成之。立法委員依其所屬政黨參加黨團。每一政黨以組成一黨團為限；每一黨團至少須維持三人以上。

未能依前項規定組成黨團之政黨或無黨籍之委員，得加入其他黨團。黨團未達五個時，得合組四人以上之政團；依第四項將名單送交人事處之政團，以席次較多者優先組成，黨（政）團總數合計以五個為限。

前項政團準用有關黨團之規定。

各黨團應於每年首次會期開議日前一日,將各黨團所屬委員名單經黨團負責人簽名後,送交人事處,以供認定委員所參加之黨團。

黨團辦公室由立法院提供之。

各黨團置公費助理十人至十六人,由各黨團遴選,並由其推派之委員聘用之;相關費用依前條之規定。

前項現職公費助理於中華民國八十七年三月一日至九十四年六月三十日間,由各黨團遴選並由其推派之委員或各該政黨聘用,並實際服務於黨團之助理年資,得辦理勞動基準法工作年資結清事宜。

> **第六十條**（委員會登記發言）
>
> 各種委員會委員發言之登記，由委員於開會前一小時起，親自登記於該委員會登記簿；該委員會委員在開會前登記者，得優先發言。

沿革

88年1月12日全文修正通過。

✍ 理由

　■明定委員會開會時委員發言之方式。

說明

　　本條係規範各種委員會會議有關立法委員發言登記之相關事宜。

一、各種委員會委員發言之登記

　　各種委員會，包括全院委員會、特別委員會、常設委員會及特種委員會等。無論是該委員會的委員或非該委員會的委員，均可為發言之登記。

二、開會前1小時起

　　本規則第22條第1項前段規定，本院會議開會時間為上午9時至下午6時，惟委員會開會時間實務上依例為上午9時至下午5時30分。[5]準此，開會前1小時係指上午9時前之1小時，即為上午8時，也就是立法委員於上午8時開始就可以為發言之登記。

三、親自登記於該委員會登記簿

　　立法委員於委員會作發言登記時，必須本人親自為之，不得委託他人代理，且應親自簽名於委員會專設之登記簿。

5　何弘光，《解讀立法院精選案例：了解立法院立法、修法的運作模式》，初版，五南圖書，112年，140、141頁。

四、優先發言

　　立法委員於開會前已在委員會登記簿上簽名發言登記者，原則上應依登記順序，依次發言，惟如該委員為該委員會之委員者，得優先於其他非該委員會之委員，予以發言。開會時間後即上午9時起，始為登記發言者，則不區分是否為該委員會之委員，一律依登記順序，依序發言。準此，實務上委員會於9時前分別準備出席委員登記簿與列席委員登記簿，以資區別。

問題討論：

一、立法院院會委員發言之登記時點

　　立法院院會委員發言之登記時點，因法無明定，可依《立法院職權行使法》第1條第2項規定，略以：本法未規定者，適用《立法院議事規則》第60條規定。

第六十一條（旁聽須經同意）

各種委員會開會時，除出、列席、會務工作人員及持本院核發採訪證人員外，其餘人員經會議主席同意後，始得進入旁聽。

沿革

88年1月12日全文修正通過。

第六十一條

各種委員會開會時，除出、列席及會務工作人員外，不得進入旁聽。

✍ 理由

■委員會開會時，會議室空間有限，為利議事之進行，爰明定開會時以不對外開放為原則。

105年11月11日修正通過。

✍ 理由

■基於議事公開之民主原則，立法院各委員會不應禁止人民參與旁聽，爰修正經主席同意後始得進入旁聽之規定，以俾利人民監督國會。[6]

說明

本條明定各種委員會開會時之在場人員，如有其餘人員欲進入會議室，則須經由會議主席之同意，始得進入會議室旁聽，故本條規定僅適用於委員會。說明如下：

6　《立法院公報》，第105卷，第82期，院會紀錄，105年11月24日，143頁。

一、出席人員

　　出席人員，係指該委員會之委員。委員會如召集聯席會議者，該聯席會議之委員會委員，均爲出席人員。

二、列席人員

　　列席人員，係指委員會依《立法院各委員會組織法》第6條之1規定，邀請相關院、部、會人員列席委員會說明者。此外，非該委員會之委員，如欲參與該委員會會議者，亦屬列席人員。

三、會務工作人員

　　委員會之會務工作人員，係指《立法院各委員會組織法》第18條至第20條規定之職員，協助委員會之議事處會場幹事及總務處技工工友等。

四、採訪證人員

　　採訪證人員，係指依《立法院採訪規則》申請採訪證件之新聞媒體人員等。

五、旁聽須經會議主席同意

　　旁聽者係指前述以外之人員，欲進入委員會會議室旁聽者，須經當次會議主席之同意，始得進入會議室。

問題討論

一、公聽會得否旁聽

　　《立法院職權行使法》第54條規定，略以：各委員會爲審查院會交付之議案，得依憲法第67條第2項規定，邀請政府人員及社會上有關係人員，舉行公聽會。準此，公聽會係由委員會舉行，得否開放旁聽，亦應適用本條規定，

即由會議主席決定。實務上，全院委員會公聽會，因已有實況轉播，故目前是尚未開放旁聽。至於其他委員會是否開放旁聽，則由各該委員會會議主席決定之。

第六十二條（旁聽及採訪子法）
本院會議旁聽規則、採訪規則，由院長訂定，報告院會後施行。

沿革

88年1月12日全文修正通過。

✍ 理由

■「制定」修正為「訂定」。

說明

　　本條明定立法院會議進行時，有關民眾進入會議室之旁聽事宜，以及媒體採訪人員進入立法院之採訪事宜等，授權由立法院院長訂定相關規定，並提報立法院院會報告事項備查後，予以施行。嗣後，該等規定之增、刪、修正等程序，亦同。以下分別說明：

一、《立法院會議旁聽規則》

　　《立法院旁聽規則》係於55年8月26日立法院第1屆第37會期第42次會議報告修正施行。其後於第1屆第77會期第11次會議（75年4月1日）由立法院秘書處奉院長核可修正為《立法院會議旁聽規則》提報院會，因有爭議，院會決定：交程序委員會。立法院第4屆第4會期第23次會議（89年12月15日）由立法院法制局修正《立法院會議旁聽規則》全文奉院長核可提報院會，通過。立法院第9屆第2會期第1次會議（105年9月13日）由立法院議事處修正《立法院會議旁聽規則》第7條條文奉院長核可提報院會，准予備查。

第1條（依據）
本規則依立法院議事規則第六十二條規定訂定之。

第2條（旁聽證）
持有旁聽證者，方得進入議場旁聽。

第3條（查驗身分）

旁聽者進入議場時，須將旁聽證佩掛胸前明顯處，以供辨識；必要時，得查驗身分證或其他證明。

第4條（旁聽證使用期限）

旁聽證限持有人當日（上午、下午）使用，截角後入場旁聽，離場即行作廢，並不得轉借。

✍ 備註

■實務上旁聽證並未截角，及未於旁聽人離場時收回。惟不可隔日使用。

第5條（旁聽入場限制）

服裝不整、酒醉或精神異狀者，不得入場旁聽。

第6條（兒童入場限制）

不得攜帶七歲以下兒童進入議場旁聽。

第7條（攜帶物品限制）

旁聽者不得攜帶武器、危險物品或各種標幟、標語、海報及其他物品等進入議場，並不得拒絕檢查。違反者，不得入場旁聽；已入場者，得強制其離場。

第8條（遵守議場秩序）

會議進行中或中途休息時，均應保持肅靜，不得鼓掌、喧鬧或其他妨礙議場秩序或議事進行之行為。違反者，得強制其離場。

第9條（演講禁止中途離席）

如遇貴賓演講時，不得中途離席。

第10條（秘密會議禁止旁聽）

旁聽證於秘密會議不適用之。

第11條（施行）

本規則經提報院會後施行。

二、《立法院採訪規則》

　　《立法院採訪規則》於立法院第4屆第6會期第1次會議（90年9月20日）由

立法院秘書處於同年8月6日奉院長核可提報院會，予以備查。立法院第10屆第6會期第5次會議（111年10月28日）由立法院秘書處修正《立法院採訪規則》全文提報院會，准予備查。

第1條

本規則依立法院議事規則第六十二條規定訂定之。

第2條

媒體採訪人員進入立法院（以下簡稱本院）採訪，除法令另有規定外，依本採訪規則辦理。

第3條

媒體採訪人員進入本院採訪，應依規定申請採訪證件，佩掛胸前明顯處，以資識別；必要時，得查驗其他身分證明文件或對採訪器材進行安全檢查。

前項採訪證件之發放規定，由本院秘書處訂定之。

第4條

前條採訪證件僅供進入本院採訪識別用，不得轉借或影印使用。

第5條

為維護國會尊嚴，媒體採訪人員應於本院規劃之採訪區域內採訪。採訪時，應遵守本院有關規定，不得有鼓譟、喧鬧、破壞公物、妨礙辦公、吸菸、飲食及干擾會議進行等行為。

第6條

媒體採訪人員於本院進行採訪時，其採訪人數、位置、設備器材及電源、影音或其他線路之架設，應遵照本院之規定。

前項採訪人員及其設備器材，應注意不得阻礙人員通行；其架設之電源、影音或其他線路，應注意不得任意跨越或占用走道，並保持動線淨空，以維護採訪秩序及人員安全。

第7條

媒體採訪人員除採訪當時外，禁止於本院長時擺置桌椅、燈具、攝影機架、電視機等採訪設備。

第8條

本院舉行秘密會議及未開放採訪之會議，不得採訪。辦公區域或委員研究室，未經同意，不得進入採訪或逗留守候。

第9條

媒體採訪人員如有違反本規則之情事或有妨礙其他媒體採訪、言語謾罵、肢體動作致危害他人安全之虞者，本院現場相關人員得制止之；經制止無效或情節重大者，並得禁止其進入本院採訪或限制於一定期間不得在本院採訪。

第10條

本規則經提報院會後施行。

問題討論

一、立法院行政命令及行政規則訂定程序

112年5月8日司法及法制委員會審查立法院組織法修正草案「委員口頭質詢事項分工表」第9項，略以：立法院議事規則、立法院採訪規則，立法委員可否提案？立法院相關命令，經院會程序屬於立法程序或院內程序？

立法院之行政命令及行政規則，一般稱為「廣義之內規」，係相對於「狹義之內規」之《立法院議事規則》。立法院訂定之行政命令或行政規則，既係以立法院機關名義定之，而立法院又為合議制，所以該等立法院內規之訂定程序，除有其他規定外，自應由立法院合議制決定之。即基於國會自律原則，對於立法院內規訂定之程序，究係比照立法程序為之，抑或經由院內行政程序處理，立法院可依其性質作不同之處理，例如涉及立法院職權行使或立法委員權益有關聯者，得採程序嚴謹的立法程序，而單純機關內部事務得授權院長或秘書長自行訂定。

《立法院組織法》第13條第2項及第14條第2項等規定，略以：立法院院長綜理院務（院內事務），秘書長承院長之命，處理本院事務，惟立法院係採「合議制」而非「首長制」，也就是其等權限來自於院會所授予，自不能牴觸院會之決定。即立法院院長或秘書長經由院會授權或依職權訂定之行政命令或行政規則，立法委員及院會並非就此不能再參與決定，或收回該授權。否則，

易令人誤解其等權力大於立法院院會之決定。以下就立法院行政命令或行政規則訂定之態樣，及立法委員得處理之方式，予以說明：

（一）立法院行政命令或行政規則訂定之態樣

立法院除為立法機關得制定及修正法律等外，同時因其為機關組織，而有機關行政事項及作業等部分，須為訂定之行政命令或行政規則。依其等訂定之生效要件可區分類型如下：[7]

1. 經院會通過後施行。
2. 提報院會後施行。
3. 經院長核定，提報院會後施行或實施。
4. 委員會通過後施行。
5. 經院長核定後施行或實施。
6. 秘書長核定後實施。
7. 經主管機關核備後施行。

（二）立法委員得處理之方式

1.備查或審查

《中央法規標準法》第5條及《立法院職權行使法》第60條等規定，略以：各機關依其法定職權或基於法律授權訂定之命令，應即送立法院，此為立法事後審查制度。至於立法院訂定之命令，是否亦有適用，說明如下：

(1) 經院會通過或提報院會者

各機關依其法定職權或基於法律授權訂定之命令，須踐行正當法定程序，例如擬訂草案，會相關單位及法制單位等，最後以機關名義發布，再依上開規定，送立法院。

上述類型1至3係經院會通過或提報院會之行政命令及行政規則，既然已經立法院院會決議通過或備查者，自無須再重複踐行上開規定之事後審查制度。

---

7 立法院之行政命令及行政規則等內容，參閱何弘光，《立法院法規大全》，電子書，初版，自版，Pubu電子書城，https://www.pubu.com.tw/，113年1月17日。

(2) 未提報院會者

　　上述類型4至7係經委員會、院長、秘書長及主管機關核定或通過者，並未提報院會。所以院會或立法委員無從知悉該等行政命令或行政規則，易形成立法審查之漏洞。即可能有涉及立法院職權行使或立法委員權益等之行政命令或行政規則，卻漏未提報院會或未經院會通過者。

2. 提案

　　立法委員得否對立法院之行政命令或行政規則予以提案，應區分為二種類型：

(1) 行政命令或行政規則係經院會通過或備查者

　　上開類型1經院會通過之行政命令或行政規則，係因其等與立法院職權行使有關聯性，故須經立法院討論決議通過。準此，立法委員如認為有修正之必要，因其等並非法律案，自可依「其他議案」之方式提出院會，並經院會通過者。例如立法院第3屆第5會期第13次會議（87年5月1日），本院委員劉光華等13人擬具「立法院議事規則修正草案」，請審議案。立法院第9屆第2會期第7次會議（105年10月21日），時代力量黨團擬廢止「立法院點名表決辦法」等。

　　上開類型2提報院會備查之行政命令或行政規則，雖非立法院之職權行使，但與立法委員之權益有關，所以應報告全體委員知悉。實務上早期有委員提案者，例如立法院第4屆第5會期第7次會議（90年4月3日），本院委員林政則等24人擬具「立法院會議議事文書印製辦法第六條條文修正草案」，請審議案。立法院第7屆第3會期第11次會議（98年5月1日），本院委員翁金珠等21人擬具「立法院會議錄影錄音管理規則第二條條文修正草案」，請審議案。

　　另外，應將其等列入報告事項或討論事項，早期實務二者兼有，但目前與各單位提報之行政命令或行政規則採行一致做法，即均將其列入報告事項。

(2) 行政命令或行政規則經委員會、院長、秘書長或主管機關核定者

　　上開類型3、5及6經院長或秘書長核定之行政命令或行政規則，縱使立法委員認為其中部分內容須修正者，亦不適合提案，係因立法委員與院長或秘書長並無上下隸屬之關係，其提案不能送請院長或秘書長核定。但立法委員如將

該等規定修正爲經院會通過或備查者，自可以「其他議案」之方式提出。

上開類型4經由特定委員會通過之行政命令或行政規則，係屬該委員會內部事務，故原則上應由該特定委員會委員始得提案。但立法委員如認爲該等行政命令或行政規則，應不侷限於該委員會，得提案將由委員會通過修正爲院會通過。例如立法院第1屆第69會期第22次會議（71年5月4日），本院委員陸京士等60人臨時提案、「爲提議修正『立法院會議議事文書印製辦法第二條、第三條第九款、第九條』，是否有當？提請公決。」即該辦法第9條原爲「本辦法經經費稽核委員會通過，報告院會後實施。」修正文字爲「本辦法經院會通過後實施。」

上開類型7經主管機關核備之行政命令，如係單純之行政事項，與立法院職權行使無涉，立法委員即無須對此提案。反之，則可以提案。

（三）結論

立法院依憲法規定係由立法委員所組成，對於立法院訂定之行政命令及行政規則，縱無參與訂定，亦有知悉之必要。即何種事務純屬立法行政事務而委由院長處理，何種事務須提報院會處理，並無一定之標準。所以如能讓全體委員均有知悉之機會，才能透過院會合議制來決定其區別之標準，也就是立法院所有的行政命令及行政規則，包括院長、秘書長核定及委員會通過等，均應提報院會。院會如認爲係屬單純之立法行政事務，得予以備查；如認爲其等非單純立法行政事務，即與立法院職權行使或立法委員權益有關連者，則得予以審查。除此之外，因該等資料均提報院會，必須載入公報，日後如須了解該等資料之沿革及相關內容，較易查詢，可有效避免目前實務上有些資料因未提報院會，未登載公報，以致不易查詢，且因係由各權責單位負責保管，如未妥善收存，難免資料有所脫漏。準此，立法院應該針對上述立法院內規之法制作業，訂定一套處理流程，以杜爭議，並設置專責單位，定期全面性地檢討相關法規，且將該等資料建置資料庫，予以完善收存爲宜。

> **第六十三條**（施行日）
> 本規則由本院會議通過後施行。
> 本規則中華民國九十六年十一月三十日院會通過之條文，自立法院第七屆立法委員就職日起施行。

沿革：

88年1月12日全文修正通過。

> **第六十三條**
> 本規則由本院會議通過後施行。

✍ 理由

■條次變更（原條次為第89條）。

■「施行」上增列一「後」字，以茲明確。

96年11月30日修正通過。

✍ 理由

■本次修正條文主要係配合席次減半調整，爰配合實際需要增列第2項明定修正條文自第7屆施行。

說明：

　　本規則自37年5月20日立法院第1屆第1會期第2次會議制定[8]實施迄今，已經歷23次之修正，且分別於42年1月19日及88年1月12日修正全文。

　　本規則由本院會議通過後施行，係指立法院第3屆第6會期第14次會議（88

8　依62年3月13日立法院第1屆第51會期第5次會議認可之法律統一用語表，法律之創制，用「制定」；行政命令之制作，用「訂定」。《立法院行政規則》為行政命令而非法律，惟37年尚無前述法律統一用語表，所以應使用「制定」乙詞，但現在應用「訂定」乙詞。

年1月12日）通過修正《立法院議事規則》全文63條，自88年1月12日施行。其後修正之條文，原則上亦自本院會議通過後施行，例外則依特定日期施行，即本規則96年11月30日院會通過之條文，自立法院第7屆立法委員就職日（97年2月1日）起施行。

　　爲便於了解《立法院議事規則》之沿革，本書附錄八蒐集37年5月20日至83年11月10日之法條修正沿革。

參考文獻

一、政府機關文書

（一）公報及相關資料

1. 立法院公報。
2. 立法院第9屆第4會期司法及法制委員會「立法院議事規則相關適用疑義之檢討」公聽會會議紀錄。
3. 立法院速記錄。
4. 立法院會議議案關係文書。
5. 立法院議事錄。

（二）公文

1. 立法院議事處105年4月11日台立議字第1050701639號書函。
2. 行政院秘書長88年4月26日台88秘字第16221號函。

（三）刊物

1. 《立法院議事先例集》，立法院秘書處編印，82年2月。
2. 《立法院議事程序裁決案例彙編稿》，立法院第1屆第74會期第15次會議議案關係文書，73年11月7日印發。

二、書籍

1. 何弘光，《立法院實用法令及案例彙編》，初版，五南圖書，109年7月。
2. 何弘光，《立法程序之法制與實務》，初版，自版，111年4月。
3. 何弘光，《解讀立法院精選案例：了解立法院立法、修法的運作模式》，初版，五南圖書，112年3月。
4. 何弘光，《立法程序之法制與實務》，電子書，初版，自版，Pubu電子書城，https://

www.pubu.com.tw/，112年9月28日。

5. 何弘光，《立法院法規大全》，電子書，初版，自版，Pubu電子書城，https://www.pubu.com.tw/，113年1月17日。

6. 吳庚、陳淳文，《憲法理論與政府體制》，3版，自版，104年9月。

7. 吳信華，《憲法釋論》，初版，三民書局，100年9月。

8. 周萬來，《議案審議——立法院運作實況》，5版，五南圖書，108年11月。

9. 周萬來，《立法院職權行使法逐條釋論》，3版，五南圖書，108年12月。

10. 胡濤，《立法學》，漢苑出版社，69年11月。

11. 亨利‧羅伯特（Henry M. Robert），王海蓮譯，《羅伯特議事規則》，1版，天津人民出版社，2017年5月。

12. 孫文，《民權初步》，6版，三民書局，78年2月。

13. 黃秀端、陳中寧、許孝慈，《認識立法院》，初版2刷，五南圖書，107年6月。

14. 曾濟群，《中外立法制度之比較》，初版，中央文物供應社，77年6月。

15. 許慶雄，《憲法入門》，初版，月旦出版社，81年。

16. 許宗力，《法與國家權力》，初版，元照，88年10月。

17. 許劍英，《立法審查理論與實務》，4版，五南圖書，93年。

18. 郭登敖，《議事制度之比較》，自版，76年。

19. 楊振萬，《天聲天存議政叢談》，初版，幼獅文化，88年。

20. 蔡政順，《立法院議事規則逐條研究》，初版，大中國圖書，74年6月。

21. 蔡文斌，《會議規範實用》，修訂4版，自版，100年3月。

22. 鍾啓岱，《議事學理論與實務》，初版，高雄復文圖書，92年6月。

23. 羅傳賢，《立法學實用辭典》，3版，五南圖書，103年9月。

24. 羅勃特‧羅傑斯（Robert Rogers）、羅德里‧瓦特斯（Rhodri Walters），谷意譯，《英國國會》，初版，五南圖書，98年10月。

三、論文、期刊

1. 何弘光，〈立法程序法制與實務之研析〉，《國會季刊》，第48卷，第4期，109年12月，117-146頁。

2. 何弘光，〈立法院黨團協商制度之法制與實務〉，《國會季刊》，第49卷，第4期，110年12月，53-82頁。

3. 何弘光，〈立法院審查行政命令之法制與實務〉，《國會季刊》，第51卷，第2期，112年6月，50-82頁。

4. 宋棋超，〈預算審查附帶事項之探討〉，《立法院院聞》，第27卷，第4期，總期：312，88年4月，38-46頁。

5. 周萬來，〈淺談復議〉，《立法院院聞》，第23卷，第3期，總期：263，84年3月，42-46頁。

6. 周萬來，〈析述立法院會期與會議〉，《人事行政》，第113期，89年9月，40-53頁。

7. 周萬來，〈概述立法院議事規範・下〉，《立法院院聞》，第29卷，第6期，總期：338，90年6月，87-112頁。

8. 周萬來，〈立法院議事規則釋論〉，《立法院院聞》，第32卷，第10期，總期：378，93年10月，73-94頁。

9. 周亞杰，〈改善賦稅法令品質：建議立法院立法時取消附帶決議〉，《稅務旬刊》，第1573期，84年6月，32-33頁。

10. 周良黛，〈從比較觀點看國會表決方法〉，《理論與政策》，第15卷，第1期，總期：57，90年3月，13-30頁。

11. 林明鏘，〈立法學之概念、範疇界定及功能〉，《政大法學評論》，第161期，109年6月，71-134頁。

12. 林嘉誠，〈程序規範須重共識：立法院議事規則修正評議〉，《中國論壇》，第22卷，第8期，總期：260，75年7月，54-56頁。

13. 施劍英，〈我們對「立法院議事規則」修正的體認〉，《憲政評論》，第17卷，第8期，75年8月，6-9頁。

14. 郭登敖，〈修正立法院議事規則芻議〉，《立法院院聞》，第18卷，第5期，總期：205，79年5月，17-25頁。

15. 程明仁，〈立法院議事規則修正簡介〉，《法律評論》，第66卷，第10期，總期：1340，89年12月，34-47頁。

16. 莊振輝，〈法定預算附加條件、期限及附帶決議之研究〉，《主計季刊》，第51卷，第4期，總期：331，99年12月，63-74頁。

17. 蔡茂寅，〈預算主決議與附帶決議之效力〉，《台灣本土法學雜誌》，第57期，93年4月，77-102頁。

18. 游千慧，《加拿大國會探視訊會議方式制度簡介》，立法院法制局，議題研析，編號：R00181號，106年4月。

19. 羅傳賢，〈立法院議事規則之理論與實務〉，《法學叢刊》，第51卷，第4期，總期：204，95年10月，95-126頁。

四、網路資料

1. 中華民國仲裁協會，http://www.arbitration.org.tw/，最後瀏覽日期：112年10月11日。

2. 公民監督國會聯盟，https://ccw.org.tw/，最後瀏覽日期：111年10月26日。

3. 天下雜誌網頁，〈虛擬國會一週年，英國如何在家搞定脫歐、疫情政策？〉，https://www.cw.com.tw/article/5113180，最後瀏覽日期：2021年7月13日。

4. 日本《國會法》，https://www.shugiin.go.jp/internet/itdb_annai.nsf/html/statics/shiryo/dl-dietlaw.htm，最後瀏覽日期：112年10月17日。

5. 立法院全球資訊網，https://www.ly.gov.tw/Home/Index.aspx。

6. 立法院國會圖書館／立法院法律系統，https://lis.ly.gov.tw/lglawc/lglawkm。

7. 立法院國會圖書館／立法院期刊文獻系統，https://lis.ly.gov.tw/lgjnlc/lgjnlkm。

8. 立法院國會圖書館／早期法規文獻系統，https://lis.ly.gov.tw/lyearlyc/lyearlykm。

9. 立法院國會圖書館／議事及發言系統，https://lis.ly.gov.tw/lylgmeetc/lgmeetkm。

10. 立法院國會圖書館／議事日程及議事錄檢索系統，https://lis.ly.gov.tw/lymtsysc/lymtsystp?ID=5&SECU=1007845177&PAGE=main&FRBR2=mtdbutf8:4:%E8%AD%B0%E4%BA%8B%E9%8C%84。

11. 立法院議事暨公報資訊網，https://ppg.ly.gov.tw/ppg/。

12. 立法院議政博物館，數位典藏／文物導覽／具有歷史性意義之史料文物，https://aam.ly.gov.tw/P000051_03.do/1303，最後瀏覽日期：111年5月23日。

13. 西班牙參議院／開始／了解參議院憲法、法規和其他規範／參議院條例，https://www.senado.es/web/conocersenado/normas/reglamentootrasnormassenado/detallesreglamentosenado/index.html#t6c1s2，最後瀏覽日期：112年11月24日。

14. 西班牙眾議院／機構／規則／大會章程／眾議院議事規則，https://www.congreso.es/webpublica/ficherosportal/standing_orders_02.pdf，最後瀏覽日期：112年11月24日。

15. 我在立法院，https://eva-ho.blogspot.com，最後瀏覽日期：112年10月11日。

16. 國際青年商會中華民國總會，http://www.taiwanjc.org.tw/，最後瀏覽日期：112年10月11日。

17. 教育部重編國語辭典修訂本，https://dict.revised.moe.edu.tw/index.jsp，最後瀏覽日期：111年3月18日。

18. 教育部國語辭典簡編本，https://dict.concised.moe.edu.tw/dictView.jsp?ID=37726&la=0&powerMode=0，最後瀏覽日期：111年2月21日。

19. 聯合國，https://www.un.org/en/ga/about/ropga/plenary.shtml。

附錄一　法律統一用字表

62年第1屆第51會期第5次會議及75年第78會期第17次會議認可。

用字舉例	統一用字	曾見用字	說明
公布、分布、頒布	布	佈	
徵兵、徵稅、稽徵	徵	征	
部分、身分	分	份	
帳、帳目、帳戶	帳	賬	
韭菜	韭	韮	
礦、礦物、礦藏	礦	鑛	
釐訂、釐定	釐	厘	
使館、領館、圖書館	館	舘	
穀、穀物	穀	谷	
行蹤、失蹤	蹤	踪	
妨礙、障礙、阻礙	礙	碍	
賸餘	賸	剩	
占、占有、獨占	占	佔	
牴觸	牴	抵	
雇員、雇主、雇工	雇	僱	名詞用「雇」
僱、僱用、聘僱	僱	雇	動詞用「僱」
贓物	贓	臟	
黏貼	黏	粘	
計畫	畫	劃	名詞用「畫」
策劃、規劃、擘劃	劃	畫	動詞用「劃」
蒐集	蒐	搜	
菸葉、菸酒	菸	煙	
儘先、儘量	儘	盡	

用字舉例	統一用字	曾見用字	說明
麻類、亞麻	麻	蔴	
電表、水表	表	錶	
擦刮	刮	括	
拆除	拆	撤	
磷、硫化磷	磷	燐	
貫徹	徹	澈	
澈底	澈	徹	
祇	祇	只	副詞
並	並	并	連接詞
聲請	聲	申	對法院用「聲請」
申請	申	聲	對行政機關用「申請」
關於、對於	於	于	
給與	與	予	給與實物
給予、授予	予	與	給予名位、榮譽等抽象事物
紀錄	紀	記	名詞用「紀錄」
記錄	記	紀	動詞用「記錄」
事蹟、史蹟、遺蹟	蹟	跡	
蹤跡	跡	蹟	
糧食	糧	粮	
覆核	覆	複	
復查	復	複	
複驗	複	復	

附錄二　新增「法律統一用字表」一則

104年12月16日立法院第8屆第8會期第14次會議通過。

用字舉例	統一用字	曾見用字	說明
取消	消	銷	

附錄三　法律統一用語表

62年3月13日立法院第1屆第51會期第5次會議認可。

統一用語	說明
「設」機關	如：「教育部組織法」第五條：「教育部設文化局，……」。
「置」人員	如：「司法院組織法」第九條：「司法院置秘書長一人，特任。……」。
「第九十八條」	不寫爲：「第九八條」。
「第一百條」	不寫爲：「第一○○條」。
「第一百十八條」	不寫爲：「第一百『一』十八條」。
「自公布日施行」	不寫爲：「自公『佈』『之』日施行」。
「處」五年以下有期徒刑	自由刑之處分，用「處」，不用「科」。
「科」五千元以下罰金	罰金用「科」不用「處」，且不寫爲：「科五千元以下『之』罰金」。
「處」五千元以下罰鍰	罰鍰用「處」不用「科」，且不寫爲：「處五千元以下『之』罰鍰」。
準用「第○條」之規定	法律條文中，引用本法其他條文時，不寫「『本法』第○條」而逕書「第○條」。如：「違反第二十條規定者，科五千元以下罰金」。
「第二項」之未遂犯罰之	法律條文中，引用本條其他各項規定時，不寫「『本條』第○項」，而逕書「第○項」。如刑法第三十七條第四項「依第一項宣告褫奪公權者，自裁判確定時發生效力。」
「制定」與「訂定」	法律之「創制」，用「制定」；行政命令之制作，用「訂定」。
「製定」、「製作」	書、表、證照、冊據等，公文書之製成用「製定」或「製作」，即用「製」不用「制」。
「一、二、三、四、五、六、七、八、九、十、百、千」	法律條文中之序數不用大寫，即不寫爲「壹、貳、叁、肆、伍、陸、柒、捌、玖、佰、仟」。
「零、萬」	法律條文中之數字「零、萬」不寫爲：「○、万」。

附錄四　立法院慣用詞及標點符號

76年8月1日立法院台處議字第1848號函發布。

（一）語詞

1. 條文中如僅有一連接詞時，須用「及」字；如有二個連接詞時，則上用「與」字，下用「及」字，不用「暨」字作爲連接詞。

2. 條文中之「省市政府」或「省政府及直轄市政府」用語，均改爲「省（市）政府」。依此體例將「縣市政府」改爲「縣（市）政府」；將「鄉、鎮公所」改爲「鄉（鎮）公所」；將「鄉、鎮（縣轄市）公所」改爲「鄉（鎮、市）公所」；將「鄉、鎮（市）、區公所」改爲「鄉（鎮、市、區）公所」。

3. 引用他處條文，其條次係連續者，則用「至」字代替中間條次，例如「第三條、第四條、第五條」，改爲「第三條至第五條」。項、款、目之引用準此。

4. 條文中「第○條之規定」字樣，刪除「之」字，改爲「第○條規定」，項、款、目準此。

（二）標點符號

1. 標題不使用標點符號。

2. 有「但書」之條文，「但」字上之標點使用句號「。」。（惟但書前之「前段」，如以「；」區分爲二段以上文字，而但書僅在表明最後段之例外規定時，得在「但」字上使用「，」。例如「前項許可證之申請，應檢具……；其屬役男者，並應檢具……，但……之役男，不在此限。」）

3. 「及」字爲連接詞時，「及」字上之標點刪除（但條文太長時，可以寫成「……，及……」）。

4. 「其」字爲代名詞時，其上用分號「；」。如「其組織以法律定之」，「其」字上，須用分號「；」。

附錄五　立法委員請假單（稿）

本席未克出席立法院第　　屆第　　會期

☐第　　次會議（院會）

☐第　　次秘密會議

☐第　　次全院委員會會議

☐第　　次臨時會第　　次會議（院會）

☐第　　次臨時會第　　次秘密會議

☐第　　次臨時會第　　次全院委員會會議

，特予請假。

　　此致

議事處

委員簽章：

年　　月　　日

聯　絡　人：

聯絡電話：

備註：

1. 《立法院議事規則》第4條：「立法委員因事故不能出席本院會議時，應通知議事處請假，未請假者列為缺席。」

2. 議事處聯絡分機：1217、1300。傳真：(02)2358-5112。

附錄六 立法委員接待選民團體至立法院參訪旁聽申請表

委員姓名	參訪日期	行程	時間	人數
	年 月 日 （星期 ）	觀賞簡報 （簡報室）	時 分	人
		旁聽院會 （議場二樓旁聽席）	時 分	人
團體名稱：				
承辦助理姓名：		電話：		
委員核章： 申請日期： 年 月 日				

備註：

1. 申請來院參訪，請依「立法院會客請願參觀訪問旁聽等作業程序及管制要點」，於三日前填具本申請表並造具名冊（格式詳如附件），送本院秘書處公共關係事務室、議事處會務科辦理。

2. 觀賞多媒體簡報，請洽秘書處公共關係事務室。
   電話：(02)23585858#5258，傳真：(02)23585255。

3. 旁聽院會，請洽議事處會務科。
   電話：(02)23585738，傳真：(02)23585112。

4. 填寫本申請表前，請先分別電洽秘書處公共關係事務室、議事處會務科安排時間，俟時間排定後再分別回傳該二單位完成申請程序。

附件

立法委員＿＿＿＿接待選民團體至立法院參訪旁聽名冊				
旁聽團體名稱				
序號	旁聽者姓名	性別 年齡	身分證字號 聯絡電話	住址	備註
1					（領隊）
2					
3					
4					
5					
6					
7					
8					
9					
10					

備註：上述參訪旁聽名冊將依據「立法院個人資料保護管理運作程序」個人資料檔案保存期限留存或銷毀。

附錄七 立法院院會收案時間及地點

立法院朝野黨團協商結論（提報第9屆第4會期第1次臨時會第2次會議）

時間：107年1月8日（星期一）上午11時

地點：議場三樓會議室

決定事項：

一、各黨團同意有關立法院院會收案時間及地點一覽表，如後附，建議做法予以通過。[1]

議事處製表107.01.08

序	項目	建議做法
1.	確認議程草案（程序會未審定）增列報告、討論事項	1.收案順序 　由黨團或委員依登記先後取得送案之院會先後處理順序。 2.收案時間 　議事人員於7時至9時，依各黨團登記送案之順序，予以收案。 3.收案地點 　議場之國是論壇簽到檯。 備註： 1.逾9時提出者，於會場主席檯前方之議事人員工作檯收案；法律案之收案於協商階段交負責委員會；預算案之收案轉交於財政委員會彙整編號。
2.	變更議程提案（程序會已審定）	
3.	法律案（二讀）之修正動議	
4.	預算案（二讀）之提案	

---

1 《立法院公報》，第107卷第18期，黨團協商紀錄，107年2月12日，第328、329頁。

附錄八　立法院議事規則37年5月20日至83年11月10日之法條沿革[2]

第一章　總則（1～10）

（37年5月20日制定）

第一章　總則（1～8）

（42年1月19日全文修正）

第1條

（37年5月20日制定）

本規則依立法院組織法第二十六條制定之。

（42年1月19日全文修正）

本規則依立法院組織法第十七條制定之。

第2條

（37年5月20日制定）

本院會議，除憲法及立法院組織法另有規定外，依本規則行之。

（42年1月19日全文修正）

本院會議，除憲法、立法院組織法，及立法院各委員會組織法另有規定外，依本規則行之。

第3條

（37年5月20日制定）

本院會議以院長為主席，院長因事故未能出席時，副院長為主席。院長、副院長均因事故

2　《立法院議事規則》早期資料多不可考，故此部分之沿革係參考立法院第1屆立法院第1會期第1次會議關係文書計附立法院議事規則草案1份、同次會議議事錄、同屆第2會期第21次會議議事日程及議事錄、立法院公報、立法院早期法規文獻系統等資料，經過相互比對整理而成。

未能出席時，由出席委員互推一人爲主席。

（42年1月19日全文修正）

本院會議時，立法委員席次除前排酌留年長及邊疆委員座位外，其餘於每會期集會報到時，以抽籤定之。其在抽籤後報到者，依其報到次序，排在已定席次之後。

（75年7月8日修正）

本院會議時，立法委員席次，於每會期集會報到時自行認定或以抽籤定之。

第4條

（37年5月20日制定）

本院會議時，秘書長、副秘書長應列席，並配置秘書處職員辦理會議事項。

（42年1月19日全文修正）

立法委員因事故不能出席本院會議時，應以書面通知祕書長，報告會議。

（75年7月8日修正）

立法委員因事故不能出席本院會議時，應通知秘書長請假。

第5條

（37年5月20日制定）

本院會議出席者及列席者，均應署名於簽到簿。

（42年1月19日全文修正）

本院會議，祕書長應列席，祕書長因事故不能列席時，由副祕書長列席，並配置職員，辦理會議事項。

第6條

（37年5月20日制定）

本院立法委員因事故不能出席本院會議時，應以書面通知秘書長，報告會議。

（42年1月19日全文修正）

本院會議，出席者及列席者，均應署名於簽到簿。

第7條

（37年5月20日制定）

本院各委員會會議之結果，由召集委員於本院會議前以書面報由院長提出本院會議討論，

並於會議時說明各委員會會議經過及要旨。

（42年1月19日全文修正）

本院每次會期屆滿，而議案尚未議畢，或有其他必要時，得由院長或立法委員提議延長會期，經院會議決行之，立法委員之提議，並應有三十人以上之連署或附議。

第8條

（37年5月20日制定）

法律之議案，應經三讀會議決之。但有出席委員三十人以上之請求，或主席認為可省略三讀會程序時，應即付表決，經出席委員過半數之同意行之。

前項表決，不經討論。

（37年11月19日修正）

法律之議案，應經三讀會議決之。但經出席委員三十人以上之提議，並經出席委員表決通過，得省略第三讀。

前項表決，不經討論。

✎ 備註

■ 省略三讀會程序或省略三讀之要件，原先規定由出席委員30人以上之請求，或由主席提出，且經出席委員過半數之同意行之。嗣後，限縮排除由主席提出。最後，本規則於42年1月19日全文修正時，已完全刪除之。但實務上卻仍有省略三讀情事發生，[3]係以依例帶過，竟未覺察該規定已不存在，前例自不可再予沿用。

（42年1月19日全文修正）

各機關送本院與法律有關之行政命令，應提報本院會議。但有出席委員提議，二十人以上連署或附議，經表決通過，得交付有關委員會審查。審查結果提報本院會議，如認為有違反變更或牴觸法律者，或應以法律規定之事項，而以命令規定之者，經議決後通知原機關更正或廢止之。

第二章　提案（9～13）

（42年1月19日全文修正）

3　何弘光，《立法院實用法令及案例彙編》，初版，五南圖書，109年，126、127頁。

第9條

（37年5月20日制定）

本院每次會期屆滿而議案尚未議畢，或有其他必要時，得由院長提經本院會議決議延長之。立法委員亦得以三十人以上之連署，提議延長會期。

（42年1月19日全文修正）

議案之提出以書面行之，如係法律案應附具條文。

第10條

（37年5月20日制定）

立法委員之席次編列號數，於每期集會時以抽籤定之。

（42年1月19日全文修正）

立法委員提出之法律案及對於行政院重要政策不贊同請予變更之提案，應有三十人以上之連署，其他提案除別有規定外，應有十人以上之連署。

連署人不得發表反對原提案之意見，提案人撤回提案時，應先徵得連署人之同意。

（69年12月26日修正）

立法委員提出之法律案及對於行政院重要政策不贊同請予變更之提案，應有三十人以上之連署；其他提案，除別有規定外，應有二十人以上之連署。

連署人不得發表反對原提案之意見；提案人撤回提案時，應先徵得連署人之同意。

（78年7月13日修正）

立法委員提出之法律案及對於行政院重要政策不贊同請予變更之提案，應有二十人以上之連署；其他提案，除別有規定外，應有十人以上之連署。

連署人不得發表反對原提案之意見；提案人撤回提案時，應先徵得連署人之同意。

（80年3月13日修正）

立法委員提出之法律案及對於行政院重要政策不贊同請予變更之提案，應有十五人以上之連署；其他提案，除別有規定外，應有十人以上之連署。

連署人不得發表反對原提案之意見；提案人撤回提案時，應先徵得連署人之同意。

第二章　提案（11～18）

（37年5月20日制定）

第11條

（37年5月20日制定）

議案之提出，以書面行之。

（42年1月19日全文修正）

出席委員提出臨時提案，以具有亟待解決事項爲限，並須有二十人以上之連署或附議，其爲法律案或對行政院重要政策不贊同請予變更者，應依本規則第十條之規定。臨時提案，應於報告事項後，討論議案前，或當日議案討論截止後，宣告散會前提出之。

前項提案討論時間，由主席徵得出席委員同意決定之。

（78年7月13日修正）

出席委員提出臨時提案，以具有亟待解決事項爲限，並須有十人以上之連署或附議；其爲法律案或對行政院重要政策不贊同請予變更者，應依本規則第十條之規定。

臨時提案，應於報告事項後討論議案前，或當日議案討論截止後宣告散會前提出之。

前項提案討論時間，由主席徵得出席委員同意決定之。

第12條

（37年5月20日制定）

立法委員之提案，除憲法及立法院組織法所規定者外，對行政院重要政策不贊同請予變更之提案，應有三十人以上之連署，其他提案，應有十人以上之連署。

（42年1月19日全文修正）

已成立之臨時提案，如未具書面者，應由紀錄人員紀錄案由及理由，送提案人及附議人署名。

（75年7月8日修正）

已成立之臨時提案，如未具書面者，應由紀錄人員記錄案由及理由，送提案人署名。

第13條

（37年5月20日制定）

法律案之提出，應擬具條文及附具理由提出之。

對於審查案提出修正條文時，亦同。

（42年1月19日全文修正）

人民請願文書經審查得成爲議案。成爲議案後，其處理程序適用本規則關於委員提案之規定。

第三章　人民請願案（14～15）

（42年1月19日全文修正）

第14條

（37年5月20日制定）

修正案之提出，在討論前得撤回之。

（42年1月19日全文修正）

本院收受人民請願文書，依左列規定行之：

一、祕書處收受人民請願文書後，應即送程序委員會。

二、本院會議時，人民面遞請願文書，由有關委員會召集委員代表接受。除於必要時向院
　　會報告外交祕書處辦理收文手續。

三、人民向本院集體請願面遞請願文書有所陳述時，由院長或院長指定之人員接見其代
　　表。

第15條

（37年5月20日制定）

立法委員得以左列情形之一，提出臨時提案。

一、報告事項後，未討論議案前。

二、依照議事日程議畢各案後，或宣告散會前。

前項提案應否提前討論或俟議事日程所列各案議畢始付討論，或列入下次會議討論，由主
席徵詢出席委員同意決定之。

（42年1月19日全文修正）

請願文書之審查，應依左列規定：

一、請願文書應否成為議案，由程序委員會逕送有關委員會審查，審查時得邀請願人列席
　　備詢。

二、審查結果，認為應成為議案者，送程序委員會列入討論事項。

三、審查結果，認為無成為議案之必要者，送由程序委員會報請院會存查，並由祕書處通
　　知請願人，但有出席委員提議三十人以上連署或附議，經表決通過，仍得成為議案。

四、審查結果認為請願事項，非本院所應受理者，送由祕書處通知請願人。

（56年12月26日修正）

請願文書之審查，應依左列規定：

一、請願文書應否成為議案，由程序委員會逕送有關委員會審查，審查時得邀請願人列席備詢。但請願文書顯有請願法第三條、第四條規定情事，依法不得請願者，由程序委員會送秘書處通知請願人。

二、請願文書在委員會審查未有結果前，原請願人得撤回之。

三、請願文書送達本院後，如原請願人提出有變更原請願內容之補充文件，該文件應不予參考。

四、審查結果，認為應成為議案者，送程序委員會列入討論事項。

五、審查結果，認為無成為議案之必要者，送由程序委員會報請院會存查，並由秘書處通知請願人。但有出席委員提議，三十人以上連署或附議，經表決通過，仍得成為議案。

六、審查結果，認為請願事項非本院所應受理者，送由秘書處通知請願人。

（69年12月26日修正）

請願文書之審查，應依左列規定：

一、請願文書應否成為議案，由程序委員會逕送有關委員會審查，審查時得邀請願人列席備詢。但請願文書顯有請願法第三條、第四條規定情事，依法不得請願者，由程序委員會送秘書處通知請願人。

二、請願文書在委員會審查未有結果前，原請願人得撤回之。

三、請願文書送達本院後，如原請願人提出有變更原請願內容之補充文件，該文件應不予參考。

四、審查結果，認為應成為議案者，送程序委員會列入討論事項。

五、審查結果，認為無成為議案之必要者，敘明理由，送由程序委員會報請院會存查，並由秘書處通知請願人。但有出席委員提議，三十人以上連署或附議，經表決通過，仍得成為議案。

六、審查結果，認為請願事項非本院所應受理者，敘明理由，送由秘書處通知請願人。

七、請願文書，除有特殊情形者外，應於三個月內審查之。

（75年7月8日修正）

請願文書之審查，應依左列規定：

一、請願文書應否成為議案，由程序委員會逕送有關委員會審查，審查時得邀請願人列席說明，說明後應即退席。但請願文書顯有請願法第三條、第四條規定情事，依法不得請願者，由程序委員會送秘書處通知請願人。

二、請願文書在委員會審查未有結果前，請願人得撤回之。

三、審查結果，認為應成為議案者，送程序委員會列入討論事項。

四、審查結果，認為不應成為議案者，應敘明理由及處理經過，送由程序委員會報請院會
　　存查，並由秘書處通知請願人。但有出席委員提議，三十人以上連署或附議，經表決
　　通過，仍得成為議案。

五、審查結果，認為請願事項非本院所應受理者，應敘明理由，送由秘書處通知請願人。

六、請願文書，除有特殊情形者外，應於三個月內審查之。

第四章　議事日程（16～21）

（42年1月19日全文修正）

第16條

（37年5月20日制定）

臨時提案，以具有亟待決定之特殊事由者為限，並應有委員二十人以上之附議，始得成
立。

（42年1月19日全文修正）

議事日程，應按每會期開會次數，依次分別編製。

第17條

（37年5月20日制定）

已成立之臨時提案，如未具書面者，應由記錄人員記錄案由及理由，送提案人及附議人署
名。如經決定列入下次會議討論，提案人並應補具提案理由書，由附議人連署，於下次會
議前，送由秘書長列入議程。

（42年1月19日全文修正）

議事日程應記載開會年月日時，分列報告事項討論事項或選舉質詢等其他事項，並附具各
議案之提案全文，審查報告暨關係文書。
由政府提出之議案於付審查前，應先列入報告事項。
經委員會審查報請院會不予審議之議案，應列入報告事項，但有出席委員提議三十人以上
連署或附議，經表決通過，應交付程序委員會改列討論事項。

第18條

（37年5月20日制定）

人民請願書，經審查後，得成為議案。

（42年1月19日全文修正）

本院會議審議政府提案與委員提案，除三讀議案及臨時提案外，以分別會次討論為原則。

其有委員提案與政府提案性質相同者，得合併討論。

前項會次之排列及提案之編配，由程序委員會定之。

（75年7月8日修正）

本院會議審議政府提案與委員提案，性質相同者，得合併討論。

前項議案之排列由程序委員會定之。

第三章　議事日程（19～23）

（37年5月20日制定）

第19條

（37年5月20日制定）

議事日程應記載開議日時，分列報告事項及討論事項，詳載各議案之提議書、審查報告，並附具關係文書。由政府提出之議案於付審查前，應先列入報告事項。

（42年1月19日全文修正）

議事日程由祕書長編擬，經程序委員會審定後付印，除有特殊情形外，至遲於開會前二日送達。

第20條

（37年5月20日制定）

議事日程由秘書長編擬，經院長核定，至遲於開會前二日送達。

（42年1月19日全文修正）

遇應先處理事項未列入議事日程，或已列入而順序在後者，主席或出席委員得提議變更議事日程，出席委員之提議，並應經二十人以上之連署或附議。

前項提議不經討論，逕付表決。

第21條

（37年5月20日制定）

遇應先議決事件未列入議事日程，或已列入而順序在後者，主席徵詢出席委員同意後，得變更議事日程。

（42年1月19日全文修正）

議事日程所定議案未能開議，或議而未能完結者，由程序委員會編入輪配之下次議事日程。

（75年7月8日修正）

議事日程所定議案未能開議，或議而未能完結者，由程序委員會編入下次議事日程。

第五章　開會（22～28）

（42年1月19日全文修正）

第22條

（37年5月20日制定）

議事日程所定議案未能開議，或議而未能完結者，主席徵詢出席委員同意後，得改定議事日程。

（42年1月19日全文修正）

本院會議於每星期二星期五開會兩次，必要時經院會議決得增減會次。

第23條

（37年5月20日制定）

出席委員非有前兩條所規定之事由及有二十人以上之連署，不得提出變更或改定議事日程之動議。

前項動議應於報告事項後，未討論議案前為之，不經討論逕付表決。

（42年1月19日全文修正）

祕書長於每次會議清點人數，如已足法定人數，主席即宣告開會。

已屆開會時間，不足法定人數，主席得延長之，延長兩次仍不足法定人數時，主席即宣告延會。

（69年12月26日修正）

秘書長於每次會議，報告已足法定人數，主席即宣告開會。

已屆開會時間，不足法定人數，主席得延長之；延長兩次，仍不足法定人數時，主席即宣告延會。

第四章　開會（24～30）

（37年5月20日制定）

第24條

（37年5月20日制定）

本院會議於每星期二、星期五開會兩次，必要時得增加會次。

（42年1月19日全文修正）

議事日程所列報告事項，按次序報告之。

報告事項內程序委員會所擬處理辦法，如有出席委員提出異議經二十人以上連署或附議時，不經討論逕付表決。

（81年1月7日修正）

議事日程所列報告事項，按次序報告之。

報告事項內程序委員會所擬處理辦法，如有出席委員提出異議，經四人以上連署或附議時，不經討論，逕付表決。

（82年1月15日修正）

議事日程所列報告事項，按次序報告之。

報告事項內程序委員會所擬處理辦法，如有出席委員提出異議，經十人以上連署或附議時，不經討論，逕付表決。

第25條

（37年5月20日制定）

秘書長於每次會議查點人數，如已足法定人數，主席即宣告開會。

已屆開會時間，不足法定人數，主席得延長之；延長二次，仍不足法定人數時，主席即宣告延會。

（42年1月19日全文修正）

報告事項畢，除有臨時動議外，主席即宣告進行討論事項。

第26條

（37年5月20日制定）

議事日程所列報告事項，按序報告之。

（42年1月19日全文修正）

院會進行中，主席得酌定時間，宣告休息。

第27條

（37年5月20日制定）

報告事項畢，主席即宣告開議。

（42年1月19日全文修正）

議事日程所列之議案議畢或散會時間已屆，除有臨時動議外，主席即宣告散會。

第28條

（37年5月20日制定）

會議中，主席得酌定時間，宣告休息。

（42年1月19日全文修正）

散會時間已屆，而議事未畢，主席得徵詢出席委員同意，酌定延長時間。

第六章　讀會（29～37）

（42年1月19日全文修正）

第29條

（37年5月20日制定）

議事日程所列之議案議畢後，主席宣告散會。

（42年1月19日全文修正）

第一讀會由主席將議案宣付朗讀行之。

政府提出之議案於朗讀標題後，即應交付有關委員會審查，但有出席委員提議，二十人以上連署或附議，經表決通過，得逕付二讀。

立法委員提出之議案，於朗讀後，提案人得說明其旨趣，經大體討論，應即議決交付審查，或逕付二讀，或不予審議。

（83年11月10日修正）

第一讀會，由主席將議案宣付朗讀行之。

政府提出之議案或立法委員提出之法律案，應先送程序委員會，提報院會後，交付有關委員會審查。但有出席委員提議，二十人以上連署或附議，經表決通過，得逕付二讀。

第30條

（37年5月20日制定）

散會時間已屆，而議事未畢，主席徵詢出席委員同意後，酌定延長時間或宣告散會於翌日或下次會議續議。

（42年1月19日全文修正）

第二讀會於討論各委員會審查之議案，或經院會議決，不經審查逕付二讀之議案時行之。

第二讀會，應將議案朗讀，依次或逐條提付討論。

議案在二讀會時，得就審查意見或原案要旨先作廣泛討論，廣泛討論後，如有出席委員提議，二十人以上連署或附議，經表決通過，得重付審查或撤銷之。

第五章　讀會（31～39）

（37年5月20日制定）

第五章　讀會（31～38）

（37年11月19日修正）

第31條

（37年5月20日制定）

第一讀會於議事日程配付於委員後行之。

（37年11月19日修正）

第一讀會於議案列入議事日程後，由主席宣付朗讀議案標題行之。

政府提出之議案列入報告事項朗讀議案標題後，即應交付有關委員會審查。但有出席委員二十人以上之提議，經出席委員表決通過，得逕提院會討論。

立法委員提出之議案，朗讀議案標題後，提案人得說明其旨趣，經大體討論後，即議決應否交付審審或撤銷。

（42年1月19日全文修正）

修正動議，於原案二讀會廣泛討論後，或三讀會中提出之。書面提出者，須有十人以上之連署，口頭提出者，須經二十人以上之附議，始得成立。

修正動議，應連同原案未提出修正部份，先付討論。

修正動議之修正動議，其處理程序，比照本條前二項之規定。

對同一事項有兩個以上修正動議時，應俟提出完畢並成立後，就其與原案旨趣距離較遠者，依次提付討論，其無距離遠近者，依其提出之先後。

第32條

（37年5月20日制定）

第一讀會朗讀議案標題後，提案者須說明其旨趣，出席委員對議案有疑義時，得請提案人解釋。

（37年11月19日修正）

（刪除第32條，條文次序依次遞改）

（37年11月19日修正及條次，原第33條）

第二讀會於各委員會審查之議案，或經大會議決，不經審查逕付二讀之議案，提付大會討論時行之。

議案在第二讀會時，得就審查意見先作廣泛討論，廣泛討論後有出席委員二十人以上之提議，經出席委員表決通過得撤銷之。

（42年1月19日全文修正）

修正動議在未經議決前，原動議人徵得連署或附議人之同意，得撤回之。

第33條

（37年5月20日制定）

經各委員會審查之議案或立法委員提出之議案，就大體討論後，即議決應否開第二讀會，經議決不須開第二讀會之議案即行作廢。

（37年11月19日修正條次，原第34條）

第二讀會應將議案逐條朗讀提付討論。

（42年1月19日全文修正）

法律案在二讀會逐條討論，有一部份已經通過，其餘仍在進行中時，如對本案立法之原旨有異議，由出席委員提議，五十人以上連署或附議，經表決通過，得將全案重付審查。

（69年12月26日修正）

法律案在二讀會逐條討論，有一部分已經通過，其餘仍在進行中時，如對本案立法之原旨有異議，由出席委員提議，五十人以上連署或附議，經表決通過，得將全案重付審查。但重付審查以一次為限。

第34條

（37年5月20日制定）

第二讀會應將議案逐條朗讀提付討論。

（37年11月19日修正條次，原第35條）

第二讀會委員得對議案提出修正之動議或於讀會前預備修正案提出於主席。

（42年1月19日全文修正）

第三讀會應於第二讀會之下次會議行之，但由出席委員提議，三十人以上連署或附議，經表決通過，得於二讀後繼續進行三讀。

第35條

（37年5月20日制定）

第二讀會委員得對議案提出修正之動議或於讀會前預備修正案提出於主席。

（37年11月19日修正條次，原第36條）

第二讀會畢得將修正之條項及文句交有關委員會或指定人員整理之。

（42年1月19日全文修正）

第三讀會，除發現議案內容有互相牴觸，或與憲法及其他法律相牴觸者外，祇得為文字之修正。

第36條

（37年5月20日制定）

第二讀會畢得將修正之條項及文句交有關委員會或指定人員整理之。

（37年11月19日修正及條次，原第37條）

第三讀會應於第二讀會之翌日或下次會議行之。但依照本規則第八條之規定，得省略第三讀。

（42年1月19日全文修正）

第三讀會應將議案全案付表決。

✎ **備註**

■ 實務上形式之全案表決常予以省略。[4]

---

4 郭登敖，《議事制度之比較》，自版，76年，133頁。

第37條

（37年5月20日制定）

第三讀會應於第二讀會之翌日或下次會議行之。但依照本規則第八條之規定，得省略三讀。

（37年11月19日修正條次，原第38條）

第三讀會，除發現議案有互相抵觸或與憲法及其他法律相抵觸應修正者外，祇得爲文字之更正。

（42年1月19日全文修正）

法律案及預算案，應經三讀會議決之。
前項以外之議案，應經二讀會議決之。

第七章　討論（38～44）

（42年1月19日全文修正）

第38條

（37年5月20日制定）

第三讀會，除發現議案有互相抵觸或與憲法及其他法律相抵觸應修正者外，祇得爲文字之更正。

（37年11月19日修正條次，原第39條）

第三讀會應將議案全案付表決。

（42年1月19日全文修正）

主席於宣告進行討論事項後，即照議事日程所列議案次序逐案提付討論。

第六章　討論（39～45）

（37年11月19日修正）

第39條

（37年5月20日制定）

第三讀會應將議案全案付表決。

（37年11月19日修正條次，原第40條）

主席於宣告開議後，即照議事日程所列議案次序，逐案提出討論。

（42年1月19日全文修正）

出席委員請求發言，應以書面或口頭向主席報明席次姓名，並註明或聲明其發言爲贊成反對或修正意見，遇二人以上同時請求時，由主席定其發言之先後。

主席得就委員請求發言之先後，宣布發言次序名單。

第六章　討論（40～46）

（37年5月20日制定）

第40條

（37年5月20日制定）

主席於宣告開議後，即照議事日程所列議案次序，逐案提出討論。

（37年11月19日修正條次，原第41條）

出席委員欲發言者，應先報告席次，請求發言。二人以上同時請求時，由主席定其發言之先後。

（42年1月19日全文修正）

發言委員正在發言時，其他委員對其發言欲插言加以說明者，應先請求主席徵得發言委員之同意。

第41條

（37年5月20日制定）

出席委員欲發言者，應先報告席次，請求發言。二人以上同時請求時，由主席定其發言之先後。

（37年11月19日修正條次，原第42條）

發言得在席次或發言地點爲之。

（42年1月19日全文修正）

提案之說明質疑應答或討論之發言，均不得逾十五分鐘，但取得主席許可者，以許可之時間爲限。

超過前項限度者，主席得終止其發言。

第42條

（37年5月20日制定）

發言得在席次或發言地點爲之。

（37年11月19日修正條次，原第43條）

提案之說明質疑應答或討論之發言，均不得逾十分鐘。但取得主席許可者，以許可之時間爲度。

超過前項限度者，主席得終止其發言。

（42年1月19日全文修正）

除左列情形外，每一委員就同一議題之發言，以一次爲限：
一、說明提案之要旨。
二、說明審查報告之要旨。
三、質疑或答辯。

第43條

（37年5月20日制定）

提案之說明質疑應答或討論之發言，均不得逾十分鐘。但取得主席許可者，以許可之時間爲度。

超過前項限度者，主席得終止其發言。

（37年11月19日修正條次，原第44條）

除左列情形外，每委員就同一議題之發言，以一次爲準：
一、說明提案之要旨。
二、說明審查報告之要旨。
三、質疑或應答。
四、應付懲戒委員之申述事項。

（42年1月19日全文修正）

出席委員提出程序問題之疑義時，主席應爲決定之宣告。

前項宣告，如有出席委員提出異議，經二十人以上連署或附議，主席即付表決，該異議未獲出席委員過半數贊成時，仍維持主席之宣告。

第44條

（37年5月20日制定）

除左列情形外，每委員就同一議題之發言，以一次為準：

一、說明提案之要旨。

二、說明審查報告之要旨。

三、質疑或應答。

四、應付懲戒委員之申述事項。

（37年11月19日修正條次，原第45條）

出席委員提出程序問題之動議時，主席應為決定之宣告。

前項宣告，如有出席委員十人以上表示異議，主席即付表決，該異議未獲出席委員過半數贊成時，仍維持主席之宣告。

（42年1月19日全文修正）

主席對於議案之討論，認為已達可付表決之程度時，經徵得出席委員同意後，得宣告停止討論。

出席委員亦得提出停止討論之動議，經二十人以上連署或附議，由主席逕付表決。

第八章　表決（45～53）

（42年1月19日全文修正）

第45條

（37年5月20日制定）

出席委員提出程序問題之動議時，主席應為決定之宣告。

前項宣告，如有出席委員十人以上表示異議，主席即付表決，該異議未獲出席委員過半數贊成時，仍維持主席之宣告。

（37年11月19日修正條次，原第46條）

主席對於每案之討論，認為已達付表決之程度時，徵詢出席委員同意後，得宣告停止討論。

出席委員亦得以二十人以上之附議，提出停止討論之動議，不經討論，由主席逕付表決。

（42年1月19日全文修正）

討論終結或停止討論之議案，主席應即提付表決，或徵得出席委員同意後，定期表決。

（75年7月8日修正）

討論終結或停止討論之議案，主席應即提付表決。如當場不能進行第四十七條第一項第二

款至第四款之表決時，主席應即宣告定期表決。

第七章　表決（46～51）

（37年11月19日修正條次，配合條次遞改）

第46條

（37年5月20日制定）

主席對於每案之討論，認爲已達付表決之程度時，徵詢出席委員同意後，得宣告停止討論。

出席委員亦得以二十人以上之附議，提出停止討論之動議，不經討論，由主席逕付表決。

（37年11月19日修正條次，原第47條）

討論終結或停止討論之議案，主席應即提付表決。

（42年1月19日全文修正）

立法委員對於關係其個人本身之議案，不得參與表決。

第七章　表決（47～52）

（37年5月20日制定）

第47條

（37年5月20日制定）

討論終結或停止討論之議案，主席應即提付表決。

（37年11月19日修正條次，原第48條）

討論結果有兩個以上主張時，應就各該意見與原提案旨趣距離較遠者，依次付表決。如先付表決者，已得可決時，其餘主張無須付表決。

（42年1月19日全文修正）

本院議案之表決方法如左：

一、口頭表決。

二、舉手表決。

三、無記名投票表決。

四、點名表決。

前項第一款及第二款所列方法之採用，由主席決定宣告之。第三款及第四款所列方法，經

主席徵得院會同意，或由出席委員提議，二十人以上之連署或附議，表決通過採用之。但有關人事問題之議案，不適用第四款所列方法。

（44年11月29日修正）

本院議案之表決方法如左：

一、口頭表決。

二、舉手表決。

三、無記名投票表決。

四、點名表決。

前項第一款、第二款、三款所列方法之採用由主席決定宣告之，第四款所列方法經出席委員提議三十人以上之贊成，不經討論由主席宣告採用之。但有關人事問題之議案不適用第四款所列方法。

（80年6月14日修正）

本院議案之表決方法如左：

一、口頭表決。

二、舉手表決。

三、表決器表決。

四、無記名投票表決。

五、點名表決。

前項第一款、第二款、第三款及第四款所列方法之採用，由主席決定宣告採用之。第五款所列方法，經出席委員提議，三十人以上之贊成，不經討論，由主席宣告採用之。但有關人事問題之議案，不適用第五款所列方法。

第48條

（37年5月20日制定）

討論結果有兩個以上主張時，應就各該意見與原提案旨趣距離較遠者，依次付表決。如先付表決者，已得可決時，其餘主張無須付表決。

（37年11月19日修正及條次，原第49條）

出席委員對於表決結果有疑問時，經二十人以上之提議舉行復表決。

（42年1月19日全文修正）

表決應就可否兩方，依次行之。

用口頭方法表決，不能得到結果時，改用舉手或其他方法表決。用舉手方法表決，可否兩

方，均不過半數時，應重付表決。

用投票或點名方法表決，可否兩方均不過半數時，本案不通過。

第49條

（37年5月20日制定）

出席委員對於表決有疑問時，經二十人以上之請求舉行復表決或反表決。

（37年11月19日修正及條次，原第50條）

表決方法以舉手或起立表示贊否，必要時，得用投票方法行之。

有出席委員五十人以上提議以投票方法表決時，主席應採用之。

（42年1月19日全文修正）

修正動議討論終結，應先提付表決，得可決時，次序在後之同一事項修正動議，無須再討論及表決。

修正動議提付表決時，應連同未修正部份合併宣讀，修正部份可決後，仍應連同未修正部份付表決。

第50條

（37年5月20日制定）

表決方法由祕書長報告在場人數以舉手起立或按表決器表示贊否，必要時，得用投票方法行之。

有出席委員五十人以上請求，以投票方法表決時，主席應採用之。

（37年11月19日修正條次，原第51條）

表決之結果，應當場報告並紀錄之。

（42年1月19日全文修正）

主席宣告提付表決後，出席委員不得提出其他動議，但與表決有關之程序問題，不在此限。

第51條

（37年5月20日制定）

表決之結果，應當場報告並紀錄之。

（37年11月19日修正條次，原第52條）

會議進行中，出席委員對於在場人數提出疑問，經查點不足法定人數時，不得付表決。

（42年1月19日全文修正）

出席委員對於表決結果，提出疑問時，經二十人以上連署或附議，主席應即重付表決，但以一次為限。

第八章　同意權之行使（52～55）

（37年11月19日修正條次，配合條次遞改）

第52條

（37年5月20日制定）

會議進行中，出席委員對於在場人數提出疑問，經查點不足法定人數時，不得付表決。

（37年11月19日修正條次，原第53條）

依憲法第五十五條行使同意權時，應由全院委員會議審查後，提出本院會議投票。
前項全院委員會議，由委員互推一人為主席。

（42年1月19日全文修正）

表決之結果，應當場報告並紀錄之。

第八章　同意權之行使（53～56）

（37年5月20日制定）

第53條

（37年5月20日制定）

依憲法第五十五條行使同意權時，應由全院委員會議審查後，提出本院會議投票。
前項全院委員會議，由委員互推一人為主席。

（37年11月19日修正條次，原第54條）

前條全院委員會議，如認為必要，得由本院咨請總統通知所提人提出施政意見。

（42年1月19日全文修正）

院會進行中，出席委員對於在場人數提出疑問，經清點不足法定人數時，不得進行表決。

第九章　復議（54～57）

（42年1月19日全文修正）

第54條

（37年5月20日制定）

前條全院委員會議，如認爲必要，得由本院咨請總統通知所提人提出施政意見。

（37年11月19日修正條次，原第55條）

依憲法第一百零四條行使同意權時，適用第五十三條之規定。

（42年1月19日全文修正）

決議案復議之提出，應具備左列各款：

一、證明動議人確爲原案議決時之出席委員，而未曾發言反對原決議案者。如原案議決時，係用點名表決，並應證明爲贊成原決議案者。

二、具有與原決議案相反之理由。

三、八十人以上之連署或附議。

（82年1月15日修正）

決議案復議之提出，應具備左列各款：

一、證明動議人確爲原案議決時之出席委員，而未曾發言反對原決議案者；如原案議決時，係用點名表決，並應證明爲贊成原決議案者。

二、具有與原決議案相反之理由。

三、三十人以上之連署或附議。

第55條

（37年5月20日制定）

依憲法第一百零四條行使同意權時，適用第五十三條之規定。

（37年11月19日修正條次，原第56條）

同意權之行使，其議決應採用無記名投票方法。

（42年1月19日全文修正）

復議動議，應於原案表決後，下次院會散會前提出之，但討論之時間，由主席徵得出席委員同意後決定之。

第九章　聽取報告與質詢（56～62）

（37年11月19日修正條次，配合條次遞改）

第56條

（37年5月20日制定）

同意權之行使，其議決應採用無記名投票方法。

（37年11月19日修正條次，原第57條）

依憲法第五十七條第一款之規定，行政院院長及行政院各部會首長應隨時向本院會議提出施政方針及施政報告。

對前項施政方針及施政報告，立法委員即席提出質詢。

（42年1月19日全文修正）

對於法律案及預算案部份或全案之復議，得於二讀或三讀後依前兩條之規定行之。

第九章　聽取報告與質詢（57～63）

（37年5月20日制定）

第57條

（37年5月20日制定）

依憲法第五十七條第一款之規定，行政院院長及行政院各部會首長應隨時向本院會議提出施政方針及施政報告。

對前項施政方針及施政報告，立法委員即席提出質詢。

（37年11月19日修正條次，原第58條）

立法委員對於行政院院長及行政院各部會首長施政方針或其他設施有疑問時，得提出書面質詢。

前項質詢，應即由院長移送被質詢人。

（42年1月19日全文修正）

復議動議，經表決後，不得再為復議之動議。

第十章　同意權之行使（58～61）

（42年1月19日全文修正）

第58條

（37年5月20日制定）

立法委員對於行政院院長及行政院各部會首長施政方針或其他設施有疑問時，得提出書面質詢。

前項質詢，應即由院長移送被質詢人。

（37年11月19日修正條次，原第59條）

質詢經指定以口頭答復者，除即席提出之質詢得由被質詢人即席答復外，應列入議程通知被質詢人。

質詢人或出席委員對前項答復，仍有疑問得即席再質詢。

（42年1月19日全文修正）

依憲法第五十五條行使同意權時，應由全院委員會審查後，提出院會投票。

全院委員會開會時，由出席委員互推一人為主席。

第59條

（37年5月20日制定）

質詢經指定以口頭答復者，除即席提出之質詢得由被質詢人即席答復外，應列入議程通知被質詢人。

質詢人或出席委員對前項答復，仍有疑問得即席再質詢。

（37年11月19日修正條次，原第60條）

未經指定口頭答復之書面質詢，得由被質詢人於收到質詢後三日內以書面答復，送由院長轉知質詢人，並報告本院會議或請院長編列議程到會口頭答復。

（42年1月19日全文修正）

全院委員會審查時，如認為必要，得由本院咨請總統通知所提人提出施政意見。

第60條

（37年5月20日制定）

未經指定口頭答復之書面質詢，得由被質詢人於收到質詢後三日內以書面答復，送由院長轉知質詢人，並報告本院會議或請院長編列議程到會口頭答復。

（37年11月19日修正條次，原第61條）

質詢之提出，以說明其所質詢之主旨為限，質詢之答復，不得超出質詢範圍之外。

前項質詢，不得作為討論之議題。

（42年1月19日全文修正）

依憲法第一百零四條行使同意權時，適用本規則第五十八條之規定。

第61條

（37年5月20日制定）

質詢之提出，以說明其所質詢之主旨爲限，質詢之答復，不得超出質詢範圍之外。

前項質詢，不得作爲討論之議題。

（37年11月19日修正條次，原第62條）

質詢除爲保守國防外交秘密者外，不得拒絕答復。

（42年1月19日全文修正）

同意權之行使，應採用無記名投票表決方法。

第十一章　聽取報告與質詢（62～70）

（42年1月19日全文修正）

第十一章　行政院移請覆議案之處理（62～63）

（45年4月13日增訂）

第62條

（37年5月20日制定）

質詢除爲保守國防外交秘密者外，不得拒絕答復。

（37年11月19日修正條次，原第63條）

被質詢人到會答復時，得請求開秘密會議。

（42年1月19日全文修正）

行政院向本院會議報告施政方針，應於一週前將其書面報告送交本院分送全體委員。

（45年4月13日增訂）

行政院依憲法第五十七條移請本院覆議案，應由全院委員會就是否維持原決議或原案予以審查。審查時邀請行政院院長到會說明。

第十章　復議（63～65）

（37年11月19日修正條次，配合條次遞改）

第63條

（37年5月20日制定）

被質詢人到會答復時，得請求開秘密會議。

（37年11月19日修正條次，原第64條）

決議案復議之提出，應具備左列各款：

一、證明動議人確爲附議原決議案者。

二、具有與原決議案相反之理由。

三、八十人以上之附議。

（42年1月19日全文修正）

本院每會期第一次會議，行政院院長應向本院會議提出施政報告，並得由各部會首長補充報告。

（45年4月13日增訂）

全院委員會審查後，提出院會就維持原決議或原案以無記名投票表決。如贊成維持票數達出席委員三分之二，即維持原決議或原案。如未達出席委員三分之二。即不維持原決議或原案。

第十二章　聽取報告與質詢（64～72）

（45年4月13日增訂第11章，故原章次遞延）

第十二章　聽取報告與質詢程序（64～72）

（49年4月1日修正）

第十章　復議（64～66）

（37年5月20日制定）

第64條

（37年5月20日制定）

決議案復議之提出，應具備左列各款：

一、證明動議人確爲附議原決議案者。

二、具有與原決議案相反之理由。

三、八十人以上之附議。

（37年11月19日修正條次，原第65條）

復議動議之成立，應於原案表決之後，下次會未散會前，由大會決定。但再付討論之時間，由主席徵詢出席委員同意後決定之。

（42年1月19日全文修正）

行政院或行政院各部會遇有重大事項發生時，行政院院長或有關部會首長應向本院會議提出報告。如有立法委員提議，二十人以上連署或附議，經院會議決，亦得隨時邀請行政院院長或有關部會首長向本院會議報告。

（45年4月13日增訂第62條及第63條，故原第62條遞延為第64條）

行政院向本院會議報告施政方針，應於一週前將其書面報告送交本院分送全體委員。

（49年4月1日修正）

行政院依憲法第五十七條第一款向本院提出施政方針及施政報告，依左列之規定。

一、行政院應於每年二月一日以前將施政方針及上年七月至十二月之施政報告印送本院全體委員，並由行政院院長於該會期第一次會議提出報告。

二、行政院應於每年九月一日以前將本年一月至六月施政報告印送本院全體委員，並由行政院院長於該會期第一次會議提出報告。

三、新任行政院院長應於就職後兩週內向本院提出施政方針之報告，其書面之報告於三日前印送本院全體委員。

（82年1月15日修正）

行政院依憲法第五十七條第一款向本院提出施政方針及施政報告，依左列之規定：

一、行政院應於每年二月一日以前，將施政方針及上年七月至十二月之施政報告印送本院全體委員，並由行政院院長於二月底前提出報告。

二、行政院應於每年九月一日以前，將本年一月至六月之施政報告印送本院全體委員，並由行政院院長於九月底前提出報告。

三、新任行政院院長應於就職後兩週內，向本院提出施政方針之報告；其書面報告，於三日前印送本院全體委員。

第65條

（37年5月20日制定）

復議動議之成立，應於原案表決之後，下次會未散會前，由大會決定。但再付討論之時

間，由主席徵詢出席委員同意後決定之。

（37年11月19日修正條次，原第66條）

復議動議經可決或否決後，對同一決議案，不得再爲復議之動議。

（42年1月19日全文修正）

立法委員對於行政院院長及各部會首長之施政方針施政報告及其他事項有疑問時，得提出口頭或書面質詢。

（45年4月13日增訂第62條及第63條，故原第63條遞延爲第65條）

本院每會期第一次會議，行政院院長應向本院會議提出施政報告，並得由各部會首長補充報告。

（49年4月1日修正）

行政院於每年三月底前，將總預算案及其附送之施政計劃送達本院後，應由行政院院長偕同主計長及財政部長，向本院會議提出施政計劃及預算編製經過之報告，追加預算時亦同。

第十一章　議事錄（66～68）

（37年11月19日修正條次，配合條次遞改）

第66條

（37年5月20日制定）

復議動議經可決或否決後，對同一決議案，不得再爲復議之動議。

（37年11月19日修正條次，原第67條）

議事紀錄應記載左列事項，並附速記錄：

一、會次及其年月日時。

二、會議地點。

三、出席者之姓名人數。

四、列席者之姓名職別。

五、主席。

六、紀錄者姓名。

七、報告及報告者之姓名職別。

八、議案。

九、表決方法及可否之數。

十、其他必要事項。

（42年1月19日全文修正）

立法委員即席提出之質詢，被質詢人應於每一質詢後即時答覆。但經質詢人同意，得定時口頭答覆，或改用書面答覆。

出席委員對前項答覆，仍有疑問時，得再質詢。

（45年4月13日增訂第62條及第63條，故原第64條遞延爲第66條）

行政院或行政院各部會遇有重大事項發生時，行政院院長或有關部會首長應向本院會議提出報告。如有立法委員提議，二十人以上連署或附議，經院會議決，亦得隨時邀請行政院院長或有關部會首長向本院會議報告。

（49年4月1日修正）

行政院遇有重大事項發生或施政方針變更時，行政院院長或有關部會首長，應向本院會議提出報告。如有立法委員提議，二十人以上連署或附議，經院會議決，亦得隨時邀請行政院院長或有關部會首長，向本院會議報告。

第十一章　議事錄（67～69）

（37年5月20日制定）

第67條

（37年5月20日制定）

議事紀錄應記載左列事項，並附速記錄：

一、會次及其年月日時。

二、會議地點。

三、出席者之姓名人數。

四、列席者之姓名職別。

五、主席。

六、紀錄者姓名。

七、報告及報告者之姓名職別。

八、議案。

九、表決方法及可否之數。

十、其他必要事項。

（37年11月19日修正條次，原第68條）

前次會議之議事錄，於下次會議時由秘書長宣讀之。

前項記錄，如有認為錯誤遺漏時，得經本院會議之決議更正之。

（42年1月19日全文修正）

立法委員依憲法第五十七條第一款行使質詢權，除依本規則第六十五條之規定者外，應列入議事日程報告事項，並由院長移送被質詢人。

（45年4月13日增訂第62條及第63條，故原第65條遞延為第67條）

立法委員對於行政院院長及各部會首長之施政方針施政報告及其他事項有疑問時，得提出口頭或書面質詢。

（49年4月1日修正）

立法委員對於行政院院長及各部會首長之施政方針、施政報告及其他事項有疑問時，得提出口頭或書面質詢。如有重要事項經立法委員提議二十人以上連署或附議並經院會議決，得定期質詢之。

（69年12月26日修正）

立法委員對於行政院院長及各部會首長之施政方針、施政報告及其他事項，得提出口頭或書面質詢。如有重要事項，經立法委員提議，二十人以上連署或附議，並經院會議決，得定期質詢之。

前項質詢時間每一委員不得逾十五分鐘。

（75年7月8日修正）

立法委員對於行政院院長及各部會首長之施政方針、施政報告及其他事項，得提出口頭或書面質詢。如有重要事項，經立法委員提議，二十人以上連署或附議，並經院會議決，得定期質詢之。

前項質詢時間，每一委員不得逾十五分鐘。

施政方針及施政報告質詢於每會期集會委員報到日起至開議後七日內登記之。

口頭質詢之會議次數，由程序委員會定之。

第68條

（37年5月20日制定）

前次會議之議事錄，於下次會議時由秘書長宣讀之。

前項記錄，如有認為錯誤遺漏時，得經本院會議之決議更正之。

（37年11月19日修正條次，原第69條）

議事錄經宣讀及主席署名後，應印送各委員。除認為應秘密事項外，並應登載於本院公報。

（42年1月19日全文修正）

被質詢人之書面答覆，應於收到質詢後十日內送由院長轉知質詢人，並列入本院議事日程報告事項。

（45年4月13日增訂第62條及第63條，故原第66條遞延為第68條）

立法委員即席提出之質詢，被質詢人應於每一質詢後即時答覆。但經質詢人同意，得定時口頭答覆，或改用書面答覆。

出席委員對前項答覆，仍有疑問時，得再質詢。

（49年4月1日修正）

立法委員對於行政院之施政方針、施政報告或其他報告即席提出之質詢，被質詢人應於每一質詢後即時答覆。但經質詢人同意，得於十日內以口頭或書面答覆。

前項答覆出席委員得即席再質詢。

（69年12月26日修正）

立法委員對於行政院之施政方針、施政報告或其他報告即席提出之質詢，被質詢人應於每一質詢後即時答復。但經質詢人同意，得於十日內以口頭或書面答復。

前項答復，原質詢委員得即席再質詢一次。

（75年7月8日修正）

立法委員對於行政院之施政方針、施政報告或其他報告即席提出質詢，行政院院長或各部會首長應於每一質詢後，即時答復。經質詢人同意，得於十日內以書面答復。但質詢事項牽涉過廣者，得延長十日。

前項質詢委員，得就原質詢之答復，即席再質詢一次。

已質詢委員，不得再登記口頭質詢。

第十二章　秩序（69～71）

（37年11月19日修正條次，配合條次遞改）

第69條

（37年5月20日制定）

議事錄經宣讀及主席署名後，應印送各委員。除認為應秘密事項外，並應登載於本院公

報。

（37年11月19日修正條次，原第70條）

出席委員有共同維護會場秩序之責。

（42年1月19日全文修正）

質詢之提出，說明其所質詢之主旨為限。質詢之答覆，不得超出質詢範圍之外。

質詢事項，不得作為討論之議題。

（45年4月13日增訂第62條及第63條，故原第67條遞延為第69條）

立法委員依憲法第五十七條第一款行使質詢權，除依本規則第六十五條之規定者外，應列入議事日程報告事項，並由院長移送被質詢人。

（49年4月1日修正）

立法委員依憲法第五十七條第一款行使質詢權，除依本規則第六十五條、第六十八條規定者外。應列入議事日程報告事項，並由本院院長移送被質詢人。

被質詢人應於收到前項質詢後十日內，將書面答覆送由本院院長轉知質詢人，並列入議事日程報告事項。

（75年7月8日修正）

立法委員依憲法第五十七條第一款行使質詢權，除依本規則第六十七條、第六十八條規定者外，應列入議事日程報告事項，並由本院院長移送被質詢人。

被質詢人應於收到前項質詢後十日內，將書面答復送由本院院長轉知質詢人，應列入議事日程報告事項。但如質詢內容牽涉過廣者，答復時間得延長十日。

第十二章　秩序（70～72）

（37年5月20日制定）

第70條

（37年5月20日制定）

出席委員有共同維護會場秩序之責。

（37年11月19日修正條次，原第71條）

出席委員先行退席者，不影響會議之進行。

（42年1月19日全文修正）

被質詢人除爲保守國防外交祕密者外，不得拒絕答覆。

（45年4月13日增訂第62條及第63條，故原第68條遞延爲第70條）

被質詢人之書面答覆，應於收到質詢後十日內送由院長轉知質詢人，並列入本院議事日程報告事項。

（49年4月1日修正）

質詢之提出，以說明其所質詢之主旨爲限。

質詢人違反前項規定者，主席得制止之。

第十二章　祕密會議（71～77）

（42年1月19日全文修正）

第71條

（37年5月20日制定）

出席委員先行退席者，不影響會議之進行。

（37年11月19日修正條次，原第72條）

發言超出議題範圍之外，或涉及個人本身者，主席得警告制止或終止其發言。

前項發言，出席委員亦得請求主席警告制止或終止其發言，其發言涉及個人本身者，並得請求記錄該部份之發言。

經主席依前二項規定，警告制止或終止發言者，如有出席委員三十人以上表示異議，應即付表決，該異議未獲出席委員過半數贊成時，仍維持主席之決定。

（42年1月19日全文修正）

本院祕密會議，除討論憲法第六十三條所定各案，或經行政院院長各部會首長請開者外，應於本院定期院會以外之日期舉行，但有時間性者，不在此限。

在公開會議進行中有改開祕密會議之必要時，除法律別有規定外，得由主席或出席委員提議，改開祕密會議，經表決通過行之。出席委員之提議，並應經二十人以上之連署或附議。

（45年4月13日增訂第62條及第63條，故原第69條遞延爲第71條）

質詢之提出，說明其所質詢之主旨爲限。質詢之答覆，不得超出質詢範圍之外。

質詢事項，不得作爲討論之議題。

（49年4月1日修正）

質詢之答覆不得超出質詢範圍以外。

被質詢人，除爲保守國防、外交秘密者外，不得拒絕答覆。

被質詢人違反第一項規定者，主席得制止之。

第十三章　各委員會議（72～76）

（37年11月19日修正條次，配合條次遞改）

第72條

（37年5月20日制定）

發言超出議題範圍之外，或涉及個人本身者，主席得警告制止或終止其發言。

前項發言，出席委員亦得請求主席警告制止或終止其發言，其發言涉及個人本身者，並得請求記錄該部份之發言。

經主席依前二項規定，警告制止或終止發言者，如有出席委員三十人以上表示異議，應即付表決，該異議未獲出席委員過半數贊成時，仍維持主席之決定。

（37年11月19日修正條次，原第73條）

各委員會會議時，得不定委員席次。

（42年1月19日全文修正）

本院舉行祕密會議時，除立法委員及由主席指定之列席人員暨會場員工外，其他人員均不得入場。

立法委員憑出席證入場，列席人員及會場員工，憑特別通行證入場。

祕密會議開始前，祕書長應將列席人員及會場員工人數姓名職別一併報告。

（45年4月13日增訂第62條及第63條，故原第70條遞延爲第72條）

被質詢人除爲保守國防外交祕密者外，不得拒絕答覆。

（49年4月1日修正）

質詢事項不得作爲討論之議題。

第十三章　秘密會議（73～79）

（45年4月13日增訂第11章，故原章次遞延）

第十三章　各委員會議（73～77）

（37年5月20日制定）

第73條

（37年5月20日制定）

各委員會會議時，得不定委員席次。

（37年11月19日修正條次，原第74條）

各委員會會議，由召集委員輪流主席。

（42年1月19日全文修正）

祕密會議中之祕密文件，由祕書處指定專人蓋印固封，編定號數，分送各委員簽收，其有收回必要者，當場分發，當場收回，不得攜出會場。

關於繕印，保管，分發祕密文件之手續，及指定負責辦理此等事項員工之管理，由祕書處另定辦法嚴格執行。

（45年4月13日增訂第62條及第63條，故原第71條遞延爲第73條）

本院秘密會議，除討論憲法第六十三條所定各案，或經行政院院長各部會首長請開者外，應於本院定期院會以外之日期舉行，但有時間性者，不在此限。

在公開會議進行中有改開秘密會議之必要時，除法律別有規定外，得由主席或出席委員提議，改開秘密會議，經表決通過行之。出席委員之提議，並應經二十人以上之連署或附議。

第74條

（37年5月20日制定）

各委員會會議，由召集委員輪流主席。

（37年11月19日修正條次，原第75條）

預算案之審查，應開全院各委員會聯席會議，以預算委員會召集委員爲主席。

（42年1月19日全文修正）

祕密會議議事日程中，政府首長報告案，必要時得列入報告事項第一案。

（45年4月13日增訂第62條及第63條，故原第72條遞延爲第74條）

本院舉行秘密會議時，除立法委員及由主席指定之列席人員暨會場員工外，其他人員均不得入場。

立法委員憑出席證入場，列席人員及會場員工，憑特別通行證入場。

秘密會議開始前，秘書長應將列席人員及會場員工人數姓名職別一併報告。

第75條

（37年5月20日制定）

預算案之審查，應開全院各委員會聯席會議，以預算委員會召集委員爲主席。

（37年11月19日修正條次，原第76條）

應委員會之請而列席委員會會議者，得就所詢事項陳明事實或意見。但不得參與討論表決。

（42年1月19日全文修正）

祕密會議之紀錄及決議，立法委員列席人員及本院員工不得以任何方式對外宣洩，關於祕密會議如須發表新聞時，其稿件經院長核定之。

（45年4月13日增訂第62條及第63條，故原第73條遞延爲第75條）

秘密會議中之秘密文件，由秘書處指定專人蓋印固封，編定號數，分送各委員簽收，其有收回必要者，當場分發，當場收回，不得攜出會場。

關於繕印，保管，分發秘密文件之手續，及指定負責辦理此等事項員工之管理，由秘書處另定辦法嚴格執行。

第76條

（37年5月20日制定）

應委員會之請而列席委員會會議者，得就所詢事項陳明事實或意見。但不得參與討論表決。

（37年11月19日修正條次，原第77條）

委員會會議，除本章及立法院各委員會組織法規定者外，準用本規則其他各章之規定。

（42年1月19日全文修正）

祕密會議祕密文件之公開發表時期，應由院長報告院會決定之。

（45年4月13日增訂第62條及第63條，故原第74條遞延爲第76條）

祕密會議議事日程中，政府首長報告案，必要時得列入報告事項第一案。

第十四章　附則（77～78）

（37年11月19日修正條次，配合條次遞改）

第77條

（37年5月20日制定）

委員會會議，除本章及立法院各委員會組織法規定者外，準用本規則其他各章之規定。

（37年11月19日修正條次，原第78條）

本院會議旁聽規則、採訪規則，由本院秘書處擬訂呈 院長核定之。

（42年1月19日全文修正）

立法委員違反本規則第七十五條規定者，應付紀律委員會議處。本院員工違反者，由院長依法處分之。列席人員違反者，由本院函各該主管機關依法辦理。

（45年4月13日增訂第62條及第63條，故原第75條遞延為第77條）

祕密會議之紀錄及決議，立法委員列席人員及本院員工不得以任何方式對外宣洩，關於祕密會議如須發表新聞時，其稿件經院長核定之。

第十四章　附則（78～79）

（37年5月20日制定）

第十三章　議事錄（78～81）

（42年1月19日全文修正）

第78條

（37年5月20日制定）

本院會議旁聽規則、採訪規則，由本院秘書處擬訂呈 院長核定之。

（37年11月19日修正條次，原第79條）

本規則由本院會議通過施行。

（42年1月19日全文修正）

議事錄應記載左列事項：

一、會次及其年月日時。

二、會議地點。

三、出席者之姓名人數。

四、請假者之姓名人數。

五、缺席者之姓名人數。

六、列席者之姓名職別。

七、主席。

八、紀錄者姓名。

九、報告及報告者姓名職別暨報告後決定事項。

十、議案及決議。

十一、表決方法及可否之數。

十二、其他必要事項。

（45年4月13日增訂第62條及第63條，故原第76條遞延爲第78條）

祕密會議秘密文件之公開發表時期，應由院長報告院會決定之。

（57年8月6日修正）

秘密會議文件，應於全案通過，總統公布後，即行公開。但有關國防、外交及其他機密文件，已失秘密時效者，應由院長於每會期終了前，報告院會決定公開之。

第79條

（37年5月20日制定）

本規則由本院會議通過施行。

（42年1月19日全文修正）

每次院會之議事錄，於下次院會時由祕書長宣讀。

前項議事錄，如有認爲錯誤遺漏時，由主席徵得出席委員同意後更正之。

（45年4月13日增訂第62條及第63條，故原第77條遞延爲第79條）

立法委員違反本規則第七十五條規定者，應付紀律委員會議處。本院員工違反者，由院長依法處分之。列席人員違反者，由本院函各該主管機關依法辦理。

第十四章　議事錄（80～83）

（45年4月13日增訂第十一章，故原章次遞延）

第80條

（42年1月19日全文修正）

議事錄應印送全體委員，經宣讀確定後，除認為祕密事項外，並登載本院公報。

（45年4月13日增訂第62條及第63條，故原第78條遞延為第80條）

議事錄應記載左列事項：

一、會次及其年月日時。

二、會議地點。

三、出席者之姓名人數。

四、請假者之姓名人數。

五、缺席者之姓名人數。

六、列席者之姓名職別。

七、主席。

八、紀錄者姓名。

九、報告及報告者姓名職別暨報告後決定事項。

十、議案及決議。

十一、表決方法及可否之數。

十二、其他必要事項。

第81條

（42年1月19日全文修正）

院會中出席委員及列席人員之發言，應由速記人員詳為紀錄，並將速記錄印送全體委員。

（45年4月13日增訂第62條及第63條，故原第79條遞延為第81條）

每次院會之議事錄，於下次院會時由祕書長宣讀。

前項議事錄，如有認為錯誤遺漏時，由主席徵得出席委員同意後更正之。

第十四章　秩序（82～84）

（42年1月19日全文修正）

第82條

（42年1月19日全文修正）

出席委員有共同維護會場秩序之責。

（45年4月13日增訂第62條及第63條，故原第80條遞延為第82條）

議事錄應印送全體委員，經宣讀確定後，除認為祕密事項外，並登載本院公報。

第83條

（42年1月19日全文修正）

出席委員先行退席者，不影響會議之進行。

（45年4月13日增訂第62條及第63條，故原第81條遞延爲第83條）

院會中出席委員及列席人員之發言，應由速記人員詳爲紀錄，並將速記錄印送全體委員。

第十五章 秩序（84～86）

（45年4月13日增訂第11章，故原章次遞延）

第84條

（42年1月19日全文修正）

出席委員有左列情形之一者，主席得依立法院組織法第十六條之規定處理之：

一、違反本規則第四十一條第四十二條之規定者。

二、違反立法院各委員會組織法第十條之規定者。

三、發言超出議題範圍之外或涉及私人問題者。

出席委員亦得請求主席依前項規定處理。

主席依前二項規定之處理如有出席委員提出異議，經三十人以上連署或附議，應即付表決，該異議未獲出席委員過半數贊成時，仍維持主席之決定。

（45年4月13日增訂第62條及第63條，故原第82條遞延爲第84條）

出席委員有共同維護會場秩序之責。

第十五章 附則（85～87）

（42年1月19日全文修正）

第85條

（42年1月19日全文修正）

各委員會會議，關於連署或附議人數，應依本規則所定人數十分之一比例行之。

各委員會會議，得不適用本規則第四十一條、第四十二條之規定。

（45年4月13日增訂第62條及第63條，故原第83條遞延爲第85條）

出席委員先行退席者，不影響會議之進行。

第86條

（42年1月19日全文修正）

本院會議旁聽規則，採訪規則，由院長制定報告院會後施行。

（45年4月13日增訂第62條及第63條，故原第84條遞延為第86條）

出席委員有左列情形之一者，主席得依立法院組織法第十六條之規定處理之：

一、違反本規則第四十一條第四十二條之規定者。

二、違反立法院各委員會組織法第十條之規定者。

三、發言超出議題範圍之外或涉及私人問題者。

出席委員亦得請求主席依前項規定處理。

主席依前二項規定之處理如有出席委員提出異議，經三十人以上連署或附議，應即付表決，該異議未獲出席委員過半數贊成時，仍維持主席之決定。

第十六章　附則（87～89）

（45年4月13日增訂第十一章，故原章次遞延）

第87條

（42年1月19日全文修正）

本規則由本院會議通過施行。

（45年4月13日增訂第62條及第63條，故原第85條遞延為第87條）

各委員會會議，關於連署或附議人數，應依本規則所定人數十分之一比例行之。

各委員會會議，得不適用本規則第四十一條、第四十二條之規定。

（69年12月26日修正）

各委員會會議關於連署或附議人數，應依本規則所定人數十之一比例行之。

各委員會會議得不適用本規則第四十二條之規定。

（75年7月8日修正）

各委員會會議關於連署或附議人數，應依本規則所定人數十之一比例行之。

各委員會會議得不適用本規則第四十二條之規定。

各委員會會議列席委員得發表意見或詢問，但不得提出程序問題及修正動議。各委員會開會時，對有關部會首長之答復，得經會議議決，採取綜合答復方式行之。

第87條之1

（75年7月8日增訂）

各委員會會議，得邀請政府人員及社會上有關係人員到會備詢。應邀備詢人員，應就所詢
事項說明事實或發表意見。

第88條

（45年4月13日增訂第62條及第63條，故原第86條遞延爲第88條）

本院會議旁聽規則，採訪規則，由院長制定報告院會後施行。

第89條

（45年4月13日增訂第62條及第63條，故原第87條遞延爲第89條）

本規則由本院會議通過施行。

國家圖書館出版品預行編目資料

立法院議事規則逐條釋義／何弘光著. ――初
　版. ――臺北市：五南圖書出版股份有限公
　司, 2024.07
　面；　公分
　ISBN 978-626-393-247-0（平裝）

1.CST: 立法院　2.CST: 議事規則

572.67　　　　　　　　　　113004417

1QBD
立法院議事規則逐條釋義

作　　　者 ― 何弘光（49.8）

企劃主編 ― 劉靜芬

責任編輯 ― 黃郁婷

文字校對 ― 吳肇恩

封面設計 ― 姚孝慈

出　版　者 ― 五南圖書出版股份有限公司

發　行　人 ― 楊榮川

總　經　理 ― 楊士清

總　編　輯 ― 楊秀麗

地　　　址：106台北市大安區和平東路二段339號4樓

電　　　話：(02)2705-5066　　傳　　　真：(02)2706-6100

網　　　址：https://www.wunan.com.tw

電子郵件：wunan@wunan.com.tw

劃撥帳號：01068953

戶　　　名：五南圖書出版股份有限公司

法律顧問　林勝安律師

出版日期　2024年7月初版一刷

定　　　價　新臺幣520元

經典永恆・名著常在

五十週年的獻禮——經典名著文庫

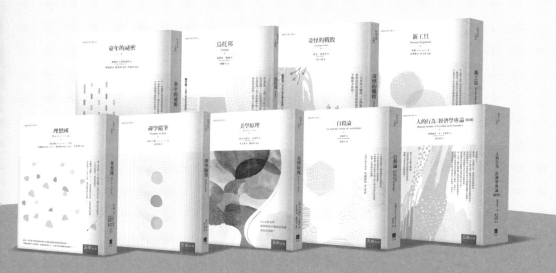

五南,五十年了,半個世紀,人生旅程的一大半,走過來了。

思索著,邁向百年的未來歷程,能為知識界、文化學術界作些什麼?

在速食文化的生態下,有什麼值得讓人雋永品味的?

歷代經典・當今名著,經過時間的洗禮,千錘百鍊,流傳至今,光芒耀人;

不僅使我們能領悟前人的智慧,同時也增深加廣我們思考的深度與視野。

我們決心投入巨資,有計畫的系統梳選,成立「經典名著文庫」,

希望收入古今中外思想性的、充滿睿智與獨見的經典、名著。

這是一項理想性的、永續性的巨大出版工程。

不在意讀者的眾寡,只考慮它的學術價值,力求完整展現先哲思想的軌跡;

為知識界開啟一片智慧之窗,營造一座百花綻放的世界文明公園,

任君遨遊、取菁吸蜜、嘉惠學子!